좋은
불평등

최병천 지음

글로벌 자본주의 변동으로 보는
한국 불평등 30년

좋은
불평등

메디치

1938년에 태어나, 한평생 노동하다,

2020년에 돌아가신,

사랑하는 우리 어머니 윤길순 여사와

그 시대를 함께했던

모든 어르신들께 이 책을 바칩니다

박원순 시장의 서울시 정책보좌관 제안을
3번 거절했던 이유

2019년 연말, 나는 대통령 직속 소득주도성장특별위원회 전문위원으로 있었다. 박원순 시장은 나에게 서울시 정책보좌관으로 들어와 달라고 요청했다. 서울시 정책보좌관은 서울시 정책을 총괄하는 매우 근사한 자리다. 하지만 나는 박원순 시장의 요청을 정중히 거절했다. 당시 나는 한국의 불평등에 관한 책을 쓰는 것이 매우 중요하다고 생각하고 있었다. 이후 박원순 시장은 나에게 두 번 더 요청했고, 나는 2번 더 거절했다. 2020년 1월에 어머님이 돌아가셨다. 박원순 시장이 직접 빈소에 와주었다. 매우 고마웠다. 결국 수락했다. 박원순 시장은 2022년 대선까지를 염두에 두며 나를 비롯한 우리 팀을 채용했다. 정책과 정무를 같이 알 만한 사람들로 새로운 진용을 꾸렸다. 서울시 정책보좌관이 된 이후로 전 국민 고용보험, 서울시 개발

이익 광역화, 4대문 내 용적률 1,000%를 통한 파격적인 부동산 공급 정책 등을 추진했다. 그 와중에 2020년 7월 9일, 박원순 시장이 돌아가시는 사건이 발생했다. 그 이후 일들은 우리 모두 아는 바와 같다.

몇 달을 멍 때리고 있다가 다시 책을 써야겠다고 다짐했다. 이번에는 책 집필을 마무리할 때까지 아예 취업하지 말아야겠다고 생각했다. 그만큼 한국 불평등에 관한 책을 쓰는 것이 중요하다고 생각했다. 얼마 안 되는 공무원연금을 깨서 통장에 넣어놓고 그 돈으로 버티며 집필에 주력했다. 그리고 드디어 다 쓰게 됐다. 집필에 집중한 시간으로는 16개월, 준비 기간을 포함하면 5년 동안 쓴 책이다.

나는 진보정당에서 10년 넘게 활동했다. 민주노동당 창당 발기인이고, 진보신당 창당 발기인이다. 2012년 민주당 당원이 된 이후로 민주당에서 10년 넘게 활동했다. 현재 나의 정체성은 정책 활동가다. 정책을 통해 좋은 세상을 만드는 것이 꿈인 사람이다. 박근혜 정부가 집권하던 19대 국회 시절(2012~2016) 민주당 국회보좌관으로 있으며 열심히 민생 입법을 만들고 통과시켰다. 좋은 민생 입법의 경험이 축적되자 더 큰 의제도 할 수 있겠다는 자신감이 생겼다. 불평등 문제를 해결하기 위해 본격적으로 연구하기 시작했다. 독일 사회민주당 대표였던 오스카 라퐁텐(Oskar Lafontaine)은 "심장은 왼쪽에서 뛴다"라는 멋있는 말을 남겼다. 좌파의 심장을 가졌다는 의미다. 내 심장도 왼쪽에서 뛴다. 심장이 왼쪽에서 뛰는 사람이라면, 불평등 문제에 무관심할 수 없다.

'최저임금 1만 원 주장'을 국회에서 처음 접한 것은 국회보좌관으로 활동하던 2015년이었다. 나는 당시 주변 민주당 의원 및 보좌진 들에게 최저임금 1만 원 정책을 실제로 추진하면 안 된다고 경고했다. 2015년에는 최저임금이 시간당 5,580원이었다. 의석 비율이 현저히 적은 진보정당이 그런 주장을 하는 것은 정치적 차별화와 존재감 차원에서 이해가 되지만, 민주당은 수권 정당을 지향해야 하기 때문에 무책임한 주장을 하면 안 된다고 주장했다. 물론 내 주장은 간단히 무시됐다.

이후 2016년 연말 탄핵 사태가 벌어졌고, 2017년 5월 대선을 치르게 됐다. '정치를 통해 좋은 세상'을 만들기 위해서는 2가지가 필요하다. 하나는 권력을 잡아야 한다. 다른 하나는 솔루션이 있어야 한다. 권력을 잡았는데 솔루션이 없거나 틀렸으면 말짱 도루묵이다. 나는 문재인 대통령이 대선후보 시절부터 주장했던 소득주도성장론과 최저임금 1만 원 등을 실제로 추진할 경우 부작용이 클 것으로 봤다. 어렵게 만든 민주당의 집권이 다시 위태로워질 것으로 봤다. 하지만 더 큰 문제가 있었다. 소득주도성장론과 최저임금 1만 원 등의 주장이 문재인 대통령의 개인 의견이 아니었다. 문재인 정부에 참여한 경제정책 참모들만의 주장도 아니었다. 한국의 대표적인 진보계열 시민사회단체, 진보계열 노동조합, 진보성향의 언론들, 진보정당 다수가 두텁게 합의하고 20여 년 넘게 주장하던 정책들이다. 요컨대 최저임금 1만 원과 소득주도성장론은 1997년 외환위기 이후 한국 진보세력이 두텁게 합의하고 있던 정책이었다. 만일 소득주도 성장론이 틀린 것이라면, 한국 진보의 '집단지성이 집단오류'를 일으킨 경우에 해당한다.

하나의 정책은 분석 → 처방 → 집행의 경로를 거쳐 실현된다. 불평등 문제의 경우, 불평등에 대한 원인 분석 → 불평등에 대한 정책 처방 → 정치적 집행의 경로를 거친다. 대통령은 학자가 아니다. 학자가 되어서도 안 된다. 대통령은 집행의 최전선에 있는 존재다. 국회의원을 포함한 정치인 대부분은 집행의 최전선에 있는 사람들이다. 분석과 처방은 원칙적으로 학자와 정책 전문가의 몫이다. 최저임금 1만 원과 소득주도성장론의 경우는 어디서 문제가 발생한 것일까? 분석, 처방, 집행 중에서 무엇이 잘못된 경우일까? 분석과 처방은 옳았는데 집행을 잘못한 경우일까? 아니면 분석과 처방이 틀렸기에 집행을 열심히 하면 할수록 부작용이 생기는 경우였을까?

문재인 대통령의 숨겨진 업적 3가지

최저임금 1만 원과 소득주도성장론은 불평등을 완화하려는 문재인 대통령의 강한 의지가 담겨 있는 정책 패키지였다. 2018년에는 실제로 화끈하게 정책을 추진했다. 1997년 외환위기 이후 한국 사회운동이 주장하던 것을 실천했다. 1997년 이후의 역사성까지를 고려한다면, 문재인 정부는 아직 사람들이 잘 모르고 있는 '숨겨진 업적'이 3가지 있다. 첫째, 1997년 외환위기 이후 한국 진보세력이 공감대를 이루던 진보 정책을 거의 대부분 실천해봤다. 최저임금 대폭 인상, 비정규직의 정규직화, 노동시간 단축, 사회복지 대폭 확대, 부동산 정책에서 종부세와 양도세의 대폭 인상, 임대차 3법, 탈원전 정책이 모두 그러하다. 문재인 정부는 '25년짜리 진보 정책'을 실천한 '25년짜리 진보정부'다. 이 지점이 문재인 정부가 김대중 정부와 노무현 정부와도 구분되는 중요한 차이점이다. 둘째, 최저임금과 소득주도성장 정책의 경우, 2018년과 2019년에 걸쳐 실제로 해봤기에 '성적표'가 나왔다. 성적표를 잘 분석하고 오류와 한계를 찾는 것은 우리 모두의 과제다. 셋째, 우리 모두가 '역사의 다음 페이지'로 넘어갈 수 있는 근거가 마련됐다.

대통령과 정치인은 학자가 아니기에, 결국 당대 시민사회의 주류적 견해에 대해 귀를 기울이게 된다. 언론에 많이 나오는 담론을 정책으로 채택하게 된다. 문재인 정부가 사용했던 진보 정책의 대부분은 진보적 시민사회의 주장을 수용한 경우다. 진보언론이 열심히 보도하던 것들이다. 최저임금 대폭 인상 등이 모두 그러하다. 이 정책들에 대해 국민에게 잘했는지 물어본다면, 전문가에게 잘했는지 물어본다면 대체로 좋은 평가를 받지 못할 것이다.

소득주도성장론이 틀렸다고 생각하는 나는 어떻게 이 상황을 바꿀 수 있을까? 불평등의 원인 분석과 정책 처방이 틀렸다고 생각하는 나는 어떻게 이 상황을 바꿀 수 있을까? 일개 정책 활동가에 불과한 나는 어떻게 내 생각을 대통령에게 전달할 수 있을까? 어떻게 정치 리더들에게 전달할 수 있을까? 어떻게 진보적 시민사회의 핵심 활동가들에게 전달할 수 있을까? 게다가 이들이 옹호하고 있는 정책 담론이 1997년 외환위기 이후부터 지금까지 지속되고 있는 25년짜리 진보담론인 경우, 나는 도대체 어떻게 이들의 생각을 바꿀 수 있는 것일까?

노무현 대통령은 퇴임 이후 구술 유작으로 《진보의 미래》라는 책을 냈다. 부제가 재밌다. '다음 세대를 위한 민주주의 교과서'다. 불평등에 관한 정책적 의사결정은 결국 정치인이 한다. 대통령과 국회의원이 한다. 그런데 대통령과 국회의원은 학자 집단이 아니다. 학자들의 영향을 받고, 언론의 영향을 받고, 시민단체의 영향을 강하게 받는다.

결국 대통령과 정치인들은 경제를 잘 모르는데, 정책을 잘 모르는데 정책 결정은 해야 하는 지위에 있다. 문제는 학자들이 틀리고, 진보적 시민단체들이 틀리고, 진보적 언론이 틀리는 경우다. 최저임금 1만 원과 소득주도성장론도 이런 경우였다. 이런 상황에서 내가 대통령과 국회의원, 정치 리더의 생각을 바꿀 수 있는 방법에 대해 고민하고 또 고민했다. 내가 내린 결론은 '일반 시민을 위한 한국경제 불평등 교과서'를 만드는 것이다. 고등학교 1학년 이상의 학력을 가진 사람이라면 누구나 읽고 이해할 수 있는 한국경제 불평등 교과서를 만들어야겠다고 생각했다. 극단적 가정으로, 경제학을 하나도 모르는 대통령과 차기 대선을 꿈꾸는 사람들, 경제신문을 한 번도 읽어보지 않았던 국회의원들, 보좌진들, 참모들도 쉽게 읽을 수 있는 한국경제 불평등 교과서를 만들어야겠다고 생각했다. 한번 읽으면 한국경제 불평등을 입체적으로 이해할 수 있고, 불평등과 한국경제 전반에 대해 균형 감각을 갖출 수 있는 그런 책을 써야겠다고 생각했다. 일반 시민이 이해할 수 있는 책이라면, 정치인도 이해할 수 있다. 처음 진보정당에 합류할 때의 마음으로, 노동운동을 하기 위해 처음 공장에 가던 마음으로, 전태일의 편으로 살아야겠다고 다짐했던 그 순간처럼 정성껏 책을 썼다.

이 책은 한국경제 불평등에 관한 기존의 잘못된 통념 뒤집기를 목표로 한다. 틀린 분석에 입각해서 틀린 정책 처방이 나왔다고 판단하기에, '올바른 분석'이 무엇인지 보여주기 위해 많은 공을 들였다. 그러다 보니 논증이 단단해야 했다. 단단한 논증을 위해 데이터를 풍부하게 추가했다. 가독성 차원에서는 도표보다 그래프가 더 좋다. 최대한 그래프를 중심으로 추가했지만 일부에서는 도표도 꽤 들어갔다. 그동안 잘 접해보지 못했던, 흥미로운 데이터가 많이 있는 책으로 이해해주면 감사할 일이다.

이 책의 특징은 3가지다. 첫째, 한국경제 불평등 전반을 입체적으로 다룬다. 한국경제 불평등에 관해 나온 그동안의 모든 책을 통틀어서 가장 입체적으로 다루고 있다고 자부한다. 1980년대 후반부터 최근까지 불평등의 변동 요인을 추적한다. 시계열적 추적 방식을 통해 자연스럽게 한국의 불평등 35년 역사와 한국경제 35년 역사를 이해할 수 있도록 했다.

둘째, 한국경제 불평등 전반을 세계경제 및 중국경제와 연결해서 설명하고 있다. 그동안 덜 알려졌던 새로운 견해와 다양한 데이터를 수록하고 있다. 그중에서도 새로운 주장은 한국경제 불평등이 '중국발 불평등' 성격이 강했다는 점이다. 더 정확하게는 외부 환경 변화와 연동해서 한국경제 불평등이 출렁거렸다. 여기서 외부 환경 변화란 세계경제와 중국경제의 변화다. 불평등에 관한 그동안의 국내 논의는 일국적 틀에 갇혀 정치권에 대한 책임추궁과 신자유주의적 정책 비판이 주를 이루었다. 이 책은 그동안의 주류적 통념이 전혀 사실이 아니거나 대체로 잘못된 접근임을 논증하고 있다.

셋째, 한국경제 불평등의 문제를 정책의 관점에서 접근하고 있다. 정책은 사람이 하는 것이다. 정책적 분석과 집행은 우리가 의식하든 의식하지 않든 모두 특정한 세계관이 투영된다. 정책은 문제해결과 현실의 개선을 목표로 한다. 추상적인 분석과 담론에 머무르는 것은 정책이 아니다. 정책은 반드시 '어떻게(how to)'가 담겨야 한다. 책을 다 읽고도 무엇을 해야 할지 연상되지 않는다면 그것은 정책적 접근이라고 할 수 없다. 무엇을 해야 할지 정책 수단과 방법론에 도달하기 위해서는 무엇보다 원인 분석을 정확히 해야 한다. 한발 더 나아가면 '원인의 원인'까지를 분석해야 한다. 원인의 원인까지 접근하다 보면, 자연스럽게 세계관의 문제와 만나게 된다. 대안적 분석, 대안적 세계관의 문제까지 담아내려고 노력했다.

책은 총 6부로 구성되어 있다. 1부는 불평등과 경제성장의 관계를 다룬다. 불평등 개념에는 윤리적 가치판단이 강하게 투영된다. 우리는 자연스럽게 불평등 나쁜 놈, 경제성장 좋은 놈이라고 생각한다. 하지만 실제의 현실에서는 좋은 불평등이 있을 수 있고, 거꾸로 나쁜 평등이 있을 수 있다. 불평등과 평등, 좋음과 나쁨의 4분면 개념과 역사적 사례를 통해 불평등과 경제성장의 관계를 입체적으로 살펴본다. 좋은 불평등, 좋은 평등, 나쁜 평등, 나쁜 불평등의 사례를 살펴본다. 불평등에 대한 고정관념을 깨는 가벼운 몸풀기에 해당한다. 불평등에 관한 한국 보수의 시각과 한국 진보의 시각을 살펴본다.

2부는 1980년부터 최근까지 한국경제 불평등의 변화 추이를 살펴본다. 임금 불평등을 기준으로 3번의 변화를 겪었다. 1994년, 2008년, 2015년이다. 이를 3대 변곡점이라 표현하고, 이렇게 된 원인을 추적한다. 2부에서는 특히 1994년 불평등 미스터리와 2008년 불평등 미스터리를 집중적으로 살펴본다.

3부는 한국경제 불평등의 3대 변곡점 중 하나인 2015년 변곡점을 추적하기 위해 중국경제의 개혁개방 역사를 다룬다. 한국경제 불평등은 '중국발 불평등'이었음을 논증한다. 중국의 개혁개방은 4개의 국면으로 구분할 수 있다. 1978년 이후, 1992년 이후, 2001년 이후, 2014년 이후다. 1978년 이후 개혁개방은 농촌 개혁이 중심이었다. 한국경제에 미치는 영향은 없었다. 3부에서는 2001년 이후, 2014년 이후 정책 전환이 한국경제 불평등에 미친 영향을 집중적으로 살펴본다. 중국경제 변동이 한국경제 불평등에 어떤 영향을 미쳤는지 이렇게 자세히 다루는 경우는 처음일 것이다. 한국 전체 수출의 25%는 중국이다. 홍콩은 8%다. 합치면 33%다. 한국경제에서 중국경제가 차지하는 비중은 매우 크고 중요하다. 하지만 서점에 깔려 있는 중국경제 관련 책들은 비즈니스용이 대부분이다. 특히 '정책'의 관점에서 중국경제사 전체를 조망하는 책은 매우 희귀하다.

4부는 문재인 정부와 한국 진보세력의 불평등 축소 기획이 왜 실패했는지를 다룬다. 특히 최저임금 1만 원 정책에 집중한다. 금리 정책은 거시경제 전반에 매우 큰 영향을 미친다. 마찬가지 원리로 임금은 노동시장 전반에 매우 큰 영향을 미친다. 법정 최저임금의 대폭 인상은 단지 저임금노동자에게만 영향을 미치지 않는다. 노동시장 전반에 매우 큰 영향을 미친다. 4부에서는 최저임금 1만 원 정책의 취지, 집행 내용, 실제 결과를 다룬다. 실제 결과는 고용 효과와 분배 효과를 중심으로 다룬다. 최저임금 1만 원 인상은 왜 불평등 확대로 귀결됐는지 살펴본다. '원인의 원인'을 추적하는 작업이다. 한국의 실제 가구소득에 기반해 불평등과 계급론의 관계를 재구성한다.

5부는 전체 내용의 요약 및 종합이다. 보통 경제지표에서 '일시적' 충격은 V자 반등 형태가 일반적이다. 그런데 한국경제 불평등은 1994~2008년 기간 동안 '꾸준히' 확대됐다. 이는 불평등이 꾸준히 확대될 만한 복합적 요인이 있었음을 암시한다. 한국경제 불평등이 꾸준히 확대된 것은 4가지 사건이 연쇄적으로 작동했기 때문이다. 1987년 노동의 민주화, 1992년 한·중 수교, 1997년 외환위기, 2001년 중국의 세계무역기구(WTO) 가입이 각각 한국경제 불평등에 어떤 영향을 미쳤는지 종합 정리한다. '적폐의 경제학'과 '환경 변화의 경제학'이라는 대립 구도를 통해 2가지 접근이 주요 쟁점에 대해서 어떻게 달라지는지 입체적으로 비교했다. 수출과 고령화라는 2개의 변수를 통해, 2018년 불평등 변동, 2019년 불평등 변동, 2015년 불평등 변동을 설명한다. 불평등 축소와 확대, 좋음과 나쁨의 4분면 결합을 통해 불평등 확대가 좋은 경우, 불평등 축소가 좋은 경우, 불평등 확대가 나쁜 경우, 불평등 축소가 나쁜 경우에 해당하는 각각의 정책적 예시를 보여준다.

6부는 정책적 대안을 다룬다. 책 전체에 담긴 핵심 문제의식은 환경 변화와 재적응의 중요성이다. 정책 대안은 환경 변화를 있는 그대로 인지하고, 환경 변화의 동력이 되는 원인의 원인을 도출하는 것에서 시작한다. 경제적 환경 변화에 의해 수출과 고용 비중이 어떻게 바뀌었는지 살펴본다. 각각의 경제적 현상이 '별개의' 사건이 아니라 '연동된' 사건임을 살펴본다. 세계 질서 변동의 근저에 깔린 3대 메가 트렌드를 살펴본다. 3대 메가 트렌드는 제국의 질서, 세계화 양상, 기술의 변화다. 3대 메가 트렌드를 통해 세계 질서 1~3기의 특징을 정리했다. 불평등과 경제성장을 입체적으로 고려할 때, 중요한 정책 방향 3가지를 제시한다. 경쟁력 강화, 계층 사다리, 약자의 처우개선과 불평등 완화를 위한 정책 대안을 다뤘다.

이 책은 단독 집필이기도 하지만 집단적 도움이 없었다면 만들어질 수 없었다. 2017년 8월부터 2022년 8월까지 총 200회에 달하는 기간 동안 매주 경제 공부를 같이 했던 '국회 신성장학파' 구성원들에게 도움을 많이 받았다. 아픈 와중에도 자료 찾기를 성심성의껏 도와줬던 서강대 경제학과 박성혁과 캐나다에서 경제학 박사과정을 밟고 있는 윤진영에게 큰 신세를 졌다. 많은 사람의 도움을 받았지만, 특히 2명의 도움이 없었다면 집필을 꿈꾸지 못했을 것이다. 경제 현상에 대한 이해와 관점을 대폭 확대하게 된 것에는 고한석 선배의 도움이 결정적이었다. 박원순 시장이 나에게 서울시 정책보좌관을 요청했을 때, 같이 서울시에 들어가 비서실장을 하기도 했다. 고한석 선배와 나는 2017~2018년 2년 동안 같이 민주연구원에 있었다. 우리는 수시로 '정책 수다'를 떨었다. 둘은 관심사가 비슷했다. 경제학과 사회과학 전반에 관심이 많고, 정책과 정치전략에도 관심이 많았다. 고한석 선배와 함께 2년간 정책 수다를 떨며 배웠던 경제학과 사회과학, 중국의 경제와 정치, 미국의 경제와 정치, 한국경제 전반에 대한 새로운 이해가 없었다면 역시 지금과 같은 책은 나오지 못했을 것이다. 고한석 선배와 경제학과 사회과학 전반에 대해 정책 수다를 떨던 지난 몇 년을 평생 그리워하게 될 것이다.

그 밖에도 국회 신성장학파 구성원들로부터 많은 도움을 받았다. 경제 유튜브 채널인 〈삼프로TV〉의 열혈 매니아이기도 한 황종섭 보좌관, 민지홍 비서관, 정호익 학생의 자료 찾기 지원도 매우 큰 도움이 됐다. 황종섭 보좌관은 '좋은 불평등'이라는 책 제목을 짓는데 큰 역할을 했다. 초창기부터 국회 신성장학파 공부 모임에서 간사 역할을 하고 있는 윤범기 MBN 기자에게도 감사의 마음을 전한다. 어려운 시기에 큰 격려를 해줬던 이범 선생님, 김규식 변호사님, 이래경 대표님에게도 매우 감사드린다. 사회과학 전반에 박학다식한 유창오 선배와의 토론 및 조언도 매우 큰 도움이 됐다. 집필 공간을 흔쾌히 내어준 시대정신연구소 김두수 선배와 엄경영 소장님에게도 감사드린다. 출판을 위해 물심양면으로 도와준 메디치미디어 김현종 대표님께 감사드린다. 김현종 대표님의 독려와 지원이 없었다면 이 책의 출간은 더 오랜 세월이 걸렸을지 모른다.

말 안 듣는 남편에 대한 불만에도 불구하고 기꺼이 참고 지원해준 주연이와 봄, 가을이에게도 고마움을 전한다. 언젠가 봄, 가을이가 청년이 된 다음에 한국경제 불평등 혹은 한국경제사에 대해 공부하게 될 때, 주변 친구들이 "니네 아빠 책, 참 좋더라"라고 칭찬해주는 날이 온다면, 고마움을 갚는 날이 되지 않을까 싶다.

2022년 8월
최병천

차례

1부

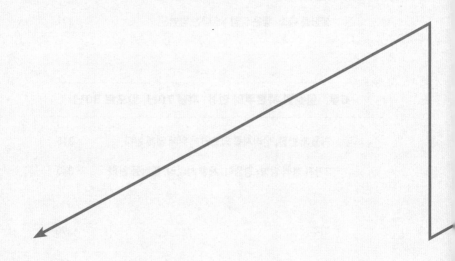

보수의
불평등 이론,
진보의
불평등 이론

거시경제에서 중요하게 취급하는 몇 가지 지표가 있다. 경제성장, 고용, 설비투자, R&D 투자, 수출, 불평등(분배) 등이다. 이 중에서 불평등을 제외한 나머지는 많을수록 좋다고 생각한다. 다다익선이다. 하지만 불평등은 예외다. 불평등은 적을수록 좋다고 생각한다. 왜? '불평등은 나쁜 것'이라는 생각이 전제되어 있기 때문이다.

쿠즈네츠 곡선: 불평등과 경제성장에 관한 고전적 논의

불평등 문제를 본격적으로 다룸에 있어서, 우리가 해야 할 첫 번째 작업은 "불평등은 정말 나쁜 것인가"라는 질문에 답하는 것이다. 혹은 불평등은 어떤 경우에 나쁜 것이고 어떤 경우에 좋은 것인지 질문하고 그에 답하는 것이다. 이 질문을 다르게 표현하면, 불평등이 경제성장에 방해가 되는지 혹은 불평등이 경제성장에 도움이 되는지를 묻는 것과 같다. 불평등이 경제성장에 도움이 된다면 상황은 복잡해진다. '불평등 나쁜 놈, 경제성장 좋은 놈'은 이를테면 1차 방정식이다. "무찌르자 공산당"처럼 불평등을 때려잡으면 된다. 그런데 만일 불평등이 경제성장에 도움이 되는 경우라면, 불평등을 줄이려는 강력한 정책이 본의 아니게 경제성장(투자/수출/고용) 역시 작살을 낼 수 있기 때문이다.

마침 경제학에는 불평등과 경제성장의 관계에 관한 고전적인 이론이 있다. 쿠즈네츠 곡선이다. 쿠즈네츠 곡선은 사이먼 쿠즈네츠(Simon Kuznets) 교수의 이름에서 유래한다. 쿠즈네츠는 1971년 노벨경제학상 수상자이기도 하며, 경제학 역사에서 우리가 흔히 접하는 국내총생산(GDP) 개념을 만든 사람이다. 1929년 세계대공황이 발생하자, 당시 미국의 대통령이었던 프랭클린 루스벨트(Franklin Roosevelt)는 경제의 전체 현황을 파악하기 위한 지표 개발을 요구한다. 쿠즈네츠는 당대 국민소득이론 및 국민소득통계에 관한 최고의 학자였다.

[그림 1-1]에 나와 있는 쿠즈네츠 곡선을 살펴보자. 쿠즈네츠 곡선의 Y축은 불평등 수준이다. Y축이 위로 올라갈수록 불평등은 커진다. X축은 경제발전 수준이다. X축이 오른쪽으로 갈수록 경제발전 수준이 높다. 쿠즈네츠 곡선은 역 U자형의 포물선 형태다. 다시 말해, 경제발전 초기에는 불평등이 증가한다. 경제발전이 일정 궤도에 오르게 되면 경제발전이 될수록 불평등이 감소한다. 여기까

그림 1-1 쿠즈네츠 곡선

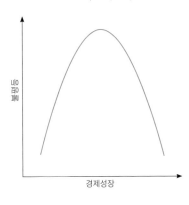

불평등

경제성장

지가 쿠즈네츠 곡선의 개요다. 참으로 간단한 구조다. 쿠즈네츠 곡선은 절반은 실증적 결과이고 절반은 가설이다. 쿠즈네츠의 실증 연구는 몇몇 나라에 한정된 것이었다. 나라별로 상황이 다를 수 있기에 획일적으로 장담할 수는 없다는 의미에서 가설이기도 하다.

그렇다면 왜 이런 일이 발생하는 것일까? 왜 경제발전 초기에는 불평등이 증가하는 것일까? 이유는 간단하다. 어느 나라이든 경제발전 과정은 본질적으로 '불균형 발전' 과정을 거치기 때문이다. 경제학에서 각종 실증 분석을 통해 밝혀진, 경제성장론과 상관관계가 가장 높은 것은 도시화, 산업화, 기업의 대규모화다. 자본주의 이전 시대의 경제구조를 상상해보자. 전근대적 농업경제였다. 전근대적 농업경제는 공간은 농촌, 산업은 농업, 기업 규모는 소규모의 특징을 갖는다. 전근대적 농업경제에서 자본주의적 산업경제로 발전한다는 것은 공간적으로는 도시화가 진행되고, 산업적으로는 상업과 공업이 발전하고, 기업은 대기업이 출현하는 것을 의미한다. 동시에 자본주의적 산업화는 불균형 발전 과정을 거친다.

그렇다면 왜 경제발전이 일정 수준에 도달하면 불평등이 감소하는 것일까? 자본주의적 산업화가 진행되기 이전, 전근대적 농업경제가 있다고 가정해보자. 농촌 마을이 총 100개가 있다고 가정해보자. 자본주의적 산업화 과정은 100개의 농촌 마을이 점차 '도시'로 발전하는 과정이다. 100개의 농촌 마을 중에서 처음에는 10개 마을이 도시로 발전한다. 바로 이때 불평등이 커지게 된다. 그런데 전체 마을 중에서 도시가 50개를 돌파하게 될 때, 도시의 소득 상승이 농촌의 소득 상승으로도 연결된다.

여기서 50개를 돌파한다는 것은 반드시 중간인 50개를 넘어야 한다는 의미는 아니다. 이해의 편의를 위한 임의적인 수치다. 30개일 수도, 40개일 수도, 60개일 수도 있다. 경제발전이 일정 궤도에 오를 경우, 도시의 소득 상승이 농촌의 소득 상승으로 연결되는 경로는 쉽게 상상할 수 있다. 첫째, 대기업의 출현 이후 인근 지역을 중심으로 대기업에 납품하는 협력업체가 발달하게 된다. 즉, 대기업이 많아지면 대기업에 납부하는 중소기업도 덩달아 발달하게 된다. 둘째, 도시에서 일하고 있는 노동자들이 농촌에 계신 부모님과 동생들을 위해 돈을 부칠 수 있다. 이 경우는 이전 소득(移轉所得)의 형태가 될 것이다. 혹은 시골 고향으로 왔다 갔다 하면서 시골 농촌의 상권도 함께 발달하게 된다. 첫 번째 경우든, 두 번째 경우든 쿠즈네츠 곡선의 후반부에서 불평등이 줄어드는 근본 이유는 경제발전이 일정 궤도에 오르면 낙수효과가 발생하기 때문이다.

정리해보면, 포물선의 꼭대기를 기준으로 쿠즈네츠 곡선 전반부는 '경제가 성장하면서' 불평등이 증가한다. 반면에 쿠즈네츠 곡선 후반부는 '경제가 성장하면서' 불평등이 줄어든다. 쿠즈네츠 곡선의 기본 모형은 경제발전 단계에 따라 경제성장과 불평등이 같은 방향일 수도 있고, 반대 방향일 수도 있음을 보여준다. 불평등은 절대선도 아니고 절대악도 아니게 된다. 경제성장 좋은 놈, 불평등 나쁜 놈, 때려잡자 불평등의 논리는 성립하지 않게 된다. 이 경우, 중요한 것은 불평등과 경제성장을 종합적·복합적으로 사고하는 것이다. 더 정확하게는 그 나라의 경제발전 양상에서 불평등과 경제성장이 어떻게 상호작용하고 있는지를 있는 그대로 분석하는 것에서 출발할 필요가 있다. 이 지점은 책 전체에서 핵심 내용에 해당한다.

경제성장과 불평등의 관계에 대한 우리의 사고를 조금 더 말랑말랑하게 만들기 위해, 경제성장(=소득 상승)과 불평등의 관계를 4분면으로 살펴보자. 4분면은 논리적 경우의 수를 살펴보기 위해 유용하다.

[표 1-1]은 불평등과 경제성장의 관계를 4분면으로 표시했다. 논리적인 경우의 수는 4가지가 가능하다. ① 소득 상승+불평등 증가(=좋은 불평등), ② 소득 상승+불평등 감소(=좋은 평등), ③ 소득 감소+불평등 감소(=나쁜 평등), ④ 소득 감소+불평등 증가(=나쁜 불평등)다. 이를 순서대로 A, B, C, D로 표기했다. [표 1-1]은 논리적 가정에 근거한 4가지 경우다. [표 1-2]는 실제로 역사적으로 존재했던 사례들을 4분면 개념도로 정리했다.

표 1-1 불평등과 경제발전 4분면: 논리적 접근

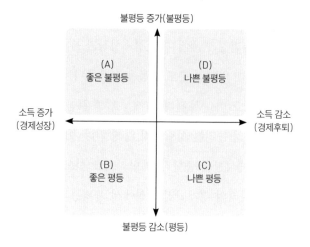

불평등 증가(불평등)

(A)
좋은 불평등

(D)
나쁜 불평등

소득 증가
(경제성장)

소득 감소
(경제후퇴)

(B)
좋은 평등

(C)
나쁜 평등

불평등 감소(평등)

표 1-2 불평등과 경제발전 4분면: 역사적 접근

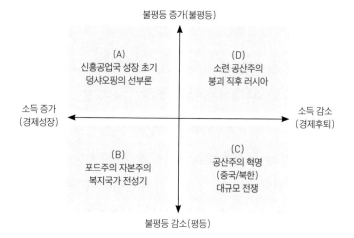

불평등 증가(불평등)

(A)
신흥공업국 성장 초기
덩샤오핑의 선부론

(D)
소련 공산주의
붕괴 직후 러시아

소득 증가
(경제성장)

소득 감소
(경제후퇴)

(B)
포드주의 자본주의
복지국가 전성기

(C)
공산주의 혁명
(중국/북한)
대규모 전쟁

불평등 감소(평등)

불평등과 소득: 4가지 결합

A는 경제성장(소득 증가)+불평등 증가=좋은 불평등인 경우다. 좋은 불평등의 가장 대표적인 사례는 중국의 개혁개방을 주도했던 덩샤오핑(鄧小平)이 주창했던 선부론(先富論)이다. 1949년 중국공산당이 국민당과의 오랜 내전에서 승리한다. 중화인민공화국의 탄생과 마오쩌둥(毛澤東)의 통치가 시작된다. 이후 마오쩌둥은 국유화와 계획경제를 중심으로 국가 경제를 운영한다. 인구의 압도적 다수가 살고 있는 농촌은 국가소유의 집단농장 형태로 운영된다. 가족 농장 혹은 개별 농장 체제는 불허된다. 1976년 마오쩌둥이 죽은 이후, 1978년 덩샤오핑이 실권을 잡게 된다. 이후 덩샤오핑은 중국경제의 재건을 위해 농촌에서는 가족 농장 체제를 인정하고, 가족 농장 체제로 발생한 잉여분의 판매를 장려한다. 홍콩 및 대만과 지리적으로 인접한 지역에는 경제특구를 만들어 파격적인 혜택을 준다. 해외자본도 적극 유치한다. 이러한 덩샤오핑의 개혁개방에 대해 사회주의 원칙을 저버린다는 반대파 역시 만만치 않았다. 하지만 덩샤오핑은 개혁개방을 꾸준히 추진했다. 이때 덩샤오핑이 주창한 논리가 "먼저 부자가 되어라"라는 선부론이다. 최근 중국경제 뉴스를 보면, 시진핑(習近平)의 공부론(共富論) 혹은 공동부유론(共同富裕論) 표현이 자주 나온다. 공부론 역시 덩샤오핑이 당시에 했던 이야기다. "먼저 부자가 되어라"라는 말에는 "나중에는 함께 부자가 되자"라는 말이 내포되어 있다. 중

국판 낙수효과론이다.

B는 경제성장(소득 증가)+불평등 감소=좋은 평등이다. 이 지점은 쿠즈네츠 곡선의 후반부에 해당한다. 세계경제사에서 좋은 평등은 포드주의 자본주의 시절이다. 이는 동시에 유럽에서 복지국가 전성기 시절과도 일치한다. 포드주의란 미국 자동차 회사를 운영하던 헨리 포드(Henry Ford)가 1908년에 추진했던 모델 T의 대량생산 방식에서 유래한 용어다. 포드는 시카고 여행 중에 푸줏간 주인이 도살한 소를 손수레로 이동하면서 부위별로 발라내는 것을 목격하게 된다. 이후 푸줏간 주인의 소 발라내기 방식을 자동차의 생산공정에 도입한다. 그것이 바로 컨베이어 벨트(conveyor belt)로 연결된 조립 라인 시스템이다. 이후 포드 자동차의 생산성은 급상승한다. 모델 T의 생산 대수는 1910년의 1만 9,000대에서 1912년에는 7만 8,440대로 증가했고, 1913년에는 24만 8,000대로 급증했다. 포드 자동차를 다니는 노동자는 다른 회사에 비해 약 4배의 임금을 더 받을 정도였다.

포드주의는 흔히 대량생산·대량소비 시스템으로 표현하기도 한다. 포드 자동차의 생산방식은 자본주의 생산 시스템 전반에 큰 영향을 미치게 된다. 포드 회사는 높은 생산성으로 인해 수익이 많아졌고, 노동자들에게는 임금 인상을 통해 상응하는 보상을 해줬다. 포드 노동자들은 자동차를 구매할 수 있게 됐다. 포드주의 생산 시스템 도입 이전까지만 해도, 자동차는 부유한 고위층만 살 수 있는 매우 값비싼 제품이었다. 하지만 대량생산 시스템으로 인해 대량소비가 가능해졌다. 노동자들이 자동차 소비자로 등장하게 되자 자동차에 대한 총수요가 증가했다. 이는 다시 자동차 생산을 자극하게 됐다. 생산과 소비의 상호 되먹음 효과가 발생하며, 선순환 구조가 작동하게 됐다.

포드주의 생산 시스템 이전에 자동차는 수작업으로 제작됐다. 자동차 생산기술을 제대로 익히려면 수십 년에 걸쳐 숙련공이 돼야만 했다. 포드주의 생산 시스템을 통해 부품의 표준화, 제품의 단순화, 작업의 전문화가 진행됐다. 반(半)숙련과 미숙련 노동자들도 자동차 생산에 참여할 수 있게 됐다. 과거에 비해 훨씬 더 많은 사람이 노동자가 될 수 있게 됐다. 전체 성인 인구 중에서 임금노동자의 비율이 대폭 확대된 것도 포드주의 생산 시스템이 큰 역할을 했다. 포드주의 생산 시스템의 확산은 불평등 축소로 연결됐다. 한 축으로는 반숙련·미숙련 노동자의 규모가 커지고, 이들의 소득이 커지면서 중간층이 두터워졌다. 다른 한 축으로는 포드주의 생산 시스템이 발달하면서 중소기업도 발달하게 됐다. 오늘날 내연기관 자동차 부품은 2만 5,000여 종에 달한다. 포드주의 생산방식 이후에 부품의 전문화와 세분화가 진행된 영향이다.

우리가 알고 있는 유럽식 복지국가 역시 포드주의 생산 시스템의 기반 위에서 가능했다. 포드주의 생산 시스템이 해체되는 1970년대 이후 유럽식 복지국가 역시 변화의 압력을 받게 될 정도였다. 흔히 탈산업화, 포스트 포드주의라고 표현한다.

C는 경제 후퇴(소득 감소)+불평등 축소=나쁜 평등이다. 경제는 후퇴하고 불평등은 줄어드는 상황이다. 역사에서 나쁜 평등의 대표 사례는 전쟁이다. 전쟁은 가난한 사람에게도 가혹하지만 부자에게는 더 가혹하다. 전쟁은 자산을 파괴한다. 자산은 금융자산과 부동산 자산으로 나뉜다. 전쟁이 일어나면 금융자산은 인플레이션을 통해 휴짓조각이 되기 십상이다. 부동산 자산은 폭탄 공격을 받아 파괴된다. 특히 유럽의 역사는 전쟁의 역사였다. 매우 잦은 전쟁을 치러야 했다. 세계사는 잦은 전쟁을 통해 다시 평등해지곤 했다. 현재 우리는 1945년 제2차 세계대전 종전 이후 매우 긴 기간의 평화 체제를 누리고 있다. 현대 자본주의에서 자산 불평등이 증가하는 가장 큰 요인은 전쟁이 일어나지 않고, 장기간에 걸쳐 평화 체제가 유지되고 있기 때문이다.

나쁜 평등의 또 다른 대표 사례는 혁명이다. 20세기 세계사를 보면 특히 공산주의 혁명이 그랬다. 북한, 중국, 러시아 혁명이 모두 그랬다. 예를 들면 북한은 해방 직후 농지개혁을 했다. 무상몰수 무상분배가 이뤄졌다. 여기까지만 들으면 농민에게 무상으로 농지가 분배된 것으로 착각할 수 있다. 소유권 개념은 처분권, 점유권, 수익권 등으로 나뉜다. 이 중에서 가장 중요한 소유권은 처분권이다. 사고팔 수 있어야 한다. 하지만 북한의 농지개혁은 사고파는 것도 안 되고, 수익을 얻는 것도 안 된다. 다시 말해 처분권도 없고 수익권도 없다. 수확물의 일정 비율은 국가에 내야 한다. 과거에 지주·소작 관계일 때, 지주에게 수확물의 일정 비율을 내는 것과 본질에서 달라진 것이 없다. 일제강점기에는 지주에게 내던 것을 북한에서는 김일성 일가에게 내는 것으로 바뀌었을 뿐이다. 결과적으로 북한 농지는 김일성 가문의 소유로 봐야 한다. 농민에게는 처분권, 점유권, 수익권 모두가 없다. 과거 지주·소작 관계 때처럼, 수확물 일부를 가져갈 수 있을 뿐이다. 개인 소유권이 부정되기에 열심히 일할 인센티브가 약화된다. 농민들은 더 가난해졌다. 더 많은 사람이 더불어 가난해졌기에, 나쁜 평등이 이뤄졌다.

D는 경제 후퇴(소득 감소)+불평등 증가=나쁜 불평등이다. 실제 역사에서 경제 후퇴와 불평등 증가가 동시에 이뤄지는 경우는 흔치 않다. 경제 후퇴와 불평등 증가가 함께 나타나는 경우는 대부분 기존 질서가 파괴되고 무정부 상태가 되는 경우다. 세계경제사에서 대표적인 사례는 1991년 공산주의 붕괴 이후의 러시아다. 1991년 12월 소비에트연방(소련)이 공식 해체된다. 1991년 12월 소련이 해체되면서 러시아는 무정부 상태가 된다. 공산주의 체제에서 기득권을 누리던 관료들은 국가 혼란기를 틈타 국가소유 자산을 사적으로 착복한다. 경제는 엉망진창이 되고 불평등이 증가한다. 블라디미르 푸틴(Vladimir Putin)은 1999년에 러시아 대통령이 된다. 푸틴은 1999년부터 2008년까지 러시아 대통령을 했고, 2012년부터 현재까지 다시 러시아 대통령을 하고 있다. 1999년 푸틴이 대통령이 된 이후, 러시아의 무정부 상태는 서서히 잡히게 된다. 푸틴이 장기 집권에도 불구하고

지지율이 높은 이유는 1990년대의 무정부적 혼란 상태를 최악으로 기억하는 러시아 국민이 많기 때문이다.

우리는 경제성장과 불평등의 관계를 4분면으로 살펴봤다. [표 1-1]에서는 논리적 경우의 수를 통해 살펴봤다. [표 1-2]에서는 역사적 사례를 통해 살펴봤다. 이를 통해 불평등(평등)은 좋을 수도 있고, 나쁠 수도 있다는 점을 알 수 있다. 불평등이 바람직한지 아닌지는 그 자체로 독립적으로 결정되는 것이 아니다. 경제성장과의 관계 속에서 결정된다. 경제성장과 불평등의 관계에 대해, 우리는 책 전체를 통해 반복적으로 다시 살펴볼 것이다.

2장 　　　　　보수의 불평등 이론: 낙수효과론

한국의 보수세력에게 불평등 이론은 존재하는가? 한국 보수가 독자적인 불평등 이론을 전개한 적은 없다. 역사적으로 한국 보수의 주요 관심사는 경제성장이었다. 하지만 한국 보수에게 불평등 이론이 없다고 단정하기도 어렵다. 경제성장이 일정 단계까지 성숙하면 불평등이 줄어드는 효과가 나타날 수 있다. 낙수효과(落水效果, trickle-down effect)다. 한국경제사에서 박정희 정부가 주창했던 낙수효과론의 작동구조는 다음과 같다.

정부가 대기업을 밀어준다. 대기업을 통해 수출을 극대화한다. 대기업 수출은 낙수효과를 일으켜, 중소기업 매출을 올리고 중소기업 종사자의 소득을 올린다. 이는 결국 노동자의 전반적인 소득 상승으로 이어지고, 자영업자의 매출 및 소득 상승으로 이어진다. 낙수효과론은 쿠즈네츠 곡선 후반부와 같은 내용이다. 쿠즈네츠 곡선은 이론적 가정이었다. 한국경제에서 실제로 낙수효과는 작동했을까? 다시 말해, 한국경제사에서 쿠즈네츠 곡선은 실제로 작동했을까?

한국경제의 쿠즈네츠 곡선

[그림 1-2]는 1964~1995년 기간 동안 상층 10%의 임금 비중 추이 그래프다. 한국노동연구원 홍민기 박사가 국세청 소득세 신고 자료를 활용해 작성한 데이터다.[1]

한국의 소득 통계를 보면, 1990년대 이전의 과거 자료는 없는 경우가 많다. 통계 기준이 변경되는 경우도 많아 일관성을 가지고 시계열 추이를 볼 수 있는 자료가 많지 않다. 국세청 소득세 신고 자료를 활용하면, 꽤 오래전의 데이터를 확보할 수 있고, 일관된 방법으로 시계열 추이를 비교할 수 있다.

[그림 1-2]에서 Y축은 국세청 세금 납부자 기준, 상층 10%의 소득 점유 비중이다. Y축의 상단으로 올라갈수록 불평등이 커지고, 하단으로 내려올수록 불평등이 작아진다. X축은 연도다. 1964년을 시작점으로, 1995년까지의 기간을 보여준다. 시작점인 1964년은 박정희 정부가 수출 중심 공업화 노선을 개시한 원년이다. 1964년 상층 10%의 임금 비중은 17.9%였다. 박정희 정부는 1973년 중화학공업 추진을 선언한다. 1973년 이후 불평등은 가파르게 증가한다. 상층 10%의 임금 비중은 1978년에 최고점을 찍는다. 1978년 상층 10%의 임금 비중은 29.6%였다. 놀랍게도 1978년 이후부터 1995년까지 불평등이 꾸준히 줄어든다. 1995년 상층 10%의 임금 비중은 23.9%였다. 1978년부터 1995년 기간의 경제성장률은 연간

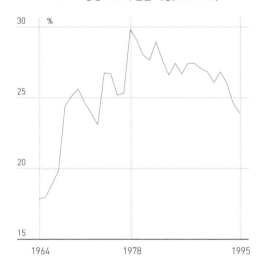

그림 1-2 상층 10%의 임금 비중(1964~1995)

10%에 달했다. 1978~1995년까지 17년 기간은 경제성장률도 매우 높고, 불평등 축소도 진행되던 '낙수효과의 전성기'였다. [그림 1-2]는 경제학자 사이먼 쿠즈네츠가 주장하던 쿠즈네츠 곡선이 한국에서도 작동했음을 보여준다. '한국의 쿠즈네츠 곡선'이라고 표현해도 손색이 없다. 이제 우리는 한국경제사에서 "쿠즈네츠 곡선은 실증적으로 검증됐다"라고 표현할 수 있게 됐다.

한국 쿠즈네츠 곡선의 후반부에서는, 한국 보수가 주장하던 낙수효과론이 1978~1995년 기간에 작동했음을 알 수 있다. 이는 동시에 후발 산업화 국가의 경제발전 전략 관점에서 보면, 불균형 발전 전략이 결과적으로 성공했음을 보여준다.

한국경제의 쿠즈네츠 파동

한국 보수의 낙수효과론은 지금도 유효할까? 그렇지 않다. [그림 1-3]은 1995년 이후 상황이다. 상층 10%의 임금 비중은 1995년에 최저점을 찍고 꾸준히 상승하기 시작한다. 2007년 최고점을 찍고 정체 및 하향한다. 1995년 상층 10%의 임금 비중은 23.9%였다. 2007년 상층 10%의 임금 비중은 35.3%다. 11.4%p만큼 불평등이 커졌다.

코끼리 곡선으로 유명한 세계적인 불평등 연구자인 브랑코 밀라노비치(Branko Milanović)는《왜 우리는 불평등해졌는가》라는 책에서 쿠즈네츠 곡선과 대비되는 '쿠즈네츠 파동' 모델을 제기한다. 쿠즈네츠 곡선은 포물선 형태가 1개 있는 경우다. 쿠즈네츠 파동은 포물선 형태가 2회 이상에 걸쳐 '연속적으로' 등장하는 모델이다. [그림 1-3]은 이중 포물선 형태를 띤다. 물론 두 번째 포물선의 경우 전반부까지만 작동하고 있다. 후반부 모양은 아직 알 수 없다. 브랑코 밀라노비치가 말했던 '쿠즈네츠 파동'이 실증적으로 작동하고 있음을 보여준다. [그림 1-3]은 '한국의 쿠즈네츠 파동'이라고 표현할 수 있다.

낙수효과론은 여러 맥락에서 사용될 수 있지만, 지금 논의에 국한하면 경제성장과 불평등의 관계를 의미한다. 경제성장이 잘되면 불평등이 줄어든다는 의미다. 홍민기 박사가 만든 '한국의 쿠즈네츠

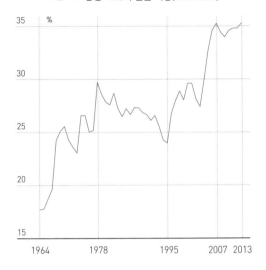

그림 1-3 상층 10%의 임금 비중(1964~2013)

파동'은 1995년부터 불평등이 증가하고 있음을 보여준다. 이는 한국 보수의 낙수효과론이 최소한 1995년부터는 작동하지 않고 있음을 말해준다.

노무현 대통령은 실제로 집권 기간(2003~2007)에 경제 양극화 문제를 공론화했다. 경제성장이 자동적으로 분배 개선을 이룬다고 보기 어렵기 때문이었다. 한국 보수세력에게는 이제 경제성장과 불평등의 관계를 재정립해야 하는 이론적 과제가 주어졌다. 혹은 전통적인 낙수효과론과는 구분되는 불평등 문제에 대한 독자적인 해법을 제기할 필요가 생겼다.

3장

진보의 불평등 이론
: 불평등에 관한 5가지 통념

한국 보수는 경제성장론에 더 많은 관심을 가지고, 한국 진보는 불평등에 더 많은 관심을 가진다. 한국에서 불평등 이론을 주도하는 쪽도 진보세력이다. 여기서 진보세력이란, 민주노동당과 정의당으로 이어지는 진보정당 세력, 민주노총과 한국노총을 비롯한 노동운동 진영, 참여연대와 민주사회를위한변호사모임(민변)으로 상징되는 진보적 시민사회 그룹,《한겨레》와《경향신문》으로 상징되는 진보 성향 언론, 그리고 민주당을 포함한다. 민주당은 다른 집단에 비해 '덜' 진보적인 편이다. 바꾸어 말하면, 열거된 집단 중에서 민주당을 제외한 나머지 집단들은 '더' 강한 진보적 입장을 가진다.

이 책에서 '진보세력'이라는 표현을 쓸 때는 민주당을 부분적으로 포함하지만 민주당 바깥에 존재하는 진보세력을 의미한다. 이러한 인식이 실천적으로 중요한 이유는 이후 4부에서 본격적으로 살펴볼 문재인 정부의 소득주도성장 정책에 대한 평가 때문이다.

불평등에 관한 담론은 진보세력이 주도했다. 우리가 알고 있는 불평등에 관한 통념은 진보세력이 주도적으로 만들어냈다. 한국 진보세력이 가지고 있는 불평등에 관한 통념이며, 동시에 한국 사회의 불평등 통념이다.

한국의 진보세력이 주도해서 만들어진, 우리가 알고 있는 불평등에 관한 통념은 5가지로 집약된다.

첫째, 불평등 확대 시점이다. 1997년 외환위기 이후 불평등이 확대됐다고 본다. 압도적 다수 의견이다.

둘째, 불평등 발생 원인이다. 3대 적폐론으로 집약되는데, 재벌 편향 정책, 신자유주의 편향 정책, 비정규직 남용 정책이다. 이 경우, 불평등을 줄이는 방법은 반대 방향으로 정책을 추진하면 된다. 재벌을 규제하고, 신자유주의와 반대 방향의 정책을 집행하고, 비정규직을 정규직화시키는 정책을 추진하면 된다.

셋째, 정치권 책임론이다. 민주정부 10년과 보수정부 10년의 정책적 잘못이 불평등을 확대시켰다고 본다. 특히 1997년 외환위기 이후 정리 해고와 근로자 파견제를 수용한 김대중 정부와 한미 FTA를 추진한 노무현 정부를 불평등 확대 주범으로 본다. 이런 인식은 김대중 정부와 참여정부 기간 내내 민주노동당을 비롯한 진보정당과 진보적 시민사회에 매우 폭넓게 퍼져 있었다. 그리고 지금도 이어지고 있는 생각이다.

넷째, 불평등과 경제성장의 관계다. 진보적 경제학자는 대부분 불평등이 경제성장에 방해가 된다고 주장한다. 이 말은 거꾸로, 불

표 1-3 한국경제 불평등에 관한 5가지 통념

개념적 구분	불평등에 관한 입장
① 시점	1997년부터
② 원인	3대 적폐 때문
② 해법	3대 적폐 타도(재벌, 신자유주의, 비정규직)
③ 책임 소재	신자유주의를 수용한 민주정부 10년+보수정부 10년의 잘못
④ 경제성장과 불평등의 관계	불평등은 무조건 경제성장에 해롭다
⑤ 분석 단위	국내적 요인/일국적 분석

평등을 줄이면 그 자체로 경제성장에 도움이 된다는 주장으로 연결된다. 실제로 문재인 정부가 추진했던 소득주도성장론은 '불평등을 줄여 경제성장률을 제고한다'는 논리구조를 내포하고 있었다.

다섯째, 한국경제 불평등은 국내적 요인들에 의해 결정됐다고 본다. 국내적 요인 중에서도, 역대 정부의 정책을 불평등 확대 주범으로 본다.

한국경제 불평등에 관한 5가지 통념을 정리해보면 ① 시점, ② 원인, ③ 정치권 책임론, ④ 불평등과 경제성장의 관계, ⑤ 국내 요인 중심의 분석을 의미한다. 이를 정리하면 [표 1-3]이다.

1997년 외환위기 불평등 기원설

한국경제 불평등에 관한 5가지 통념이 실제로 어떤 맥락에서 활용되고 있는지 몇 개의 사례를 들어보자.《불평등 한국, 복지국가를 꿈꾸다》는 한국 진보 경제학계의 원로인 경북대 이정우 교수의 정년 퇴임을 기념해서 발간한 책이다. 이정우 교수는 노무현 정권 때 청와대 정책실장을 맡았던 분이다.《불평등 한국, 복지국가를 꿈꾸다》는 책 제목에 잘 담겨 있듯 불평등과 복지국가에 관한 내용을 다루고 있다. 이 중에서 불평등 확대 시점으로 거론되는 '1997년 외환위기 기원설'을 중심으로 인용하면 다음과 같다. 강조는 인용자가 했다.

> 한국에서는 자본이 항상 노동보다 우위에 있었다. 특히 **1997년 외환위기가 오면서** 노동과 자본 사이의 세력 불균형은 더 커졌다. 불황, 구조조정, 정리 해고의 칼바람 속에서 노동은 자본 앞에 위축될 수밖에 없었다. 노동과 자본 사이의 상대적 분배율을 보면 1998년 이후 세상이 바뀌었음을 한눈에 알 수 있다.[2]

> 저임금에 시달리는 비정규직이 증가한 결과 임금 불평등이 상승하는 것은 필연적이다. 노동자 내부의 임금 불평등은 꾸준히 하락하다가 **외환위기 이후에는** 다시 상승하고 있다. 그 결과 한국의 임금

불평등은 국제적으로 비교할 때 상당히 높은 편에 속한다.[3]

1997년 외환위기를 겪으면서 한국은 선진 산업국가 가운데 가장 불평등한 사회 가운데 하나로 변했다. 당연히 사람들의 생각도 달라졌다. 19990년대 한국인의 70%가 중산층이라고 생각한 데 비해, 오늘날 자신을 중산층이라고 생각하는 사람은 40%대에 그치고 있다.[4]

1980년대 말의 노사분규와 임금 상승을 경험한 대기업들이 품질에 중요한 영향을 미치는 핵심 공정에서만 직접 고용을 유지하고, 인건비가 관건이 되는 범용 공정은 중소 하도급 업체에 외주를 주는 간접 고용 방식으로 전환하게 된 것이 대기업-중소기업 간 격차와 노동시장의 이중구조를 심화시켰다. **1997년 외환위기 이후** 외부에서 강제된 신자유주의적 구조조정 압력이 이런 변화를 더욱 가속화시킨 요인이 됐음은 두말할 필요가 없다. 이로써 낙수효과는 소멸했고, 성장과 분배는 악순환에 빠졌다. 1990년대 이후의 후반부는 과거의 성공이 역설적으로 실패의 씨앗이 되는 전형적인 사례다.[5]

서울대 경제학과 이정전 교수는 《두 경제학 이야기》《시장은 정말 우리를 행복하게 하는가》 등을 비롯해 경제학의 대중화를 위해 좋은 일을 많이 하신 분이다. 2017년 3월 시민들이 촛불 항쟁을 통해 박근혜 대통령을 탄핵한 이후로 "불평등이야말로 가장 시급히 해결해야 할 정치경제학의 최우선 과제"임을 표방하며《주적은 불평등이다》라는 책을 출간한다. 이 책에서도 '1997년 외환위기 기원설'을 다루고 있다.

가계소득을 기준으로 통계청이 작성한 우리나라의 지니계수 추이를 보면 **IMF 외환위기 이후** 계속 높아지다가 2009년경부터는 낮아진다.[6]

1998년 IMF 외환위기 이래 우리나라의 소득 불평등이나 빈부격차는 날이 갈수록 심해지고 있다.[7]

하지만 **1998년 IMF 외환위기 이후에는** 낙수효과가 서서히 소멸하면서 불평등이 심해지기 시작했다. 그러면서 소득 불평등이 경제성장의 발목을 잡으며 경제성장률이 떨어졌고, 이것이 다시 소득 불평등을 악화시키는 악순환이 시작됐다.[8]

앞의 인용문들을 쓴 이정우 교수, 김상조 교수, 이정전 교수는 경제민주화와 소득분배, 불평등 문제를 열심히 연구한 대표 경제학자들이다. 다시 말해, 경제학 교수를 포함해서 한국 지식인들은 한국경제 불평등이 "1997년 IMF 외환위기 이후부터" 시작됐다고 생각한다.

불평등과 경제성장의 관계
: 불평등은 경제성장에 해로울까

불평등과 경제성장의 관계에 대한 기존 입장을 살펴보자. 《다중격차, 한국 사회 불평등 구조》라는 책은 불평등 문제를 입체적으로 다루고 있는 책이다. 특히 불평등 문제를 오랫동안 연구한 전문 연구자들(한신대학교 공공정책연구소)이 공동으로 집필했다. '불평등과 경제성장의 관계'에 대해 다음과 같이 서술하고 있다. 약간 길지만 그대로 인용한다.

> (…) 1980년대 이후 꾸준히 세계경제가 성장했음에도 불구하고 불평등은 줄어들지 않았다. 오히려 증대된 불평등이 경제성장을 억제한다는 연구 결과들이 주류 경제학계 내에서도 정설로 자리 잡아가고 있다. (…) 우리나라의 경우에도, 2000년대 중반 이후 불평등은 늘어나고 경제성장률은 낮아지는 현상이 나타나고 있다. 2003~2007년 평균 경제성장률은 4.3%, 2008~2012년 평균 경제성장률은 2.9%였다. 2012년 이후에도 경제성장률은 3%를 회복하지 못하고 있다. 이에 불평등과 빈곤을 완화해, 불평등이 성장과 고용을 저해하지 않는 새로운 성장 패러다임을 모색하는 것이 우리 사회의 가장 중요한 의제로 등장하고 있다. (…)[9]

앞의 인용문을 살펴보면, 불평등이 경제성장에 해롭다는 주장을 2가지 방식으로 논증하고 있다. 첫째, 해외 연구 결과들을 보면 주류 경제학계 내에서도 정설로 자리 잡아가고 있다. 둘째, 한국의 경우 2000년대 중반 이후 불평등은 늘어났고 경제성장률은 낮아지고 있다. 그러므로 성장률을 높이기 위해서는 불평등을 줄여야 한다. 하지만 2가지 논거 모두 부적절한 방식의 논증이다. 이유는 다음과 같다.

첫째, 주류 경제학계의 입장이 무엇이든지와 무관하게 '불평등과 경제성장의 관계'는 경제발전 단계와 해당 국가의 경제성장 방식에 따라 그 양상이 완전히 달라진다. 우리는 앞에서 불평등과 경제성장의 관계에 관한 쿠즈네츠 곡선을 살펴봤다. 쿠즈네츠 곡선의 전반부에서는 경제발전이 진행될수록 불평등이 증가했다. 후반부에서는 경제발전이 진행될수록 불평등이 축소됐다.

만일 선진국에 근접한 개발도상국 A그룹 국가와 이제 막 경제발전을 시작하는 개발도상국 B그룹 국가가 있다고 가정해보자. A그룹의 경우 쿠즈네츠 곡선의 후반부일 가능성이 크다. 다시 말해 경제발전이 이뤄지면서 동시에 불평등이 축소하는 나라일 가능성이 크다. B그룹의 경우 쿠즈네츠 곡선의 전반부일 가능성이 크다. 경제발전이 이뤄질수록 불평등이 커지는 나라일 가능성이 크다.

만일 어떤 경제학자가 A 그룹과 B 그룹을 '섞어서' 합계를 내놓고, 불평등과 경제성장의 관계를 논증한다면 그것은 매우 부적절한 논증 방식이 될 수밖에 없다. A그룹 나라의 개수가 많으면 불평등은 경제성장에 바람직하다는 결론이 나올 것이다. B그룹 나라가 더 많으면 불평등 축소가 경제성장에 바람직하다는 결론이 나올 것이다. 즉, 불평등과 경제성장의 관계는 나라별 단순 합계를 평균화하는 방식으로 평가할 수 없다.

둘째, 후발 신흥공업국일수록 경제성장률이 높은 것이 일반적이고, 선진국일수록 경제성장률이 떨어지는 것이 일반적이다. 1인당 GDP가 6만 5,000달러인 미국과 1인당 GDP가 2,000달러인 인도 중에서 경제성장률이 더 높은 나라는 어디일까? 코로나 경제위기가 발생하기 이전에도 인도의 경제성장률이 미국의 경제성장률보다 훨씬 높다. 인도의 경우 2010년대 이후 연평균 경제성장률이 5~8% 수준이다. 반면에 미국의 경우 1~2.5% 수준이다. 유럽에서 잘사는 대부분의 나라도 미국의 연평균 경제성장률인 1% 내외다. 선진국이 될수록 경제성장률이 경향적으로 낮아지는 것은 일반적인 패턴이다.

반면, 경제성장과 불평등의 관계는 별개의 원리로 작동한다. 경제발전 단계, 해당 국가의 경제발전 양상, 경제 비중에서 수출과 내수의 비중, 제조업과 서비스업의 비중, 상층 소득자의 산업구조 분포 등에 따라 달라진다. 전혀 별개의 카테고리를 매우 단순한 방식으로 엮은 것에 불과하다. 1990년대 중반부터 2010년경까지, 저개발국가이면서 경제성장률이 가장 좋았던 나라는 중국이었다. 중국의 경우 경제발전이 되면서 불평등이 커진 경우다. 쿠즈네츠 곡선의 전반부에 해당했다. 중국보다 뒤늦게 경제발전에 뛰어드는 인도, 베트남을 비롯한 동남아시아 대부분의 국가도 경제성장률이 높아지면서 불평등이 증가하고 있다. 이들 나라들도 모두 쿠즈네츠 곡선의 전반부에 해당한다.

우리는 책 내용 전체를 통해 앞서 이야기한 한국경제 불평등에 관한 5가지 통념이 타당한 것인지 살펴볼 것이다.

한국경제 불평등의 3대 변곡점

5가지 통념 중에서 먼저 쉬운 것부터 살펴보자. 한국경제 불평등에 관한 1997년 외환위기 기원설은 타당한 것일까?

한국이 IMF(국제통화기금)에 구제금융을 신청한 날은 1997년 11월 21일이다. IMF는 한국에 구제금융에 관한 요구 조건을 제시했다. 금융시장 개방, 재벌 개혁, 긴축재정, 금융 건전성 강화 방안, 정리해고를 비롯한 노동시장 유연성이다. 한국은 IMF 구제금융 덕분에 국가 부도 사태를 면할 수 있었다.

하지만 IMF의 긴축재정 요구는 엄청난 고금리로 연결됐다. 엄청난 고금리로 인해 건실한 기업조차 유동성 위기에 몰려 부도가 났다. 이후 노동자들의 대량실직 사태가 벌어졌다. 1997년 외환위기

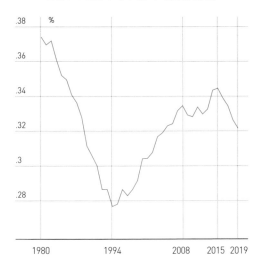
그림 1-4 임금의 지니계수 추이(1980~2019)

사태는 한국인들에게 아픈 상처로, 매우 강렬한 기억으로 남아 있다. 하지만 상처의 기억이 사회과학(경제학)을 대신할 수는 없다. 둘은 구분해서 볼 필요가 있다. 결론부터 말해, 한국경제의 불평등은 1997년 외환위기부터 발생하지 않았다. 그전부터 불평등은 커지기 시작했다.

[그림 1-4]는 1980~2019년 기간 동안의 임금 지니계수(Gini係數)다.[10] 이탈리아의 통계학자 코르라도 지니(Corrado Gini)의 이름에서 유래한 지니계수는 불평등을 측정하는 가장 대표적인 지표다. 한 사람에게 모든 소득이 몰려 있으면, 극단적 불평등이다. 이때 지니계수는 1이 된다. 모든 사람에게 완전히 균등하게 소득이 분배되면, 극

단적 평등이다. 이때 지니계수는 0이 된다. 즉, 지니계수는 1에 가까울수록 불평등한 상태고, 0에 가까울수록 평등한 상태다. 일반적으로 지니계수가 0.4를 넘으면 소득분배가 상당히 불평등한 것으로 간주한다.

[그림 1-4]는 고용노동부가 1980년부터 10인 이상 사업체를 대상으로 조사했던 〈임금구조기본조사〉 및 〈고용 형태별 근로실태조사〉를 활용한 지니계수 추이이다. 이 자료의 최대 장점은 동일한 방식의 조사이며, 1980년부터 최근까지 이어지고 있는 장기 시계열 자료라는 점이다.

우리가 [그림 1-4]에서 주목해서 봐야 할 관전 포인트는 '언제부터' 불평등이 증가하기 시작했는지다. 그래프를 보면 알 수 있듯, 불평등이 증가하는 시작점은 1994년이다. 1980년 지니계수는 0.375였다. 1994년 지니계수는 0.277이다. 1980~1994년의 기간 동안에 불평등은 꾸준히 줄었다. 그리고 1994년을 최저점으로 불평등은 증가하기 시작한다. 언제까지 증가하는지를 보면 2008년까지 증가한다. 2008년은 세계금융위기가 터진 해다. 흥미롭게도 2008년 글로벌 경제위기가 발생했는데, 오히려 한국경제 불평등은 줄었다. 1997년 외환위기의 충격 이후, 한국 사회에서 상식으로 통용되는 것은 '경제위기는 불평등을 가중시킨다'라는 명제다.

하지만 2008년의 상황을 보면 경제위기가 왔는데 오히려 불평등은 줄어들었다. 어떻게 된 일일까? 2008년 글로벌 금융위기 이후 한국경제 불평등은 줄어들다가 2011년에 다시 상승하기 시작한다. 그리고 2015년을 최고점으로 불평등은 2019년까지 하향세다. 2015년에는 또 무슨 일이 있었기에 불평등은 최근까지 줄어들고 있는 것일까?

정리하면, [그림 1-4]는 우리에게 다음과 같은 3가지 의문점을 제공한다. 첫째, 왜 '1994년부터' 불평등이 증가하게 됐을까? 이때는 1997년 외환위기가 발생하기 전이다. 도대체 무슨 일이 있었던 것일까? 둘째, 왜 글로벌 경제위기가 발생한 2008년 이후 한국경제 불평등은 축소된 것일까? 경제위기가 발생하면 불평등이 증가한다는 우리의 상식이 틀렸던 것일까? 셋째, 왜 한국경제 불평등은 2015년을 정점으로 하락하는 중일까? 더구나 이런 흐름은 최근까지 지속되는 중이다. 불평등을 하락하게 만들고 있는 힘의 근원은 무엇일까?

1994년은 한국경제 불평등의 최저점이었다. 2008년은 글로벌 금융위기가 발생했는데 이후 2년간 한국경제 불평등은 오히려 줄었다. 2015년은 한국경제 불평등의 최고점이었다. 1994년, 2008년, 2015년, 나는 3개 연도를 책 내용 전체에 걸쳐 '3대 변곡점'이라고 표현할 것이다. 우리가 한국경제 불평등의 작동 메커니즘과 변동 요인을 알고자 한다면, 3대 변곡점을 발생시켰던 힘의 근원이 무엇인지에서 시작할 필요가 있다. 도대체 무슨 사건이 있었고, 어떤 영향을 미쳤기에 불평등은 증가 혹은 축소된 것일까?

이 중에서 '1994년 불평등 미스터리'를 먼저 풀어보기로 하자. 왜 하필 1994년부터 한국경제 불평등은 증가하게 됐을까? 다음 장에서 1994년 불평등 미스터리에 대한 해답을 찾아보기로 한다.

2부

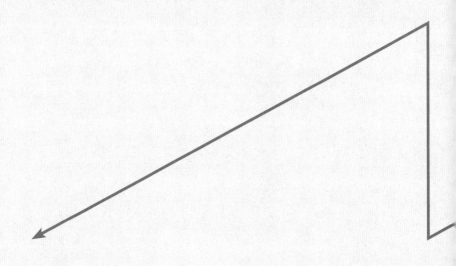

한국경제 불평등의 진짜 기원

4장 / 1994년 불평등 미스터리, 그 해답을 찾아

많은 지식인의 오해와 달리 한국경제 불평등의 시작점은 1997년 외환위기가 아니다. 1994년부터 시작됐다. 이는 한국경제 불평등이 1997년 외환위기가 아닌 다른 요인에 의해 시작됐음을 의미한다. 그것이 무엇일까? 결론부터 말해, 국내적 사건과 국제적 사건 3가지가 맞물려서 작동했다. 3가지 사건은 1987년 노동자 대투쟁, 1992년 1~2월 덩샤오핑의 남순강화(南巡講話), 1992년 8월 한·중 수교다. 이 사건들은 왜, 어떻게 한국경제 불평등으로 연결됐을까?

1987년 노동자 대투쟁

첫째, 1987년 노동자 대투쟁이었다. 1987년은 한국 민주화의 중요한 분기점이었다. 2가지 사건이 벌어진다. 하나는, 6월 항쟁이었다. 전두환은 군사 쿠데타와 1980년 광주 학살을 통해 집권한 군사독재

정권이었다. 1985년 2월 총선에서 직선제 개헌이 선거 쟁점이 된다. 1987년 1월 서울대 박종철 학생의 물고문에 의한 사망 사건을 계기로 직선제 개헌 요구가 본격화된다. 학생운동이 앞장서고 국민들이 지지하면서 직선제 개헌을 요구하는 6월 항쟁이 본격화된다. 결국 전두환의 후계자였던 노태우 정부는 6·29 선언을 통해 직선제 개헌, 정치범 석방 등의 조치를 발표한다. 민주화 세력이 요구하던 직선제가 드디어 수용됐다.

다른 하나는, 7~9월 기간의 노동자 대투쟁이다. 6월 항쟁을 통해 직선제를 쟁취하자 7월부터 노동자들은 억눌렸던 노동기본권을 요구하기 시작한다. 민주노조 설립 운동은 한국경제에서 수출 중심 공업화의 최선두이며 동시에 중화학공업 사업장이 대거 몰려 있던 울산에서 시작된다. 이후 부산, 마산, 창원, 포항 일대에서 노동조합 설립 운동이 분출한다. 억눌렸던 노동자들의 요구는 마치 경부고속도로 루트를 거꾸로 타고 올라오는 것처럼 구미, 대구, 대전, 천안, 수원, 안산을 거쳐 서울로 북상한다. 1987년 7~9월에 걸쳐 노동조합이 수천 개 설립된다. 그 이전에 존재하던 한국의 노동조합 개수를 모두 합친 것보다 더 많은 노조가 이때 설립된다. 이를 '7, 8, 9 노동자 대투쟁'이라고 표현한다. 1987년 6월이 정치적 독재에 맞서는 정치 민주화였다면, 1987년 7~9월은 노동자들이 자신들이 생활하던 공장에서 민주주의를 쟁취하던 시기였다. 민주노조 설립과 노동자 대투쟁, 총파업의 에너지는 1987~1992년 기간 동안 약 5,000개의

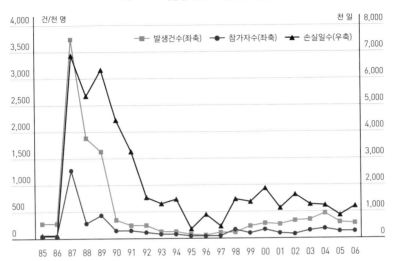

그림 2-1 노사분규 지표 추이(1985~2006)

노동조합 설립으로 이어진다. 노동조합의 조합원수는 1986년 100만 명 수준에서 1989년에는 최대 193만 명으로 급증한다.[1] 불과 3~4년 만에 조합원 수가 2배로 증가했다.

[그림 2-1]은 1985~2006년 기간 동안의 노사분규 지표 추이다.[2] 특히 1987~1991년 기간 동안 노사분규 발생건수, 손실일수, 참가자수 모두 폭증했음을 알 수 있다. 1987~1992년 5년간 노사분규 발생건수는 약 8,000건에 달한다. 파업 참가자는 연인원 약 150만 명이다. 파업으로 인한 노동 손실일수는 약 1,154만 일에 달한다.[3] 1987~1992년 기간에 파업이 얼마나 강력하고 격렬하게 전개됐는지를 보여준다.

그림 2-2 제조업의 임금 및 노동생산성 추이(1984~1994)

[그림 2-2]는 1984~1994년 기간 동안의 제조업 분야 명목임금 상승률과 노동생산성 증가율이다.[4] 격차가 가장 크게 벌어졌던 1989년을 살펴보자. 1989년에 명목임금 상승률은 약 25%였다. 반면에 노동생산성은 약 4%였다. 명목임금 상승률이 노동생산성의 약 6배 수준이었다.

1987~1992년 기간 동안에는 내내 명목임금 상승률이 노동생산성을 상회한다. 즉, 이 기간에 '급격한' 임금 인상이 발생했다. 노동생산성을 상회하는 급격한 임금 인상이 발생할 경우 기업은 어떻게 될까? 경쟁력을 잃고, 망하는 기업이 발생하게 된다. 특히 저임금노동력에 기반한 저기술·노동집약적·수출·제조업의 경우 강력한 경

쟁력 위기에 직면하게 된다. 이 부분에 대해서는 이후 더 자세히 살펴볼 것이다.

1992년 1~2월, 덩샤오핑의 남순강화

둘째, 한국경제 상황과 아무 상관 없이, 중국에서는 1992년 1~2월 덩샤오핑이 남순강화를 한다. 남순강화는 '남쪽 지역을 순방하며 주장하다'라는 의미다. 중국의 개혁개방은 덩샤오핑이라는 걸출한 정치 지도자가 각종 정치적 어려움을 뚫고 집요하게 추진했기에 성공할 수 있었다. 중국의 개혁개방에서 덩샤오핑 개인이 가지는 비중은 매우 크다. 1992년 덩샤오핑의 남순강화는 하나의 분기점을 이룰 만큼 중요한 사건이었다. 1992년 남순강화의 중요성을 알기 위해서는 중국 개혁개방을 둘러싼 역사를 이해할 필요가 있다.

중국공산당은 1949년 내전에서 승리한 이후 자립경제, 국유화, 계획경제, 집단농장 체제를 유지했다. 정치적인 측면을 보면, 중국은 마오쩌둥이 사망하기 이전까지 마오쩌둥 1인 지배체제였다. 마오쩌둥은 1950년대 대약진운동의 실패, 1966~1976년 기간 동안 문화대혁명을 통해 중국을 깊은 수렁에 빠뜨렸다. 1976년 1월 저우언라이가 사망한다. 1976년 9월에는 마오쩌둥이 사망한다. 새로운 변화가 가능해졌다. 1978년 덩샤오핑이 드디어 실권을 잡게 된다. 덩샤오핑은 1978년 이후 개혁개방을 추진한다. 일본을 비롯한 한국, 홍콩, 대만, 싱가포르의 동아시아 발전국가의 성공 사례를 적극적으로 배우고, 유럽 선진 자본주의 국가에 사찰단을 보낸다. 외교적으로는 미국과 1979년 미·중 수교를 맺는다. 미국과의 수교를 통해, 다른 자본주의 국가들과 관계 개선 및 적극적 협조가 용이해진다. 이후 중국은 적극적으로 해외자본을 유치한다.

덩샤오핑은 개혁개방을 대표하는 정치 리더였지만 중국공산당 내부에는 여전히 개혁개방에 반대하는 보수파와 개혁개방에 대한 신중론자가 더 많았다. 1989년 천안문사건이 터진다. 천안문사건은 개혁 성향의 공산당 총서기였던 후야오방(胡耀邦)의 죽음을 계기로 시작된다. 후야오방은 덩샤오핑이 밀었는데, 4월 15일 갑작스럽게 사망한다. 생전에 후야오방은 학생들의 시위에 온건한 입장을 가지고 있었다. 학생운동에 대한 미온적 대처가 후야오방의 실각 사유가 됐다. 1989년 후야오방이 죽자 후야오방 추모를 명분으로 학생운동이 활발해진다. 학생들은 당시 개혁개방 과정에서의 부작용이었던 물가인상과 관료들의 비리를 규탄했다. 후야오방 총서기의 후임은 자오쯔양(趙紫陽)이었다. 역시 덩샤오핑이 밀었던 인물이다. 그런데 자오쯔양 역시 천안문의 학생 시위 진압에 소극적 태도를 보인다. 중국공산당은 자오쯔양을 가택 연금하고, 6월 4일 탱크를 동원해 학생 시위를 유혈 진압한다. 시위대의 유혈 진압은 덩샤오핑 역시 동의한 것이다.

학생 시위대는 크게 보면 개혁개방 지지 세력이었다. 다만 개혁개방 과정에서 발생한 부작용의 시정을 요구하며 시위했다. 중국공산당 보수파들이 보기에, 덩샤오핑의 개혁개방은 학생들의 시위를 유도하고, 결과적으로 학생들을 죽인 꼴이 됐다. 게다가 덩샤오핑이 밀었던 후야오방과 자오쯔양은 모두 학생운동에 미온적으로 대처했다. 덩샤오핑은 천안문사건의 발생과 후야오방과 자오쯔양의 미온적 대처에 대해 책임이 있었다. 1989년 6월 4일 천안문 시위의 진압 이후, 덩샤오핑의 당내 입지는 매우 좁아졌다. 개혁개방을 반대하고, 신중론을 제기하는 당내 보수파의 목소리는 더 커졌다. 자오쯔양의 후임자로 장쩌민(江澤民)이 중국공산당 주석이 됐다. 중국의 개혁개방 전체가 좌초될 절체절명의 위기에 놓이게 됐다.

1989년 그해 겨울, 예상치 못한 반전이 일어난다. 동독의 베를린장벽이 무너진다. 동독 시민들의 자유화 요구로 인해 동독 공산당 정권은 얼떨결에 서독으로의 이동을 승인한다. 이는 결국 베를린장벽 붕괴로 이어진다. 베를린장벽을 마주하는 서독과 동독의 체제 대결은 냉전의 상징이었다. 동독 공산주의 정권은 붕괴한다. 그다음 해인 1990년에는 체코슬로바키아, 불가리아, 유고슬라비아, 루마니아가 순차적으로 시민들의 자유화 요구에 밀려 공산당 정권이 붕괴한다. 1991년 12월 25일에는 소비에트연방(소련)이 공식 해체된다. 주요한 동유럽 공산주의 국가가 전부 무너졌다. 공산주의 원조였던 소련마저 무너졌다. 1989~1991년에 이어진 동유럽 공산주의 몰락은 중국공산당의 개혁개방파와 보수파 모두에게 엄청난 충격이었다.

중국공산당의 지도급 인사들 사이에서 개혁개방을 하지 않으면 체제가 붕괴할 수 있다는 공감대가 형성된다. 이때, 88세의 덩샤오핑이 개혁개방을 위한 '마지막 승부수'를 던진다. 덩샤오핑은 1992년 1월 18일부터 2월 21일 기간 동안, 그동안 자신이 개혁개방 과정에서 경제특구로 지정했던 곳을 방문한다. 우한, 선전, 주하이, 상하이 등을 시찰한다. 과감한 개혁개방의 필요성을 역설하고 한편으로는 개혁개방에 소극적인 장쩌민을 향해 경고의 메시지를 날린다. 개혁개방을 통해 소득 상승 혜택을 봤던 경제특구의 지역 주민들은 엄청난 인파로 덩샤오핑을 환영해준다.

덩샤오핑의 남순강화는 개혁개방 필요성에 대한 공감대를 다시 만들어낸다. 보수파의 눈치를 보며 좌고우면하던 장쩌민 역시 개혁개방에 적극적으로 나서게 된다. 1992년은 제14차 중국공산당 전국인민대표회의(전인대)가 있던 해다. 전인대는 중국공산당의 최고 의결 기구이며, 5년마다 한 번씩 개최된다. 제14차 중국 전인대에서는 '사회주의 시장경제 노선'을 당의 공식 노선으로 채택한다. 중국의 개혁개방을 상징하는 용어인 '사회주의 시장경제'라는 용어는 1992년 제14차 전인대에서 처음으로 공식 채택된다. 덩샤오핑의 남순강화가 이뤄낸 정치적 성과물이었다. 천안문사건이 있던 1989년 중국경제 성장률은 4.2%였다. 그다음 해인 1990년 경제성장률은 3.9%였다. 남순강화와 사회주의 시장경제 노선이 채택된 이후, 중국의 경제성장률은 1992년 14.2%, 1993년 13.9%로 다시 상승한다.

덩샤오핑의 남순강화를 분기점으로, 중국공산당 내에서 개혁개방 노선이 확고한 주도권을 갖게 된다. 1992년 이후 수출노선의 전면화, 과감한 해외자본 유치, 경제특구의 대대적 확대, 과감한 규제완화, 제조업 육성, 민간기업 육성을 추진했다.

1992년 8월 24일 한·중 수교의 체결

셋째, 1992년 8월 24일 한·중 수교가 체결된다. 한·중 수교 체결은 노태우 정부의 업적 중 하나다. 노태우 대통령은 1987년 6월 항쟁 이후 치러진 그해 12월 대선에서 당선된다. 6월 항쟁의 주역이었던 김영삼과 김대중은 단일화를 하지 못하고 독자적으로 출마한다. 1987년 12월 대선은 노태우, 김영삼, 김대중, 김종필의 4자 대결로 진행된다. 노태우가 당선된다. 득표율은 37%였다. 다르게 보면 63%는 노태우를 찍지 않았다. 노태우 대통령의 지지기반은 매우 취약했다. 1987년 6월 항쟁의 에너지는 여전히 기세등등해 국민은 민주화와 개혁을 갈망했다. 전두환과 함께 쿠데타의 주역이자 대통령 직선제로 선출된 군부 출신 노태우는 37%로 당선됐다는 바로 그 이유로 인해 매우 적극적으로 개혁을 추진했다.

노태우는 1987년 12월에 당선됐다. 그다음 해인 1988년에 서울올림픽이 열렸다. 서울올림픽은 자유주의 진영과 공산주의 진영이 12년 만에 모두 참여하는 올림픽이었다. 자유주의 진영과 공산주의 진영이 모두 참여한 마지막 올림픽은 1976년 캐나다 몬트리올 올림픽이었다. 1980년 소련의 모스크바 올림픽에는 서방 진영이 불참했다. 1984년 미국의 LA 올림픽에는 공산주의 진영이 불참했다. 노태우와 박철언은 서울올림픽의 역사적 의미를 허투루 보내지 않았다. 2018년 2월에 시작된 평창 동계올림픽을 문재인 대통령이 평화의 지렛대로 활용했던 것처럼, 노태우 대통령 역시 서울올림픽을 북방외교의 지렛대로 활용했다. 1988년 노태우의 7·7 선언이 나오게 된 배경이다. 7·7 선언의 정식 명칭은 〈민족자존과 통일번영을 위한 특별선언〉이다. 남북관계 개선과 사회주의권 국가들과의 관계 개선 추진이 주요 내용이다. 이후 1989년 미국과 소련은 몰타에서 정상회의를 가지고 '냉전 종식 선언'을 한다. 미국과 소련의 1989년 몰타 회담 이전에, 노태우 정부가 '먼저' 사회주의권과의 관계 개선을 추진했다는 점이 흥미롭다. 한국 정부의 독자 외교가 돋보이는 사례다.

[표 2-1]은 노태우 정부의 임기(1988년 2월~1993년 2월) 동안 이뤄진 공산권 국가들과의 국교 수립 현황이다. 1989년 2월 1일 헝가리와의 국교 수립을 시작으로 1990년 9월 20일에는 공산주의 종주국 소련과 수교를 체결한다. 1992년 8월 24일에는 중국과 수교를 맺는다. 한국은 중국과 수교를 맺기 직전인 1992년 4월, 국내 기업의 국제화

표 2-1 노태우 정부 시절, 공산권 국가와의 국교 수립 현황

국가명	국교 수립일	국가명	국교 수립일
헝가리	1989년 2월 1일	몰도바	1992년 1월 31일
이라크	1989년 7월 9일	키르기스스탄	1992년 1월 31일
폴란드	1989년 11월 1일	투르크메니스탄	1992년 2월 7일
舊유고	1989년 12월 27일	벨라루스	1992년 2월 10일
체코	1990년 3월 22일	우크라이나	1992년 2월 10일
불가리아	1990년 3월 23일	아르메니아	1992년 2월 21일
루마니아	1990년 3월 30일	아제르바이잔	1992년 3월 23일
舊소련	1990년 9월 30일	타지키스탄	1992년 4월 27일
알바니아	1991년 8월 22일	중국	1992년 8월 24일
리투아니아	1991년 10월 14일	크로아티아	1992년 11월 18일
에스토니아	1991년 10월 17일	슬로베니아	1992년 11월 18일
라트비아	1991년 10월 22일	조지아	1992년 12월 14일
카자흐스탄	1992년 1월 28일	베트남	1992년 12월 22일
우즈베키스탄	1992년 1월 29일	슬로바키아	1993년 1월 1일

를 위해 해외투자 승인 절차를 대폭 완화한다. 지금까지 규제 중심이었던 해외투자 관리제도를 기업의 해외투자를 촉진하도록 정책을 전환한다.[5]

이후 1992년 12월 22일에는 베트남과 수교를 맺었다. 2022년 현재 중국은 수출과 수입 모두 1위 국가가 됐다. 베트남은 수출 3위, 수입 5위 국가다. 냉전이 끝나갈 무렵, 노태우 정부는 북방외교를 통해 선도적인 독자 외교를 펼쳤다. 이는 1990년대 중반 이후 한국 GDP 성장에 지대한 영향을 미쳤다. 오늘날 한국경제의 국제적 위

상이 높아지는 결정적 계기가 됐다.

1987년 노동자 대투쟁, 남순강화,
한·중 수교가 만나면

1987년부터 1992년까지는 대규모의 노사분규로 인해 인건비가 '급상승한' 상태였다. 당시 한국 제조업은 저임금노동력에 기반한 수출 중심 모델이었다. 박정희와 전두환이 노동기본권을 탄압했던 이유는 2가지였다. 하나는 냉전 반공주의적 사고방식의 연장이었다. 노동조합 설립 시도는 그 자체로 빨갱이 취급을 받았다. 다른 하나는 수출 시장에서 가격경쟁력을 확보하기 위해서였다. 노동조합을 빨갱이로 몰아야 노동조합 설립을 막고, 임금을 억제하고, 국제적인 가격경쟁력을 확보하는 데 유리했다. 1987년 민주화 이후, 노동운동의 활성화는 '박정희식 노동 체제'를 해체시켰다.

1987년 노동자 대투쟁 이후, 대규모 임금인상과 잦은 노사분규는 기업 입장에서 '경쟁력 위기'를 의미했다. 한국 기업의 경쟁력이 급격히 약화되던 그 시점에 중국에서는 덩샤오핑에 의한 남순강화가 있었다. 1992년 중국공산당은 제14차 전인대에서 '사회주의 시장경제 노선'을 채택했다. 마침 그 시기에 노태우 정부는 취약한 지지율을 돌파하기 위해 북방외교를 적극적으로 추진했다. 1992년

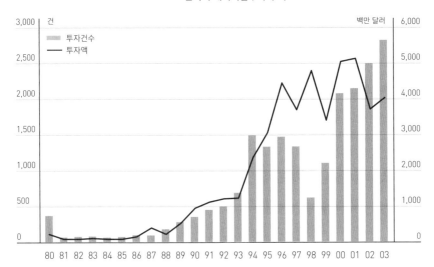

그림 2-3 한국의 해외직접투자 추이

8월 24일 한국과 중국은 드디어 수교를 맺는다. 3가지 사건이 드디
어 만나게 됐다. 삼단 합체 로봇이 됐다.

　한·중 수교가 체결되자, 인건비 인상으로 수익성 압박을 받던
저숙련·저임금 기반의 한국 자본가들에게 중국 공산주의는 '자본의
해방구'가 된다. 저임금·저숙련 기반의 한국 자본가들은 일당 독재
의 나라 중국 공산주의로 피난을 간다. 더 낮은 임금을 찾아서.

　'자본의 피난'을 보여주는 대표적인 지표는 해외직접투자(FDI)
다. 해외직접투자는 두 종류가 있다. 첫째, 국내에서 해외로 나가는
경우다. 둘째, 해외에서 국내로 들어오는 경우다.

　[그림 2-3]은 한국의 해외직접투자 추이다.[6] 국내에서 해외로

그림 2-4 OECD 국가의 저기술·제조업 고용 비중 추이

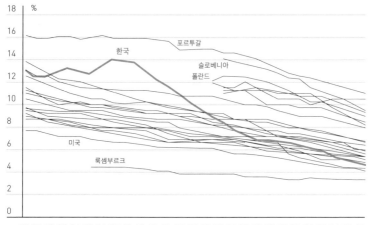

나가는 FDI에 해당한다. 관전 포인트는 FDI가 '급상승하는' 시점이다. 그 시점은 1992년 직후다. 투자액을 기준으로 봐도, 투자 건수를 기준으로 봐도 1992년이 급상승하는 시점임을 알 수 있다. 1981년 FDI 법인 수는 50개에 불과했다. 1996년에는 1,480개로 증가했다. 1981년 투자금액은 5,700만 달러에 불과했다. 1996년에는 32억 2,000만 달러로 증가했다.[7]

[그림 2-4]는 OECD 국가의 저기술·제조업 고용 비중 추이다. 경제협력개발기구(OECD)에 소속되어 있는 나라 전부를 비교한 그래프다.[8] 한국은 OECD 국가를 통틀어서도 가장 빠른 속도로 저기술·제조업 일자리가 사라졌다. 저기술·제조업 고용 비중이 줄어드는 기울기가 가장 가파르다. 왜 한국은 OECD 국가 중에서도 '가

장 빠른 속도로' 저기술·제조업 일자리가 사라졌을까? 이 질문에 답하기 위해 우리는 [그림 2-4]에서 저기술·제조업 고용 비중이 급격하게 줄어드는 '시점'을 유의해야 한다. 한국의 저기술·제조업 고용이 가장 급격하게 줄어드는 시점은 1987~1998년의 기간이다. 1997년 외환위기 발생 이전부터 고용이 급격하게 줄어든다.

1987~1998년 저기술·제조업 고용이 급격하게 줄어든 이유는 3가지 사건이 결합됐기 때문이다. 첫째, 1987년 6월 항쟁과 결합된 노동운동 때문이다. 둘째, 중국의 개혁개방 2단계 국면이 본격화된 덩샤오핑의 남순강화와 1992년 10월 제14차 중국 전인대에서 '사회주의 시장경제'를 공식 노선으로 채택했기 때문이다. 셋째, 1992년 8월 한·중 수교 이후 저기술·제조업 분야에서 한국은 중국에게 가성비 경쟁에서 밀리게 된다. 저기술·제조업 분야에서 한국이 중국에 밀리는 과정은 2가지 경로로 자동했다. 하나는 한국의 저기술·제조업 공장이 중국으로 이전한 경우다. 이는 중국에 대한 한국의 FDI 급증으로 확인된다. 다른 하나는 국제무역시장에서 경쟁력을 잃게 된다. 한국에 공장이 남아 있더라도, 가성비 경쟁에서 중국을 이길 수 없었다.

1987~1992년 즈음 한국 제조업의 총 고용 비중은 전체 취업자의 30% 수준이었다. 하지만 2000년대를 거치며 한국 제조업의 고용 비중은 약 17%로 줄어들었다. 이는 동시에 저숙련·노동집약적·수출·제조업에 종사하는 일자리가 사라지게 됐음을 의미한다. 이들

은 제조업에서는 하단에 위치했지만 전체 노동시장에서는 '중간소
득' 일자리에 해당했다. 중간소득 일자리의 규모가 급격히 줄어들었
다. 바로 이것이 1994년부터 한국경제 불평등이 증가하기 시작한
진짜 이유다.

대구의 섬유산업과 부산의 신발산업이
1997년 외환위기 이전에 쇠락한 이유

1992년 중국경제의 부상 이후, 한국경제에 어떤 일이 벌어졌는지
조금 더 자세히 살펴보자. 먼저, 우리는 제조업과 서비스업이 국제
무역에서 가지는 차이점을 이해할 필요가 있다. 제조업은 교역재(交
易財)이고, 서비스업은 비(非)교역재의 특성을 가진다. 국제무역에서
거래되는 재화의 약 77%는 제조업을 통해 만들어진 상품무역이다.
국제무역에서 거래되는 재화의 약 23%가 서비스 무역이다.
　　제조업은 교역재 특성을 지니기에 국제분업 구조 재편의 영향
을 강하게 받는다. 제조업의 경쟁은 국내에 갇혀 있지 않다. 치열한
국제경쟁에 노출되어 있다. 국제적 경쟁자의 새로운 움직임에 따라
지위가 출렁거린다. 반면에 서비스업은 비교역재 특성을 가진다. 국
제분업 구조 재편의 영향을 적게 받는다. 서비스업은 내수산업의 성
격을 강하게 갖는다. 일반적으로, 제조업 부가가치가 서비스업 부가

가치보다 더 높다. 우리나라도 그렇고, 대부분의 다른 나라도 마찬가지다. 그 이유는 제조업이 치열한 국제경쟁에 일상적으로 노출되어 있기 때문이다. 제조업은 생산성에서 뒤처지면 금방 망하게 된다.

1960~1980년대의 기간에 세계경제에서 국제분업 구조의 혜택을 가장 많이 본 나라가 한국, 대만, 일본이었다. 한국과 대만은 저기술·노동집약적·수출·제조업에서 저렴한 인건비에 기반해 국제경쟁력을 유지했다. 이 시기를 대표하는 산업이 가발·섬유·의류·신발·합판산업이었다. 하지만 국내적으로는 1987년 노동자 대투쟁 이후 급격한 임금 인상과 국제적으로는 1992년 중국경제의 부상을 접하게 되면서 이들 산업은 급격한 위기에 봉착하게 된다.

[그림 2-5]는 1992~1997년 기간 동안의 산업별 취업자수 변화율을 보여준다.[9] 관전 포인트는 2가지다. 첫째, 데이터가 다루고 있는 '시점'이다. 1992년부터 1997년까지의 기간을 다룬다. 1992년은 한·중 수교가 체결된 시점이고, 1997년은 외환위기로 인해 IMF 구제금융을 신청한 시점이다. 그래프는 1997년 '외환위기 이전의' 취업자수 변화율을 보여준다.

[그림 2-5]의 왼쪽 그래프는 취업자가 감소한 경우다. 오른쪽 그래프는 취업자가 증가한 경우다. 맨 왼쪽 그래프를 보자. 섬유·가죽·신발의 제조업 분야 일자리 축소 비율이다. 무려 41.8%의 일자리가 감소했다. 불과 5년 만에 절반에 가까운 일자리가 사라졌다. 1987년 임금 인상 충격과 1992년 중국경제의 부상 및 한·중 수교

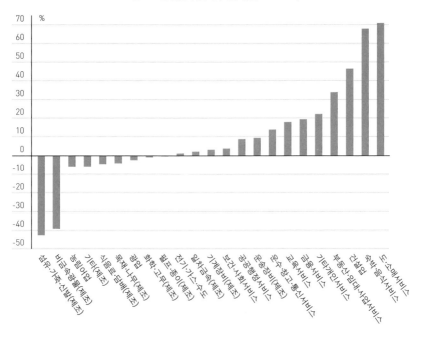

그림 2-5 산업별 취업자수 변화율(1992~1997)

충격이 연속해서 발생했기 때문이다.

섬유·가죽·신발산업에서 일자리를 잃은 노동자들은 어디로 갔을까? 오른쪽 그래프에 있는 도·소매업, 숙박·음식업, 부동산·임대업으로 이동했다. 도·소매업, 숙박·음식업의 취업자 증가율은 무려 70%에 육박한다.

왼쪽 그래프의 섬유·가죽·신발산업은 제조업이자 동시에 '교역재' 분야에서 사라진 일자리다. 반대로 오른쪽 그래프에 있는 도·소매업, 숙박·음식업, 부동산·임대업은 서비스업이자 동시에 '비교

표 2-2 신발산업, 한국과 중국의 수출액(단위: 억 달러)

구분	1992년	1994년	1996년	1998년
한국	31.8	17.8	12.4	8.1
중국	42.4	60.4	71.0	83.9

표 2-3 의류산업, 한국과 중국의 수출액(단위: 억 달러)

구분	1992년	1994년	1996년
한국	78.8	50.3	25.8
중국	96.7	360.7	741.6

역재' 분야에서 새로 생긴 일자리다. 다시 말해, 내수산업 일자리다.

이때 쇠락하게 되는 대표 산업이 부산의 신발산업과 대구의 섬유산업이다. [표 2-2]는 신발산업에서 한국과 중국의 수출액을 비교하고 있다.[10] 한국 신발산업의 수출액은 1992년 31.8억 달러였다. 1994년에는 17.8억 달러, 1996년에는 12.4억 달러, 1998년에는 8.1억 달러를 수출하게 된다. 한국 신발산업의 수출액은 급격하게 줄어든다. 이때 부도가 났던 한국의 대표적인 신발회사들이 삼화, 진양, 태화, 동양 등이었다. 반면에 중국의 수출액은 급증한다. 1992년 42.4억 달러를 수출한다. 1994년에는 60.4억 달러, 1996년에는 71억 달러, 1998년에는 83.9억 달러를 수출한다.

[표 2-3]은 의류산업에서 한국과 중국의 수출액을 비교하고 있다.[11] 한국 의류산업의 1990년 수출액은 78.8억 달러였다. 2000년

에는 50.3억 달러, 2005년에는 25.8억 달러를 수출하게 된다. 1990년 대비 2005년에 한국의 의류 수출액은 3분의 1 수준으로 급감한다. 반면에 중국의 의류 수출액은 1990년대 이후 가파르게 증가한다. 중국은 1990년에 96.7억 달러를 수출한다. 2000년에는 360.7억 달러, 2005년에는 741.6억 달러를 수출한다.

김대중 정부는 1998년 2월에 출범했다. 김대중 대통령은 호남 출신 대통령이었다. 1997년은 외환위기가 있던 해였다. 김대중 정부 시절, 현재 국민의힘 계열 정당은 당시 '김대중 정부 때문에~' 대구의 섬유산업이 망하고, 부산의 신발산업이 망했다고 선동하며 지역감정을 조장했다. 하지만 2008년 2월 포항 출신 이명박이 대통령이 되고, 2013년 2월 대구 출신 박근혜가 대통령이 되어도, 부산의 신발산업과 대구의 섬유산업은 부활하지 못했다. 그 이유는 김대중 때문도, 노무현 때문도, 이명박 때문도, 박근혜 때문도 아니었다. 오히려 '덩샤오핑' 때문이었다.

한국의 진보성향 경제학자들, 한국의 진보적 지식인들, 한국의 진보적 시민사회는 그동안 한국경제 불평등의 원인을 '내부'에서 찾으려는 경향이 강했다. 특히 정치권의 정책적 잘못에서 찾으려는 경향이 강했다. 민주정부 10년의 잘못, 보수정부 10년의 잘못 때문에 양극화가 벌어지고, 경제 불평등이 커졌다고 주장했다. 정부는 눈에 쉽게 보이기 때문에 정부를 비난하는 것은 상대적으로 쉬운 일이다. 문재인 정부의 소득주도성장론 역시 한국경제 불평등이 '역대 정부의 정책적 과오' 때문에 발생했다는 인식에 기초한다. 그래서 역대 정부 정책과 반대 방향으로 해보겠다는 당찬 포부를 담고 있었다.

하지만 한국경제 불평등을 제대로 조망하기 위해서는 그 시야를 세계사와 세계경제사로 확대해야만 한다. 세계사와 한국사가 만나는 접점, 세계경제사와 한국경제사가 만나는 접점에서 우리가 겪어야 했던 환경 변화를 찾아내야 한다. 한국경제 불평등은 '국내적' 원인으로만 발생한 것이 아니었다.

한국경제 불평등이 시작되는 단 하나의 사건을 꼽으라면, 1992년 8월 24일 한·중 수교 체결이다. 한·중 수교는 중국경제의 부상이 한반도에 상륙한 의미를 가졌다. 1990년대 이후 세계경제사를 바꾸는 사건과 한국경제사가 만나는 순간이었다. 한국의 경제학자, 사회학자, 노동연구자 들은 1987년 민주화가 미친 정치적·경제적·사회적 영향을 강조하기 위해 '1987년 체제'라는 신조어를 만들어냈다. 1997년 외환위기가 미친 영향을 강조하기 위해 '1997년 체제'라는 신조어로 설명한다. 하지만 한국의 경제학자, 사회학자, 지식인 들이 놓치고 있었던 것은 '1992년 체제'였다. 1992년 체제는 1987년 체제와 1997년 체제에 비해 정치·경제·사회·문화·외교·안보에 이르기까지 매우 심대한 영향을 미쳤다. 심지어 많은 지식인이 1997년 체제라고 오해하고 있는 것들의 상당수는 1992년 체제 때문이었다. 한국경제의 불평등 확대, 대기업·중소기업으로 갈라지는 기업 규모의 양극화, 중화학공업·경공업의 양극화, 수출·내수의 양극화, 제조업·서비스업의 양극화, 노동시장 불평등, 경제적 이중구조, 노동시장 이중구조, 자본의 이중구조, 중소기업의 수출 비중 감소, 중간 허리층 기업의 정체 및 약화, 상층 10%의 소득집중도 급증 모두 여기에 해당한다.

한국경제의 불평등 증가는 세계사적 요인 때문이었다. 그렇기에 다른 나라들도 한국경제와 유사한 일들을 겪게 된다. 글로벌 자본주의는 1990년대 이전과 1990년대 이후가 확연히 달라진다. 글로벌 자본주의는 1990년대를 기점으로 왜 달라지는 것일까? 어떻게 달라지는 것일까? 다음 장에서는 1990년대 이후 글로벌 자본주의의 변화에 대해 살펴볼 것이다. 한국경제의 변화를 '세계사적 보편성'의 토대 위에서 이해하기 위해 꼭 필요한 작업이다.

5장 / 1990년대 이후, 글로벌 자본주의의 5가지 변화

1990년대 이후, 글로벌 자본주의의 격변

우리는 앞에서 한국경제 불평등이 1994년부터 증가한 것을 살펴봤다. 나라마다 약간의 시차는 있지만 미국, 유럽을 포함한 대부분의 선진국도 1990년대 중반 이후 불평등이 증가한다. 국내적 요인을 뛰어넘는 '글로벌 차원의' 환경 변화가 발생했기 때문이다. 1990년대 이전의 자본주의와 1990년대 이후의 자본주의는 크게 3가지가 달라졌다. 첫째, 1991년 소련이 해체되면서 미·소 냉전 체제가 해체됐다. 동시에 탈냉전 이후, 미국의 유일 헤게모니 시대가 시작됐다. 둘째, 붕괴된 공산주의 국가들이 자본주의 시장경제에 합류했다. 글로벌 자본주의의 시장 규모를 변화시키고, 노동 공급량을 획기적으로 변화시켰다. 셋째, 1980년대부터 진행된 정보통신기술(ICT)혁명이 생산의 국제화를 급진전시켰다.

이와 같은 3가지 거대한 환경 변화는 국제분업 구조를 재편하고, 생산의 국제화를 초래하고, 자본주의 시장 규모를 급팽창시키고, 글로벌 차원에서 저렴한 노동력의 대량 공급을 통해 자본과 노동의 계급적 힘겨루기에서 자본의 협상력을 높이게 된다. 지금 한국경제가 겪고 있는 경제적 이중구조, 노동시장의 구조재편, 청년들의 일자리 문제, 제조업 위기, 심지어 수도권·비수도권의 지역 불균형 심화 역시도 1990년대 이후 글로벌 자본주의 재편에서 비롯된 일들이다. 이제 3가지 글로벌 환경 변화가 1990년대 이후 글로벌 자본주의를 어떻게 변화시켰는지 본격적으로 살펴보자.

거대한 2배

1990년대 이후 글로벌 자본주의 변화는 크게 5가지로 정리할 수 있다. 첫 번째는 거대한 2배(Great Doubling)다. [그림 2-6]은 공산주의 붕괴 이후, 전 세계 노동자 숫자의 변화를 보여준다.[12] 비교 시점은 1990년과 2000년이다.

1990년 시점에 전 세계 노동력 규모는 약 14.6억 명이었다. 딱 10년이 지난 2000년에 전 세계 노동력 규모는 29.2억 명으로 늘어난다. 글로벌 노동시장에서 노동력 공급이 2배로 늘어났다. 리처드 프리먼은 이를 '거대한 2배'라고 표현했다.

1990년 공산주의 국가들이 몰락하기 이전, 세계 인구는 약

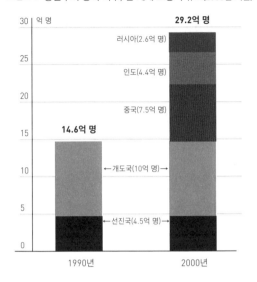

그림 2-6 공산주의 붕괴 이후, 전 세계 노동력 규모(2000년 기준)

60억 명이었다. 그중에서 자본주의 시장경제에 해당하는 나라는 의외로 많지 않았다. 제2차 세계대전 이후부터 1990년까지 세계 체제는 크게 3개의 블록으로 구분할 수 있다. 첫 번째 블록은 미국과 유럽이 주도하는 자유주의적 자본주의 시장경제다. 이들이 세계 인구의 약 3분의 1이었다. 두 번째 블록은 소련이 주도하는 공산주의 경제체제다. 소련, 동유럽, 중국, 북한, 쿠바, 동남아시아와 아프리카 일부 국가들이 여기에 해당한다. 이들이 세계 인구의 3분의 1을 넘었다. 세 번째 블록은 외교적으로는 미국과 소련 모두에 거리두기를 하던 제3세계 국가들이었고, 경제적으로는 농업경제 수준에 머물러 있는 경우다. 이들이 세계 인구의 약 3분의 1이었다.

1990년대 초반, 자본주의 세계 체제에 포함되는 국가는 미국과 유럽, 일본, 한국, 대만을 비롯한 아시아 국가 일부만 해당했다. 임금노동자 규모는 약 15억 명이었다. 3개의 블록 중에서 첫 번째 블록만 해당했다. 공산주의 체제가 붕괴하면서 두 번째 블록이 통째로 자본주의 시장경제 대열에 합류했다. 이들 나라 중에는 인구 대국이 많았다. 러시아, 중국, 인도, 베트남이 그랬다. 임금노동자 규모는 기존약 15억 명에서 약 30억 명으로 늘어났다.

1990년대 대비 2000년에 불과 10년 만에 전 세계 노동자 숫자가 약 15억 명에서 약 30억 명으로 늘어나면 무슨 일이 벌어질까? 당장 생각할 수 있는 변화는 '경쟁 격화'다. 우리는 경제적 행위자를 크게 국가, 산업, 기업, 지역, 개인으로 구분할 수 있다. 이들 모두는 강력한 경쟁 압박을 받게 된다. 국가 간 경쟁, 산업 간 경쟁, 기업 간 경쟁, 지역 간 경쟁, 개인 간 경쟁이 심화된다.

1990년대 이후 한국 사회가 겪고 있는 강력한 경쟁 격화는 대부분 글로벌 자본주의의 환경 변화에서 비롯된 것이다. 세상이 예전 같지 않고, 경쟁은 더 치열해지고, 우리의 삶이 더욱 각박해진 것처럼 느껴지는 이유다.

하이퍼 글로벌라이제이션

두 번째는 하이퍼 글로벌라이제이션(hyper-globalization) 현상이다. 초(超)세계화라고 표현하기도 한다. 가장 중요한 지표상의 변화는 국제교역량의 급증이다. [그림 2-7]은 1960년부터 2019년까지 '세계 GDP 대비 상품교역의 변화'를 보여준다. 크게 4개의 시기로 구분할수 있다.

①구간: 1960~1970년대 중반까지 국제교역량 확대기

②구간: 1970년대 중반~1990년대 중반까지 국제교역량의 정체기

③구간: 1990년대 중반~2008년까지 국제교역량의 급증기

④구간: 2008년 세계금융위기 이후부터 최근까지 국제교역량 증가의 완만한 하락기

현재 우리의 논의 주제를 고려할 때, 특히 유의해서 봐야 할 구간은 ③구간이다. 이 시기가 바로 하이퍼 글로벌라이제이션의 구간이다. 4개의 시기별 특징 및 동력에 대해 간략히 살펴보자.

①구간은 1960년대부터 1970년대 중반까지의 기간이다. 1960년 초에 전 세계 GDP에서 상품교역이 차지하는 비중은 약 17%였다. 1970년대 중반에는 약 30%로 증가했다. 글로벌 차원의 자유무역이 확대됐고, 글로벌 총수요가 약 2배 만큼 확대됐다. 글로

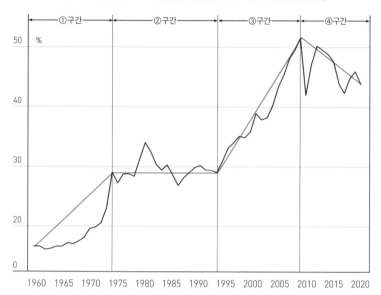

그림 2-7 전세계 GDP 대비 전세계 상품무역의 비중 추이(1960~2019)

벌 총수요의 확대와 글로벌 차원의 자유무역 질서가 수립된 것은 미국의 역할이 가장 중요했다.

제2차 세계대전 이후 미국은 초강대국으로 부상하게 된다. 군사력과 경제력 모두에서 비교 불가능한 수준이 됐다. 제2차 세계대전이 마무리될 즈음 미국은 전후(戰後) 질서를 구상하게 된다. 전후 질서에 대한 미국의 핵심 화두는 어떻게 하면 세계대전과 세계대공황의 재발을 막을 수 있는지였다. 이런 고민 끝에 나온 방안이 UN(국제연합)의 설립과 IMF-GATT 체제였다. UN은 군사적·외교적 국제질서 확립을 목표로 했다. IMF는 국제금융 체제의 안정화 방안이었

표 2-4 GATT 라운드의 관세 인하와 회원국 증가(1947~1994)

라운드 명	시작 연도	관세 인하율(%)	회원 수	개발도상국 수
제네바 라운드 I	1947	26	19	7
안시 라운드	1949	3	20	8
토키 라운드	1950	4	33	13
제네바 라운드 II	1955	3	35	14
딜런 라운드	1960	4	40	19
케네디 라운드	1963	37	74	44
도쿄 라운드	1973	33	84	51
우루과이 라운드	1986	38	125	88

다. 국제환율 체제의 안정화와 외환위기를 겪는 나라에 대한 지원 방안을 포함한다. GATT는 관세 및 무역에 관한 일반 협정이다. GATT 체제는 회원국들이 관세율을 인하하고, 어느 나라를 차별하지 않고, 수입·수출을 제한하지 않는 자유무역의 일반원칙을 확립하려 했다. IMF와 GATT를 관통하는 문제의식은 글로벌 차원의 자유무역 체제를 수립 및 확대하는 것이었다. GATT 체제는 1995년 WTO(세계무역기구)로 발전하게 된다.

[표 2-4]는 1947년 GATT가 처음 시작된 이후부터 WTO 체제로 넘어가기 전인 1994년까지의 확대 추이다.[13] GATT 라운드의 개최 현황, 관세 인하 효과, 회원국 증가 추이를 보여준다. 1951년에 서독이 회원국으로 합류한다. 1955년에는 일본이 회원국으로 합류한다. 독일과 일본은 제2차 세계대전을 일으킨 전범 국가였다. 미국

은 소련과 냉전이 격화되자 독일과 일본을 '자유 진영의 교두보'로 활용하기 위해 전후 재건을 돕고 자유 진영의 한 축으로 대접한다.

관세율 인하 추이를 보면, 1947년 제네바 라운드를 통해서는 26%, 이후 서독과 일본이 모두 합류한 1963년 케네디 라운드에서는 37%, 이후 1973년 도쿄 라운드에서는 33%의 관세 인하를 이끌어낸다. 회원국 증가 현황을 보면 GATT가 처음 시작하는 1947년에는 회원국은 19개, 개발도상국은 7개국이었다. 도쿄 라운드가 되면 회원국은 84개, 개발도상국은 51개로 확대된다. 도쿄 라운드와 제네바 라운드를 비교하면, 회원국은 4.4배 증가하고, 개발도상국은 7.1배 증가했다.

[그림 2-7]의 그래프 추이는 '세계 GDP 대비 상품교역의 변화'를 보여준다. 동시에 세계경제성장률 그래프 추이도 이와 유사한 패턴이라고 보면 된다. 미국 주도하에 글로벌 차원의 자유무역 체제가 확대됐고, 그만큼 세계경제는 높은 성장률을 달성하게 된다.

②구간은 1970년대 중반과 1990년대 중반이다. 세계 GDP 성장률 대비 세계 상품무역의 비중은 30% 초반 수준에서 제자리걸음을 한다. 무려 20여 년에 걸쳐 국제무역은 줄어들지도 않고 증가하지도 않는 정체를 겪는다. 세계경제성장률도 함께 정체된다.

흥미로운 것은, 세계경제성장률이 정체되던 이 시기에, 유럽에서는 68혁명을 비롯한 사회운동이 빈번하게 발생했다는 점이다. 유럽과 미국 모두에서 베트남 반전운동과 결합하며 학생운동이 활발해졌고, 노동운동은 비공식 파업이 활발해졌다. 교역이 정체되고 성장률이 정체되자 분배 투쟁이 더욱 활발해졌다.

흥미로운 관전 포인트는 세계 교역량의 정체기를 대하는 일본과 한국의 차이점이다. 조선산업에 대한 일본과 한국의 대응이 상반됐다. 세계 교역량의 정체기를 맞아 일본은 조선업을 점진적 사양산업으로 판단한다. 2가지 대응을 한다. 첫째, 중소형 선박의 '표준화'를 통해 비용 절감을 시도한다. 둘째, 조선업체들을 통폐합한다. 일본 조선업계는 건설에 수천억 원이 들어가는 큰 도크를 지었다가 일감이 줄어들면 산업을 지탱할 수 없을 것으로 봤다. 일본 조선업의 판단은 당시 기준으로 보면 '합리적 판단'이었을 수 있다.

같은 시기에 한국은 정반대의 선택을 한다. 박정희 대통령은 1973년 연초에 중화학공업화를 선언한다. 중화학공업을 추진하게 된 배경은 1960년대 후반에 본격화된 '안보위기' 때문이었다. 1960년대 후반 미국에서 베트남 반전운동이 격화된다. 1968년 미국 대선에서 공화당의 리처드 닉슨(Richard Nixon) 후보는 베트남전 철수를 공약으로 내걸고 당선된다. 이후 닉슨은 아시아의 안보는 아시아 국가들이 직접 책임져야 하며 미국은 개입 최소화 방침을 세울 것이라는 이른바 '닉슨 독트린'을 발표한다. 베트남 반전운동 → 미국 정치권의 군비축소 움직임 → 한국의 주한미군 철수 움직임(7사단은 실제로 철수), 1970년대 중반에 전면 철수 움직임 → 한국의 안보위기 발생 → 한국 정부의 자주국방 움직임 → 자주국방의 연장으로 방위산업 강화 → 방위산업의 연장으로 중화학공업화 추진의 경로가 작동하게 된다. 이를테면, 1970년대 초중반 박정희의 중화학공업화 추진은 베트남전 반대운동의 나비효과였다.

박정희는 중화학공업의 연장으로 한국 조선업의 성장을 필요로 했다. 정주영을 비롯한 한국의 재벌총수들 역시 먼 미래를 내다보고 과감하게 투자했다. 한국 조선업의 3대 기업은 현대중공업, 대우조선, 삼성중공업이다. 회사의 설립연도가 흥미롭다. 현대중공업 1972년, 대우조선 1973년, 삼성중공업 1974년이다. 정주영은 현대중공업을 설립할 때 세계 최대 규모로 만들었다. 먼 미래에 세계시장으로 뻗어나갈 포부를 가졌기 때문이다. 당시 한국의 수출 규모는 10억 달러를 갓 넘긴 수준이었고, 1인당 GDP가 500달러도 되지 않던 시절이다. 가난한 후진국에 살던 한국의 재벌총수들은 포부만큼은 세계 최고를 꿈꾸고 있었다.

1970년대 중반~1990년대 중반 기간에 세계 교역 정체기를 대하는 일본 조선업과 한국 조선업의 대응은 상반됐다. 일본은 조선업을 사양산업으로 판단하고 비용 절감과 현행 유지에 집중했다. 한국은 정반대 선택을 했다. 좋게 표현하면 과감한 투자, 나쁘게 표현하면 무모할 정도로 '비합리적인 과잉 투자'였다.

하지만 결과적으로는 한국 판단이 옳았고 일본 판단은 틀렸다. 1990년대 중반이 지나면서 세계무역이 급팽창하는 '초세계화의 시대'가 도래했기 때문이다. 다시 말해, ③구간이 열리게 됐다. 세계경제 GDP에서 상품무역 비중은 1990년대 중반까지 30% 수준이었다. 그런데 2000년대 후반에는 무려 50%까지 상승한다. 국제무역의 급격한 확장은 조선업의 대호황기를 의미한다. 2000년대 한국에서 조선업이 밀집해 있는 거제의 경우 "거제도에서는 개가 1만 원짜리를 물고 다닌다"라는 말이 있을 정도로 한국의 조선업은 세계적인 호황과 만나게 된다.[14]

제2의 황금기

세 번째는 제2의 황금기(golden-age)다. [그림 2-8]은 1700년부터 2007년까지 약 300년의 기간에 걸친 세계경제성장률 추이다. 매우 놀라운 그래프다.[15]

[그림 2-8]의 세계경제성장률 추이 그래프로 돌아오면 총 5개의 국면이 있다. 1차 상승기(1700~1913), 1차 하락기(1913~1950), 2차 상승기(1950~1969), 2차 하락기(1970~1990년대 중반), 3차 상승기(1990년대 중반~2007)의 국면을 보여준다.

1차 상승기는 영국의 산업혁명 이후 서유럽을 중심으로 경제성장이 이뤄지던 시점이다. 1차 하락기는 두 차례의 세계대전과 대공황이 있던 시기다. 2차 상승기는 제2차 세계대전 이후 미국이 주도하며 IMF·GATT 체제에 의해 글로벌 차원의 자유무역 체제가 정

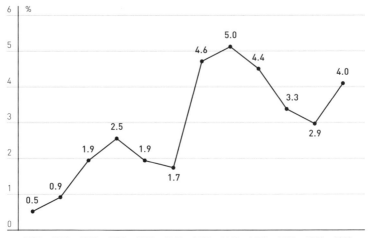
그림 2-8 세계경제성장률 추이(1700~2007)

립되던 시기다. 동시에 19세기 후반에 이뤄진 과학기술혁명이 생산에 적극적으로 활용되던 시점이다. 2차 하락기는 1970~1990년대 중반까지의 경제성장 정체기 및 경향적 하락기다. 3차 상승기는 1990년대 중반부터 2007년까지다. 2008년 세계금융위기가 있었기 때문에 2007년까지로 끊어져 있다.

여기서 제2의 황금기는 3차 상승기에 해당한다. 앞서 [그림 2-7]에서 살펴봤던 '세계 GDP 대비 상품교역의 변화' 그래프 추이에서 세 번째 국면과 같은 시기다. [그림 2-7]에서는 세계 GDP 글로벌 교역량이 30%에서 50%까지 급성장했다. 3차 상승기에 세계경제성장률은 4%까지 상승한다. 교역의 증가와 경제성장률의 상승, 교역의 정체 및 하락과 경제성장률의 하락이 같은 패턴으로 움직이고 있음을 알 수 있다. 3차 상승기를 주도했던 가장 중요한 국가는 중국이었다. 한국은 중국의 경제적 부상에 '올라타며' 한편으로는 불평등이 커졌고, 한편으로는 높은 수준의 GDP 성장률을 누릴 수 있었다. 앞서 살펴봤던 한국 조선업이 일본 조선업을 역전시킨 시기 역시 1990년대 중반~2007년의 시기다. 한국의 전자산업과 반도체 산업이 일본의 전자산업과 반도체 산업을 역전시킨 시기 역시 1990년대 중반~2007년의 시기다. 3차 상승기는 글로벌 차원의 '경쟁 격화' 시기였다. 일본에게는 경쟁에서 도태되는 기간이 됐고, 한국에게는 경쟁에서 승리하는 기간으로 작용했다. 사람 사는 세상의 이치도 마찬가지지만, 경쟁 격화는 누군가에게는 좋은 일이었고, 누군가에게는 안 좋은 일이었다. 한국이 1인당 국민소득 2만 달러를 돌파하게 된 것도 이 시기다.

중숙련·중임금노동자의 몰락

네 번째는 중숙련·중임금노동자의 몰락이다. [그림 2-9]는 1994~2015년 기간, 기술 수준별 고용 비중의 변화를 보여준다.[16] 남유럽, 북유럽, 서유럽, 북미, 일본, 중부 유럽의 현황을 보여준다.

기술 수준을 셋으로 나눴다. 저숙련, 중숙련, 고숙련이다. 관전

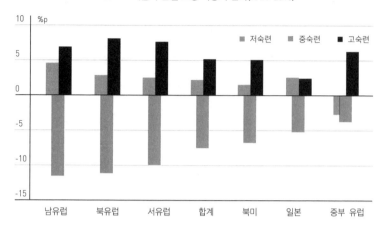

그림 2-9 기술 수준별 고용 비중의 변화(1994~2015)

포인트는 2가지다. 첫째, 중숙련(middle skill) 노동자의 몰락이다. Y축은
고용 비중의 증감이다. 가운데에서 위로 뻗은 막대그래프는 증가 현
황이다. 가운데에서 아래로 뻗은 막대그래프는 감소 현황이다. 중숙
련 노동자는 중임금노동자의 몰락으로 이해해도 무방하다. X축은
나라들이다. 모든 나라에서 중숙련·중임금노동자가 감소했다. 감소
크기를 보면, 북유럽이 가장 크다. 중숙련·중임금노동자의 감소 크
기가 큰 순서대로 살펴보면, 북유럽, 남유럽, 서유럽, 유럽 전체, 북
미, 일본, 중부 유럽 순이다. 여기서 유의할 것은, 사회민주주의적 복
지국가로 유명한 스웨덴, 덴마크, 핀란드, 노르웨이, 네덜란드 등이
많이 몰려 있는 북유럽 국가들 역시 예외가 아니다. 한국 진보세력
의 다수는 '신자유주의적 정책'을 써서 경제 불평등이 커졌다고 주
장한다. 하지만 유럽 정치세력이 전부 우경화되어 보수당과 사민당

을 막론하고 신자유주의적 정책을 쓰고, 비정규직 확산을 조장해서 불평등이 커진 것이 아니다.

그렇다면 북유럽 국가들을 포함한 선진국 경제 대부분에서 중숙련·중임금 일자리는 왜 사라지는 것일까? 가장 큰 이유는 중국, 인도, 베트남, 인도네시아를 비롯한 아시아의 후발 신흥공업국가들이 글로벌 자유무역 체제에 합류했기 때문이다. 이들 후발 신흥공업국가들의 중숙련·중임금노동력의 가성비가 선진국 노동력의 가성비보다 압도적으로 경쟁 우위를 점하고 있기 때문이다. 물론 부분적으로는 ICT혁명으로 인한 기계화·자동화의 효과도 작용했다. 예를 들면 현금자동입출금기(ATM)의 보급과 인터넷 뱅킹의 활성화로 은행업 종사자의 규모가 줄어드는 경우가 대표적이다.

한·중 수교 이후 한국의 중숙련·중임금 제조업 노동자가 급격하게 일자리를 잃게 된 것처럼, 선진국 경제에서도 똑같은 일이 벌어졌다. 중숙련·중임금노동자의 몰락은 한국경제만 겪고 있는 특수한 일이 아니라 선진국 및 그에 근접한 자본주의 경제 모두가 겪고 있는 세계 보편적인 일이다.

[그림 2-9]에서 살펴볼 두 번째 관전 포인트는 고숙련·고임금 일자리가 저숙련·저임금 일자리보다 더 큰 비중으로 증가했다는 점이다. 중국, 인도, 베트남, 인도네시아, 폴란드 등의 후발 신흥공업국의 경제적 규모가 커짐에 따라 고숙련·고임금 시장 역시 덩달아 커지기 있기 때문이다. 이에 대해서는 뒤에서 다시 살펴보기로 하자.

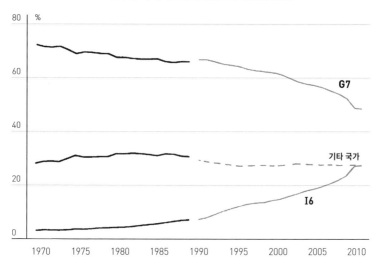

그림 2-10 세계 제조업의 점유율 변화(1970~2010)

[그림 2-10]은 1970~2010년 기간 동안 일어난 세계 제조업의 점유율 변화 추이다.[17] 상단의 우하향하는 그래프는 G7 국가의 제조업 점유율 변화다. G7 국가는 미국, 영국, 프랑스, 독일, 이탈리아, 캐나다, 일본이다. 1970년부터 2010년까지의 점유율 변화 중에서도 1990년대부터 2010년 기간의 기울기가 더 가파르다. 1990~2010년 기간 동안 G7 국가들의 제조업 점유율을 보면, 64%에서 47%로 17%p가 줄어들었다. 반면에 하단의 우상향하는 그래프는 산업화 국가들을 의미하는 I6(industrializing 6) 국가들이다. 6개 국가는 한국, 중국, 인도, 인도네시아, 태국, 폴란드다. 1990~2010년 기간 동안, I6 국가의 세계 제조업 점유율은 8%에서 27%로 늘어났

다. 19%p가 늘어났다.

세계 제조업을 기준으로, G7의 제조업 점유율 축소와 I6의 제조업 증가율 추이를 비교하면 G7 국가에서는 17%p가 줄었다. 반면에 I6 국가에서는 19%p가 늘어났다. 다시 말해, 선진국의 제조업 점유율 축소는 신흥공업국의 제조업 확대 때문이었다.

선진국 노동시장은 저숙련·저임금노동자보다 고숙련·고임금노동자가 '더 많이' 늘어났다. 왜 그럴까? 선진국에서 고숙련·고임금노동자가 더 많이 증가한 이유를 파악하는 데는 '스마일 곡선' 개념이 도움이 된다. 스마일 곡선 개념을 처음 제기한 사람은 대만의 전자제품 회사인 에이서(Acer)의 설립자이자 CEO인 스탠 시(Stan Shih)다. 스마일 곡선은 '옆으로 길게 늘어진 U자' 모양이다. 말 그대로 웃음 모양이다. 스마일 곡선에서 Y축은 부가가치 비중이다. Y축의 상단일수록 고부가가치다. Y축의 하단일수록 저부가가치다. X축은 원점에 가까운 곳부터 원점에 먼 곳일수록 생산 전 서비스, 생산, 생산 후 서비스다. 생산 전 서비스에 해당하는 것은 R&D, 디자인, 구매, 회계, 법률 서비스, 인수합병(M&A)이 대표적이다. 생산 후 서비스에 해당하는 것은 유통, 물류, 마케팅 등이다.

옆으로 길게 늘어진 U자 모양을 가지는 스마일 곡선을 부가가치와 결합해서 살펴보면, 생산 전 서비스와 생산 후 서비스의 부가가치가 생산의 부가가치보다 높다는 것을 의미한다.

[그림 2-11]에는 2개의 스마일 곡선이 겹쳐 있다. 가운데 굴곡

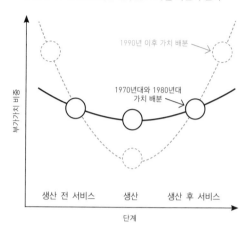

그림 2-11 1990년대를 전후한 스마일 곡선의 변화

1990년 이후 가치 배분

1970년대와 1980년대
가치 배분

부가가치 비중

생산 전 서비스   생산   생산 후 서비스

단계

이 적은 검은색 스마일 곡선은 1990년대 이전의 스마일 곡선이다.[18] 가운데 굴곡이 더 깊게 패인 갈색 점선 스마일 곡선은 1990년대 이후의 스마일 곡선이다. 관전 포인트는 2가지다. 첫째, 왜 생산의 부가가치는 더 낮아졌을까? 둘째, 왜 생산 전·생산 후 서비스의 부가가치는 더 높아졌을까?

첫째, 생산의 부가가치가 더 낮아진 이유는 중국과 베트남을 비롯한 후발 신흥공업국이 제조업에 합류했기 때문이다. 후발 신흥공업국의 합류로 글로벌 차원에서 '제조업 공급'이 넉넉해진 것이 부가가치가 낮아진 이유다. 둘째, 생산 전 서비스와 생산 후 서비스의 부가가치가 더 높아진 이유는 '생산과 연동된' 서비스업의 경우 오랜 경험과 시행착오를 통해서만 축적할 수 있는 암묵지(暗默知, tacit knowledge) 성격이 강하기 때문이다. 암묵지 성격이 강한 경우는 후발 신흥공업국이 단기에 쫓아오기 어려운 분야다. 선진국들은 자본주의 역사가 더 길었기 때문에 지식 축적의 역사 또한 더 길었다. 반면 중국, 인도, 베트남, 인도네시아 같은 인구 대국이 글로벌 제조업 대열에 합류해서 생산과 연동한 서비스업에 대한 글로벌 총수요는 훨씬 더 커졌다.

국가 간 불평등 축소,
국가 내 불평등 증가

다섯 번째는, 국가 간 불평등은 줄어들고 국가 내 불평등은 커졌다는 점이다. [그림 2-12]는 1820~2013년 기간 동안의 전 세계 소득 불평등 추이다.[19] Y축은 세계적인 불평등을 보여준다. 지니계수를 지수로 변형한 것이다. 지니 지수가 높을수록 전 세계는 불평등하다. X축은 연도다. 경제사에서는 영국 산업혁명의 시작을 1760년경으로 본다. 1820년은 유럽의 주변 국가로 산업혁명이 확산되던 시기다. 유럽 주요국가로 산업혁명이 확산되면서 유럽과 비유럽 국가의 소득격차가 커졌다. 1970년대까지 벌어진 일이다. 우리가 알고 있는 '유럽식 복지국가'는 이 시기에 등장한 체제다. 1990년대 이전까지 유럽 국가들은 아시아를 비롯한 비유럽 국가들에 비해 압도적인 초

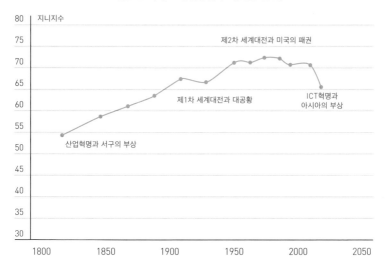

그림 2-12 세계 소득 불평등 추이(1820~2013)

격차를 유지했다. 유럽식 복지국가가 가능했던 경제적 토대였다.

　제2차 세계대전이 끝나고 아시아의 일부 국가가 산업화에 뛰어든다. 일본, 한국, 대만, 홍콩, 싱가포르가 대표적이다. 하지만 이들 나라를 다 합쳐도 경제규모와 인구규모에서 유럽을 위협할 정도가 되지는 않았다. 하지만 1990년대 이후 중국과 인도, 베트남, 인도네시아가 본격적인 자본주의적 산업화에 합류하면서 유럽을 위협하게 된다. 2020년을 기준으로 중국 인구는 약 13억 명, 인도 인구도 약 13억 명이다. 세계 인구는 약 75억 명인데, 중국과 인도, 두 나라는 세계 인구의 30%가 넘는 규모다.

　1990년대 이후 초세계화로 인해 이익을 본 사람과 손해를 본

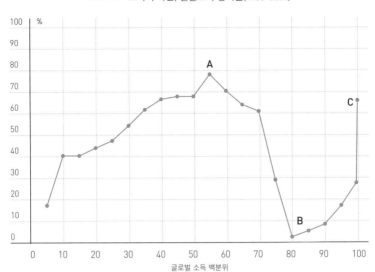

그림 2-13 코끼리 곡선, 실질소득 증가율(1988~2008)

사람은 누구일까? 세계화의 최대 수혜 집단은 아시아 국가와 아시아인들이었다. 세계화로 인해 소득이 정체된 집단은 선진국의 제조업 노동자들이다. 브랑코 밀라노비치의 《왜 우리는 불평등해졌는가》에 나오는 '코끼리 곡선'이 이를 잘 보여준다.[20]

[그림 2-13]은 코끼리 모양과 비슷하게 생겨서 '코끼리 곡선'으로 불린다. 맨 왼쪽은 코끼리의 엉덩이, A 지점은 코끼리 등, 맨 오른쪽의 B~C 지점은 코끼리의 코와 비슷하다. Y축은 1988~2008년 기간 동안의 소득 증가율이다. X축은 전 세계 인구를 소득 백분위로 재배열했다. 그래프상에서 A 지점, B 지점, C 지점을 각각 살펴보자.

A 지점은 글로벌 소득 백분위로 볼 때, 약 55분위에 해당한다.

1988~2008년 기간 동안 이들의 소득 증가율은 약 75%다. X축을 기준으로 글로벌 소득분포에서 40~60분위 사람들을 '글로벌 신흥 중산층'이라고 표현할 수 있다. 세계 인구의 5분의 1을 차지한다. 이들의 소득 증가율은 약 70%다. A 지점에 해당하는 사람들은 중국이 압도적으로 많고, 나머지는 인도, 베트남, 태국, 인도네시아 국민이다. 이 나라들은 1990년대 이후 자본주의적 산업화에 합류했다. 이나라 국민은 전 세계 소득분포를 기준으로 보면, 글로벌 신흥 중산층이 됐다.

B 지점은 글로벌 소득분포에서 80~90분위에 해당한다. 이들의 소득은 20년이 지나도록 제자리걸음 중이다. 이들은 누구일까? 미국, 독일, 영국, 프랑스, 일본 등 선진 자본주의 국가들의 중임금·저임금노동자들이다.

미국의 경우, 2016년 대선에서 트럼프를 지지했던 러스트 벨트 노동자들이다. 영국의 경우, 2016년 유럽연합(EU) 탈퇴 국민투표에서 브렉시트(Brexit) 찬성표를 던진 제조업 노동자들이다. 이들은 전통적으로 영국 노동당의 강한 지지층이었다. 하지만 영국 보수당의 보리스 존슨(Boris Johnson) 총리가 의회를 해산하고 2019년 12월에 브렉시트 찬반을 묻기 위해 총선을 실시하자 압도적인 선택으로 영국 보수당을 찍었다. 영국 노동당 지지세가 강한 이들 지역을 레드월(red-wall) 지역이라 한다. 영국 노동당의 상징색인 빨간색에서 유래한다. 레드월 지역의 제조업 노동자들이 영국 노동당에 대한 지지를 철회하고 영국 보수당을 찍은 것은 70년 만의 변심이었다. 미국의 브렉시트 노동자들도, 영국의 레드월 노동자들도 그만큼 상황을 절박하게 보고 있음을 암시한다. 1990년대 이후 아시아의 경제적 소득 증가와 유럽 제조업 노동자들의 쇠락은 세계화에 대한 태도 차이로 연결된다. 베트남 사람들의 세계화 지지율은 무려 91%다. 반면에 프랑스 사람들의 세계화 지지는 37%에 불과하다. 유럽의 많은 사람이 세계화에 분개한다. 심지어 그들은 국제무역과 대규모의 인구 이동(이주민)을 자신들 사회에 퍼지는 악의 근원이라고 간주할 정도다.[21]

C 지점은 세계 각국의 최고 부유층인 최상층 1%들이다. 이들의 경우 동일 기간에 약 65%의 소득 상승이 발생했다. 이 중 절반은 미국 부유층들이고 나머지는 일본을 포함한 독일, 영국, 프랑스 등 유럽의 부유층들이다.

종합해보면, 아시아에 몰려 있는 글로벌 신흥 중산층들이 세계화로 가장 큰 이익을 봤다. 그다음으로 선진국의 최고 부유층들이 세계화로 이익을 봤다. 선진 자본주의 국가들의 중산층과 하위층이 가장 큰 손해를 봤다. 미국의 러스트 벨트 노동자들이 트럼프를 찍고, 영국의 레드월 노동자들이 브렉시트를 찬성하는 것은 B 지점에 있는 노동자들이 C 지점에 있는 엘리트층에 대해 분노를 표출하는 행위였다.

1990년대 이후의 글로벌 자본주의와
2차 세계화

정리하면, 1990년대 이후 글로벌 자본주의는 크게 5가지가 달라졌다. 그레이트 더블링(Great Doubling, 거대한 2배), 하이퍼 글로벌라이제이션(초세계화), 제2의 황금기, 중숙련·중임금노동자의 몰락, 국가 간 불평등 축소 및 국가 내 불평등 확대가 진행됐다. 1990년대 이전의 글로벌 자본주의와 1990년대 이후의 글로벌 자본주의의 차이점을 설명하는 이론은 여러 가지가 있다. 특히 리처드 볼드윈(Richard Baldwin)의 설명이 매우 유용하다. 볼드윈은 《그레이트 컨버전스》에서 인류 역사 이래 세계화를 3단계, 즉 1차 세계화, 2차 세계화, 3차 세계화로 구분한다. 1차 세계화는 '상품의 이동'이 용이해진 경우다. 2차 세계화는 '생각의 이동'이 용이해진 경우다. 3차 세계화는 '사람의 이동'이 용이해진 경우다. 인류 역사에서 상품의 이동이 용이해진 시대는 1760년대 산업혁명에 의해 시작된다. 제1차 세계화와 상품의 이동은 증기기관, 철도, 해운, 비행기, 전자기 혁명, 전신, 전화, 항공우편의 발달로 가능해졌다. 제2차 세계화와 생각의 이동은 1990년대 이후 본격화된다. 생각의 이동을 가능하게 만든 가장 중요한 기술적 변화는 ICT혁명이다. 실질적인 기술변화는 1980년대부터 꾸준히 축적됐다. 1980년대 이후 반도체의 발달, 통신의 발달, 컴퓨터의 발달에 힘입어 정보, 통신, 기술속도가 급증한다. 1980년대부터 축적한 ICT혁명은 1990년대 공산주의권의 붕괴와 맞물려 '생산 시스템'의 거대한 변화를 만들어낸다. 가장 중요한 변화는 국가를 달리하며, 생산의 각 공정을 쪼개서 분업화할 수 있게 됐다는 점이다. 예를 들면 설계는 미국에서, 디자인은 프랑스에서, 소재는 일본에서, 중간재는 한국에서, 조립은 중국에서, A/S는 인도에서 하는 것이 가능해졌다.

1990년대 이후 달라진 글로벌 자본주의를 딱 한 마디로 규정해야 한다면, 볼드윈의 개념을 빌려 '2차 세계화'라고 표현할 수 있다. 1990년대 이전까지의 자본주의가 1차 세계화의 원리가 지배적이었다면, 1990년대 이후의 자본주의는 2차 세계화의 원리가 작동하는 사회가 됐다. 1990년대 이후 부쩍 많이 사용하는 개념에는 글로벌 밸류체인(GVC) 혹은 글로벌 서플라이체인(GSC)이라는 표현이 있다. 세계 자본주의가 과거와 비교해 훨씬 오밀조밀하게 네트워크화된 현상을 표현하는 개념이다. GVC라는 개념 자체가 1990년대 이후 글로벌 자본주의의 변화와 2차 세계화의 특징을 잘 보여준다.

6장 / 2008년 금융위기 이후 불평등은 왜 축소됐는가

2008년 글로벌 금융위기는 한국경제 불평등을 줄였다

[그림 1-4]는 1980년부터 2019년까지 임금의 지니계수 추이다.[22] 1부의 마지막 단락에서 봤던 그래프다. 1980년 지니계수는 0.375였다. 한국경제 불평등의 최저점인 1994년의 지니계수는 0.277이다. 2008년은 0.335다. 2008년은 세계금융위기가 있던 해다. 그런데 2008년부터 2010년까지 불평등은 오히려 축소된다. 2011년부터는 다시 증가하기 시작한다. 2015년을 최고점으로 최근까지 불평등은 축소되고 있다.

1980년부터 2019년의 기간 동안, 한국경제 불평등 지표를 보면 3대 변곡점이 있음을 알게 된다. 3대 변곡점은 1994년, 2008년, 2015년이다. 3대 변곡점은 매우 미스터리하다. 가장 흥미로운 미스터리는, 불평등이 증가하는 1994~2008년 기간이 '민주화운동 출신

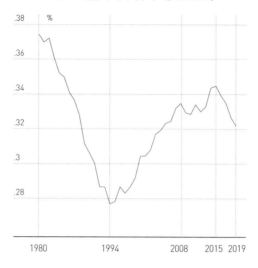

그림 1-4 임금의 지니계수 추이(1980~2019)

대통령'이 집권하던 시기라는 점이다. 1993년 김영삼 정부, 1998년 김대중 정부, 2003년 노무현 정부가 출범한다. 한평생을 바쳐 민주화운동을 열심히 했던 김영삼·김대중·노무현 정부 기간에는 불평등이 증가했다. 이명박이 집권하자, 그리고 글로벌 금융위기가 발생하자 2008~2010년 기간 동안 3년 연속으로 한국경제 불평등은 축소됐다. 이 수치만 보면, '민주화 세력'은 불평등을 증가시키고, '보수 세력'은 불평등을 축소시킨다고 주장해도 이상하지 않다. 사회과학에서 '현상 분석'이 아니라 '원인 분석'이 더 중요한 이유를 보여주는 사례로도 손색이 없다.

우리는 앞의 내용을 통해 '1994년 불평등 미스터리'를 집중적으로 살펴봤다. 그런데 2008년 이후 2010년까지 불평등이 줄어드는 것도 미스터리하다. '2008년 불평등 미스터리'라고 부를 만하다. 글로벌 금융위기가 발생했는데, 역대 정부 중 가장 시장친화적인 정부인 이명박 정부가 등장했는데 왜 불평등은 줄어들었을까? 심지어 이명박은 집권 직후 종합부동산세(종부세)와 재산세의 일부 환원 조치를 취했다. 시장친화적 정부, 재벌친화적 정부, 감세 정부가 등장하니 불평등이 줄어들었다? 신자유주의, 재벌유착, 비정규직 남용을 한국경제 불평등 확대의 3대 주요 원인이라고 주장하는 한국 진보세력의 주장을 이처럼 명쾌하게 무력화하는 경우가 있을까 싶다. 이제 우리는 3대 변곡점의 나머지 2개, 2008년 변곡점과 2015년 변곡점은 왜 발생했는지 살펴볼 것이다. '2008년 불평등 미스터리'는 1994년 불평등 미스터리와는 또 다른 원리로 작동했음을 알게 될 것이다.

선진국발 경제위기는
한국경제 불평등을 축소시킨다

한국인들은 경제위기=불평등 확대 등식을 당연한 것으로 생각한다. 1997년 외환위기의 기억이 워낙 강렬했기 때문이다. 2020~2021년 코로나 위기가 왔을 때도, 문재인 대통령을 비롯한 많은 정치 리더가 경제위기=불평등 확대를 당연시하며 발언하는 경우가 많았다.

이런 오해를 불식시키기 위해서는 불평등 개념을 누구나 이해하기 쉽게 재정의할 필요가 있다. 불평등을 직관적으로 정의하면 '하층 소득 대비 상층 소득의 격차'다. 불평등에 대한 중립적 표현은 '격차' 그 자체다. 불평등 개념을 이렇게 정리할 경우, 불평등이 증가하는 경우는 3가지다. ① 상층 소득이 오르는 경우, ② 하층 소득이 떨어지는 경우, ③ 중간층이 얇아지는 경우다. 불평등이 하락하는 경우도 3가지다. ① 상층 소득이 떨어지는 경우, ② 하층 소득이 오르는 경우, ③ 중간층이 두터워지는 경우다.

불평등을 이처럼 재정의할 경우, 불평등이 증가했다는 것은 다음 3가지 중 하나다. 상층 소득이 올랐거나, 하층 소득이 떨어졌거나, 중간층이 얇아진 경우다. 1994년 불평등 미스터리는 '중간층이 얇아진 경우'였다. 세계경제사에서 중국경제의 등장으로 인해 한국의 저기술·노동집약적·수출·제조업에 종사하는 노동자들이 대량으로 사라졌다. 이들은 제조업에서는 하단에 존재하지만 전체 취업자 구조에서는 중간소득층에 해당했다. 1994년 이후 불평등이 커진 것은 1990년대 이후 글로벌 자본주의의 환경 변화로 인해 '중간층이 지속적으로 얇아지는' 일이 벌어졌기 때문이다.

2008년 불평등 미스터리는 어디에 해당했을까? 정답은 '상층 소득이 떨어진' 경우다. 2008년 글로벌 금융위기는 왜, 어떻게 한국의 상층 소득을 떨어뜨렸을까? 어떤 메커니즘에 의해 그런 일이 벌어졌을까? 2008년 글로벌 금융위기는 미국에서 터졌다. 이후 유럽의 금융기관으로 전염됐다. 미국과 유럽은 세계경제 GDP에서 약 45%의 비중을 차지하는 명실상부한 세계경제의 중심지다. 이처럼 선진국발(發) 금융위기가 발생하자 세계무역은 급격히 위축됐다. 세계무역이 위축되자 한국에서 수출·제조업·대기업에 종사하는 한국 고임금노동자들의 소득이 하락하게 됐다. 정리하면, 선진국발 금융위기 → 세계무역의 위축 → 한국의 수출·제조업·대기업 종사자의 소득 상승폭 하락의 경로를 거치게 됐다.

한국은 코로나가 발생한 2020~2021년 기간 동안에도 불평등이 줄어들었다. 부분적으로는 적극적 재정정책을 통해 소득하층에게 재난지원금을 지원했기 때문이고, 부분적으로는 코로나 경제위기 역시 '선진국발' 경제위기였기에 세계무역의 급격한 위축과 한국의 수출·제조업·대기업 종사자의 소득 상승폭을 하락시켰기 때문이다. 다시 말해, 세계무역 위축은 한국 수출을 축소시킨다. 동시에 한국경제 불평등도 축소시킨다.

[그림 2-14]는 2005년부터 2017년까지 세계 수출의 월별 추이다.[23] 세계 수출의 월별 규모는 2008년 글로벌 금융위기 이전에 1.5조 달러가 살짝 넘었다. 글로벌 금융위기 이후 세계 수출 규모는 8,500억 달러까지 떨어진다. 이후 반등해서 2015년 최고점일 때 1.6조 달러를 살짝 넘긴다. 그리고 2015년 이후 다시 떨어진다. 세계 수출의 월별 추이를 보여주는 [그림 2-14]는 한국경제에서 지니계수의 3대 변곡점을 보여주는 [그림 1-4]와 그래프 형태 및 패턴이

그림 2-14 세계 수출의 월별 추이

그림 2-15 한국 수출액과 지니계수의 상관관계(상관계수: 0.861)

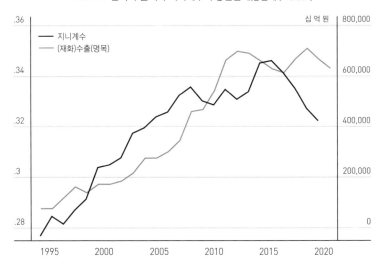

매우 유사하다는 것을 알 수 있다.

[그림 2-15]는 한국 수출액과 임금 기준 지니계수의 상관관계를 보여준다.[24] 한국 수출액과 임금 지니계수의 상관계수는 0.861이다. 매우 높은 수준의 상관관계다.

2008년 불평등 미스터리의 비밀
: 수출이 감소하면 불평등은 줄어든다

국제무역이 축소되고 수출이 줄어들면 한국경제 불평등도 줄어든다. 국제무역이 개선되고 수출이 증가하면 한국경제 불평등도 증가한다. 2008~2010년 기간 동안 글로벌 금융위기가 발생하자 한국경제 불평등이 줄었던 이유다.

아마도 대부분의 사람은 수출=좋은 것, 경제성장=좋은 것, 불평등=나쁜 것이라고 생각할 것이다. 한국 사회에서 불평등 문제에 강한 애착을 갖는 진보 지식인, 진보 학자, 진보 정치인의 경우 더욱 그러하다. 그런데 안타깝게도 수출이 작살나면 불평등이 줄어든다. 2008년의 경우가 그렇다.

경제학적으로 볼 때 수출, 투자, 성장, 고용은 서로 긴밀하게 연결되어 있다. 수출이 잘되면 투자가 늘어난다. 투자가 늘어나면 성장률이 높아진다. 투자와 성장률이 높아지면 고용이 창출된다. 이는 한국경제에서도 고스란히 작동하고 있다. 문제는 불평등이다. 수출이 잘되면 불평등은 증가한다. 반대로 수출이 작살나면 불평등은 줄어든다. 수출, 투자, 성장, 고용은 서로 연결되어 있다. 그런데 실은 불평등도 연결되어 있다. 다만, 뫼비우스의 띠처럼 연결되어 있다.

우리는 1부에서 한국 진보의 불평등에 관한 5가지 통념을 살펴봤다. 그중에 네 번째 통념은 "불평등은 경제성장에 해롭다"라는 주장이었다. 하지만 "불평등은 경제성장에 해롭다"라는 일부 경제학자들의 주장, 일부 불평등 연구자들의 주장, 일부 진보적 지식인들의 주장은 사실이 아니다. 엄밀히 말하면, 불평등과 경제성장의 관계는 나라마다 그 양상이 다르다. 여러 나라 수치의 단순합산을 주장의 논거로 삼는 경우는 매우 부적절하다. 경제성장과 불평등의 관계는 그 나라의 경제발전 단계가 쿠즈네츠 곡선의 전반부인지, 후반부인지에 따라 달라진다. 또한 그 나라의 상층 소득자가 수출 산업에 주로 종사하는지, 내수·서비스 산업에 주로 종사하는지에 따라 달라진다. 미국 사례를 한국에 들이댈 수 없고, 독일 사례를 한국에 들이댈 수 없다. 경제발전 단계와 경제구조가 다르므로 불평등과 경제성장의 관계도 다르게 작동한다.

그런데 왜 국제무역이 위축되고 수출이 축소되면 한국경제 불평등이 축소되는 것일까? 그 이유는 크게 3가지로 설명할 수 있다.

첫째, 한국경제는 수출 비중이 매우 크고 수출의 낙수효과가 여전히 매우 강력하기 때문이다. 2000년대 이후 한국의 GDP 대비 수입·수출(무역의존도) 비율은 80~110%에 달한다. 수입분을 제외한 GDP 대비 수출 비율은 무려 40% 수준에 달한다. 참고로 일본의 경우 GDP에서 수출 비중은 15% 내외다. 한국 정도의 경제 규모를 가진 나라 중에서 GDP 대비 수출 비중이 이례적으로 높은 경우다. 그런데, 바로 그렇기 때문에 오늘날 한국이 선진국이 될 수 있었다.

한국경제에서 수출의 등락은 한국 GDP 중에서 약 40% 규모의 등락과 같다. 금액으로 보면, 2019년 한국의 1년 GDP가 약 1.5조 달러임을 고려하면 약 6,000억 달러(한화로 약 660조 원) 규모가 수출의 영향권에서 작동한다. 일부 진보 경제학자들과 일부 진보성향 정치인들은 "수출의 낙수효과가 사라졌다"라고 주장한다. 하지만 그런 주장은 전혀 사실이 아니다. 1990년대 이전과 이후, 2000년대 이전과 이후를 비교하면 한국경제에서 수출의 낙수효과는 오히려 더 강해졌다.

둘째, 한국경제에서 수출은 대기업·제조업·고임금·고소득과 연결되어 있기 때문이다. 한국의 10대 수출상품을 보면, 반도체, 자동차, 석유제품, 자동차부품, 평판디스플레이·센서, 합성수지, 선박해양구조물·부품, 철강판, 무선통신기기, 플라스틱 제품 순이다. 2019년 총 수출액은 5,412억 달러였다. 상층 10대 기업이 34.6%를 차지했고, 상층 100대 기업은 63.7%를 차지했다. 대기업으로 확대할 경우 전체 수출액의 67%를 담당했다.[25]

한국경제에서 수출의 주력군은 제조업·대기업이다. 삼성전자,

SK하이닉스, 현대자동차, 모비스, LG전자, LG화학, 포스코 등의 대기업들이다. 한국에서 소득상층 10~20%에 해당하는 사람들은 누구일까? 한 축으로는 전문직 자격증을 가진 회계사, 변리사, 변호사, 세무사 등의 사(士) 자가 붙는 사람들이다. 또 다른 한 축으로는 4급이상 고위 공무원과 공기업 종사자들이다. 그 외의 축으로는 수출·제조업·대기업에 종사하는 사람들이다. 규모로 볼 때 세 번째 그룹이 가장 많다. 또한 세 번째 그룹의 수출·제조업·대기업 노동자들의 지갑이 두둑해질 때, 이들의 소비가 증대하여 전문직의 지갑도 함께 두둑해진다.

셋째, 수출·제조업·대기업 노동자들의 임금체계가 본질적으로 '수출연동형' 임금체계를 가지고 있기 때문이다. 수출·제조업·대기업 노동자들의 경우, 월급과 별개로 해당연도의 경영 실적과 연동된 연말 상여금이 추가로 지급된다. 여기서 경영 실적의 핵심이 결국 '수출 실적'이다. 예를 들면 삼성이 대표적이다. 삼성의 성과급 체계는 크게 3가지가 있다. 첫째, 초과이익성과급(OPI, overall performance incentive) 제도다. 초과이익성과급은 1년에 한 번, 보통 1월에 지급한다. 연초 수립한 이익목표를 초과 달성할 경우, 회사의 초과 이익분 20% 이내에서 지급된다. 임직원에게 개인 연봉의 최대 50%까지 지급한다. 기본급으로 연봉 1억 원인 직원이 있다면, 5,000만 원을 '한 번에' 지급한다. 한국의 소득분배 통계에서 1월은 '불평등이 커질' 개연성이 높다. 삼성이 연봉의 50%를 1월에 한꺼번에 지급하기 때문이다. 둘째, 목표달성장려금(TAI, target achievement incentive)이다. 사업부 실적에 따라 월 기본급의 최대 100%를 지급받는다. 보통 7월과 12월에 지급받는다. 셋째, 특별상여금이다. 사업부별 성과에 따라 부정기적으로 월 기본급의 100~500% 정도를 지급한다. 삼성전자의 수출 실적이 특히 좋았던 2017년과 2018년 12월에 지급됐다.[26]

종합해보면, 2008년 세계금융위기 이후 전 세계적으로 무역거래 총량이 줄었고, 한국 역시 수출 총량이 줄었다. 수출 총량이 줄면 수출·제조업·대기업에 종사하는 고임금노동자들의 성과금, 장려금, 보너스 소득도 대폭 줄어든다. 2008~2010년 기간 동안 불평등이 줄었던 이유다.

이제 2015년 불평등 미스터리가 남았다. 한국경제 불평등은 임금 지니계수를 기준으로 2015년부터 최근까지 꾸준히 낮아지고 있다. 즉, 2015년을 최고점으로 최근까지 임금 불평등은 꾸준히 줄고 있다. 2015년 이후에는 한·중 수교 같은 사건도 없었고, 글로벌 금융위기도 없었다. 더 놀라운 것은 2015년부터 불평등이 '꾸준히' 떨어지고 있다는 점이다. 이는 2015년 즈음부터 시작된 어떤 사건 혹은 어떤 힘이 최근까지 '꾸준히' 지속되고 있음을 암시한다. 그것은 도대체 무엇일까? 한국경제 불평등의 나머지 퍼즐인 '2015년 불평등 미스터리'를 규명하기 위해서는 중국의 개혁개방사를 이해하고, 한국경제와의 관계를 살펴봐야 한다. 다음 장에서는 2015년 불평등 미스터리를 규명하기 위해 중국의 개혁개방 역사를 살펴볼 것이다.

중국 개혁개방의 국면별 특징이 한국경제와 한국경제 불평등에 어떤 영향을 미쳤는지 살펴볼 것이다. 이제 중국의 개혁개방 역사로 가보자.

3부

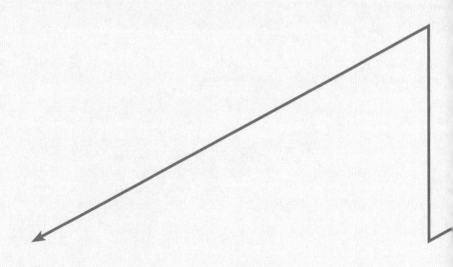

한국경제 불평등은 중국발 불평등

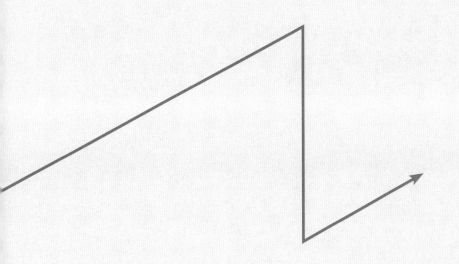

중국의 개혁개방과 한국경제 불평등

우리는 앞에서 1994년 변곡점과 2008년 변곡점에 대해 살펴봤다. 이제 2015년 변곡점에 대해 살펴볼 차례다. 2015년을 최고점으로 한국경제 불평등은 최근까지도 줄어들고 있는 중이다. 2015년은 박근혜 정부가 집권하던 시기다. 박근혜 정부는 2013년 2월부터 2017년 3월까지 통치했다. 한국경제 불평등은 왜 하필 2015년을 최고점으로 꾸준히 줄어들고 있는 것일까?

결론부터 말하면, 2015년 변곡점은 중국의 정책 변화 때문이다. 중국의 정책 변화 중에서도 '일시적인' 정책 변화가 아니라 '지속되는' 정책 변화로 인해 발생했다. 2015년 이후 한국경제 불평등이 '꾸준히' 줄어들고 있는 이유다.

한국경제 불평등은 '중국발 불평등'이다. 1990년대 이후 한국경제 불평등에 가장 큰 영향을 미친 단 하나의 요인을 꼽으라면, 단연 중국이다. 한국경제 불평등은 재벌, 신자유주의 정책, 비정규직 등의 내부 원인이 아니라 외부 원인이 더 결정적이었다.

[그림 3-1]은 한국의 대중국 수출액과 지니계수의 상관관계다.[1] 한국의 대중국 수출액과 임금 지니계수는 매우 유사한 패턴으로 움직이고 있다. 한국의 대중국 수출액과 임금 지니계수의 상관계수는 무려 0.832다. 참고로, 앞서 한국의 수출 총액과 임금 지니계수의 상관계수는 0.861이었다. 우리의 관심사인 불평등 관점에서 보면, 수출 중에서도 중국 수출 비중이 압도적으로 중요하다는 것을 알 수 있다. 중국경제를 모르면 한국경제 불평등을 이해할 수 없다. 한국경제 불평등의 발생 요인도, 확대 양상도, 불평등이 줄어들고 있는 이유도, 향후 전개도 알 수 없다.

1949년 중화인민공화국 수립 이후 중국경제사는 크게 개혁개방 이전과 개혁개방 이후로 구분된다. 개혁개방 이전 중국은 마오쩌둥 집권기와 겹친다. 마오쩌둥 집권기 중국은 사회주의 계획경제, 대약진운동, 문화대혁명으로 집약된다. 사회주의 계획경제는 생산성의 저하로 연결됐다. 1958~1960년 기간에 추진된 대약진운동은 대규모 아사(餓死) 사태로 귀결됐다. 2,500~3,000만 명이 굶어 죽었다.[2] 문화대혁명은 중국혁명 이후에 중국에 남아 있는 부르주아 문화를 소탕한다는 명분으로 추진됐다. 하지만 그 결과는 홍위병이 활개를 치고, 곳곳에서 인민재판이 열리고, 유능한 많은 사람들이 부르주아 사상에 물들었다는 죄명으로 온갖 모욕을 당하고, 하방해야

그림 3-1 한국의 대중국 수출액과 임금 지니계수의 상관관계(상관계수: 0.832)

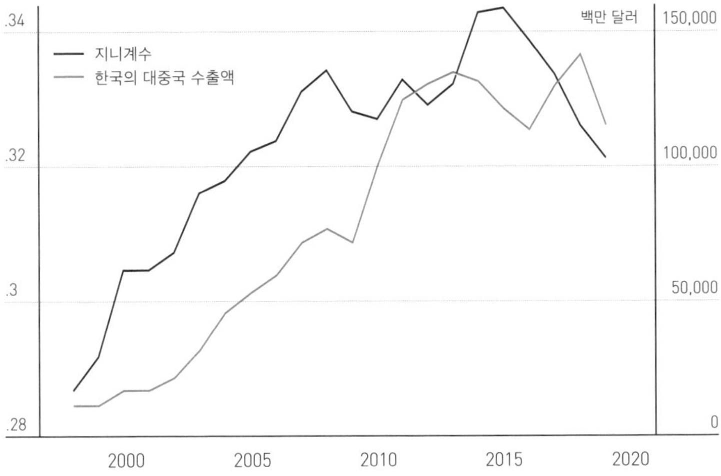

헸다. 1976년 마오쩌둥의 죽음과 함께 문화대혁명은 끝난다.

이후 1978년 덩샤오핑이 실권을 장악한다. 중국의 개혁개방은 크게 4단계 국면으로 나눌 수 있다. ① 1978년 이후, ② 1992년 이후, ③ 2001년 이후, ④ 2014년 이후다. 1978년 개혁개방은 농촌개혁이 중심이었다. 농촌 인민공사 중심의 집단농장 체제를 가족농 중심체제로 바꾸는 과정이었다. 다른 한편 1980년대 초반에 경제특구들을 추진한다. 1992년을 분기점으로 수출 중심 공업화 노선이 전면적으로 채택된다. 중국은 1989년 천안문사건을 겪고 혼란에 빠진다. 이후 공산권이 붕괴한다. 덩샤오핑은 1992년 1~2월에 걸쳐 남순강화를 한다. 덩샤오핑의 남순강화 이후, 10월에 열린 중국공산당 제14차 전인대에서 '사회주의 시장경제 노선'을 정식으로 채택한다.

1992년 한·중 수교 체결 이후, 한국경제 불평등은 총 3번에 걸쳐 중국경제로부터 직접적인 영향을 받는다. 한국의 1994년 불평등 미스터리는 1992년 개혁개방과 연결된다. 이 부분은 앞서 2부에서 살펴봤다. 2001년 중국의 변화와 2014년 중국의 변화 역시 한국경제 불평등에 지대한 영향을 미치게 된다.

이번 장에서는 2001년 중국의 WTO 가입이 한국경제 불평등에 미친 영향을 살펴보고, 다음 장에서는 2014년 중국의 정책변화가 한국경제 불평등에 미친 영향을 살펴볼 것이다. 이번 장에서는 3가지를 짚어볼 예정이다. 첫째, 2001년 WTO 가입 이후 중국이 취했던 정책의 개요를 살펴본다. 둘째, 세계경제에서 중국경제의 국제적 위상 변화를 살펴본다. 중국경제의 변화는 단지 한국경제에만 영향을 미친 것이 아니었다. 세계경제 전체에 큰 영향을 미치게 된다. 셋째, 한국경제 불평등에 어떤 영향을 미쳤는지 살펴볼 것이다.

2001년 중국의 WTO 가입
: 공세적인 대외개방 정책의 추진

WTO 가입 이전 중국의 개혁개방은 '정책적' 결정이었다. 통치자의 재량과 의지에 따라 쉽게 바뀔 수 있는 불완전한 상태였다. WTO 가입으로 인해 '제도적' 개방 단계로 바뀌게 됐다. 제도 자체를 바꾸는 것이기에, 한번 결정된 것이 쉽게 바뀌지 않게 됐다.

　중국은 WTO 가입 이후 후속 작업을 진행한다. 2003년 10월에 개최된 중국공산당 제16기 3중전회에서는 WTO 요구에 맞춘 국내 제도 정비, 국내의 지역 및 산업 발전 전략과 외국인 투자 유치의 연계, 국제지역협력 확대와 해외투자를 통한 중국의 경쟁력 강화 정책 등을 추진과제로 설정한다. 2007년 10월에 개최된 중국공산당 제17기 전당대회 보고에서는 앞서 언급한 대외경제정책에 더해 글로벌 에너지 및 자원 협력의 적극적 추진, FTA 전략과 양자 및 다자 경제협력 강화 방침을 결정한다.[3] 이 시기에 중국이 취한 정책 방향은 크게 4가지로 구분할 수 있다.[4]

　첫째, 지역의 균형발전과 대외개방을 연계했다. 중국을 동부, 중부, 서부, 동북의 4개 지역으로 나누어 지역균형발전 전략을 추진했다. 중국의 대외개방정책도 서부대개발, 동북진흥, 중부굴기 전략과 연계했다. 중국은 1978년 이후의 개혁개방 1기와 1992년 이후의 개혁개방 2기에는 연안 지역을 중심으로 하는 수출 중심 공업화 전략을 추진했다. 성과는 좋았지만 지역 간 불균형이 커졌다. 과도한 지역 간 불균형은 특정 지역의 불만을 높여 체제 불안정성을 높이게 된다. 경제발전 초기에는 불가피한 측면이 있었다. 하지만 개혁개방이 일정 궤도에 오른 이후에는 부작용을 줄이기 위해 지역균형발전 전략과 대외개방을 연계했다. 이를 위해 서부대개발 정책, 동북지구 굴기 촉진 정책, 중서부 지구 외국인 투자 정책을 발표한다.

둘째, WTO 가입에 맞추어 시장개방 조치를 내린다. 크게 3가지 조치를 내린다. 첫 번째, 대대적인 관세 인하 조치를 한다. 1992년 12월 중국의 평균 관세율은 43.2%였다. 이후 꾸준히 관세를 낮추어 WTO 가입 직전인 2001년 1월, 중국의 평균 관세율은 15.3%였다. 2005년 1월에는 9.9%까지 낮춘다. 2018년을 기준으로 중국의 평균 관세율은 7.5%가 됐다. 두 번째, 쿼터 대상 품목의 축소 및 비관세 철폐 조치를 내린다. 비관세 조치를 WTO에 가입한 2~3년 이내에 조기 철폐한다. 세 번째, 대외무역제도의 투명성 확보를 위해 2004년 1월 대외무역법을 개정한다. 중국이 50여 년간 유지해온 대외무역 경영권 심사제도를 폐지하고 대외무역 등록제를 실시한다. 이외에도 2005년 회사법 개정, 2006년 기업파산법 제정, 2007년 물권법 제정 등 2008년 3월까지 229개의 법률, 600여 개의 행정규칙, 7,000여 개의 지방 법규와 규정을 개정한다.

셋째, 중국은 글로벌 지역주의화에 대응하기 위해 FTA를 적극적으로 추진한다. 홍콩 반환(1997년 7월), 마카오 반환(1999년 12월), WTO 가입을 한다. 이후 홍콩과 마카오 등 화교 경제권과 아세안(ASEAN) 등 주변 개발도상국과 FTA를 추진한다. 2007년 개최된 중국공산당 제17대 보고에서는 FTA 건설을 국가 전략으로 격상한다. 이 시기에 칠레, 파키스탄, 페루, 뉴질랜드, 싱가포르, 노르웨이, 대만 등과 양자간 FTA를 추진한다.

넷째, 해외투자를 본격 추진한다. 중국은 경제발전 전략으로 해외자본 유치와 대외무역을 적극 활용했다. 덧붙여 해외투자도 지위를 격상한다. 2001년 3월에 제정된 제10차 5개년 계획에서는 해외투자 전략을 '개방형 경제발전'의 3대 축 중 하나로 격상한다. 이후 해외투자를 활성화하는 각종 규제개혁을 실시한다. 2004년 해외투자 허가제를 도입하고, 해외투자를 적극적으로 추진하기 위해 국가개발은행, 중국 수입·수출은행, 중국 수출신용보험공사를 설립한다. 16개 항의 해외 가공무역 기업에 대한 우대조치를 발표한다. 해외투자 가이드라인을 제정해 발표한다. 이후 중국의 해외투자규모는 1999년 19억 달러에서, 2005년에는 100억 달러를 넘고, 2007년에는 265억 달러로 늘어난다.

중국, '세계의 공장'으로 우뚝 서다

1992년 이후 중국의 개혁개방 두 번째 국면에서는 중국의 주변 국가만 영향을 받았다. 한국, 대만 등이다. 한국의 경우 제조 중소기업들이 큰 영향을 받았다. 한국의 중소기업은 저렴한 인건비를 찾아 중국으로 공장을 이전했다. 다른 한편, 국제무역시장에서 중국의 저렴한 인건비 공세에 밀려 경쟁력을 상실하게 됐다. 미국, 독일 등의 선진국 자본주의 국가들에 미친 영향은 미미했다.

2001년 중국이 WTO에 합류한 개혁개방 세 번째 국면에서는 미국, 일본, 독일 등 선진 자본주의 국가들도 큰 영향을 받게 된다. 중국은 2001년 이후 더욱 공세적으로 수출과 투자를 활용한 경제성장 전략을 추진한다. 해외자본 유치도 더 공세적으로 추진한다.

한국 대기업과 글로벌 대기업들이 본격적으로 중국에 진출하게 되는 시점도 중국의 2001년 WTO 가입 이후다. 중국의 제도적 정비로 인해 투자의 안정성이 높아졌고, 현지 시장 개척의 필요성이 더욱 커졌다.

한국 대기업의 해외직접투자 금액 추이를 살펴보면, 1990년에는 3억 600만 달러였다. 2011년에는 최고점에 이르러 약 81억 달러까지 늘어났다. 2014년에는 57억 1,400만 달러가 된다. 1990년 대비 2014년의 투자금액은 18.7배가 늘어났다.[5]

한국 기업의 목적별 해외직접투자 비중을 보면, ① 저임금 활용, ② 수출 촉진, ③ 현지시장 진출 3가지로 나눌 수 있다. 1990~2000년대 초반까지는 수출 촉진과 저임금 활용이 주된 목적이었다. 수출 촉진 역시 '저임금을 활용하기 위한' 것이었다. 결국 저임금노동력 활용이 가장 중요했다. 하지만 2000년대 중반 이후부터 '현지 시장 진출'이 주된 목적으로 바뀐다.

[그림 3-2]는 한국 중소기업의 수출 비중 추이다.[6] 1995~1997년 전체 수출에서 중소기업의 수출 비중은 약 42%였다. 1997~1998년 외환위기를 겪으며 중소기업 수출 비중은 30% 초반까지 떨어진다. 1998~2001년 원화 가치 하락 효과로 중소기업 수출 비중은 다시

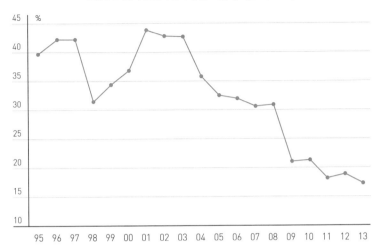

그림 3-2 한국 중소기업의 수출 비중 추이(1995~2013)

오른다. 최고 43%까지 오른다. 하지만 2001년을 정점으로 한국 중소기업의 수출 비중은 꾸준히 떨어진다. 2013년에는 17%까지 떨어진다. 한편으로는 중국과의 경쟁에서 밀려서이고, 다른 한편으로는 2000년대 중반 이후 중국이 환경문제 등을 이유로 가공무역 비중을 대폭 줄였기 때문이다. 한국 중소기업의 수출 감소 역시 중국의 부상 및 중국의 정책 변화가 중요한 요인이었다.

[그림 3-3]은 중국, 미국, 독일, 일본의 공업생산량 추이다.[7] 중국의 공업생산량은 순차적으로 독일, 일본, 미국을 제친다. 중국은 2000년에 독일(4,863억 달러)을 제친다. 2005년에는 일본(1조 1,568억 달러)을 제친다. 2011년에는 미국(3조 201억 달러)을 제친다. 명실상부한 세계 최대의 공업국가로 도약한다.

그림 3-3 중국, 미국, 독일, 일본의 공업생산량 추이

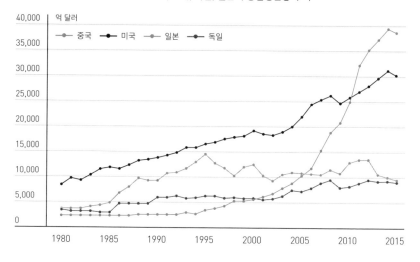

중국이 '세계의 공장'으로 우뚝 서게 된 시점을 굳이 꼽으라면 몇

년이라고 할 수 있을까? 정답은 2011년이다. 이때부터 중국 공업생산

량이 미국을 제쳤기 때문이다. 2001년 WTO를 가입하고 딱 10년 걸

렸다. 2015년 기준 중국의 제조업 생산 규모는 약 3조 7,000억 달러

다. 이는 미국의 1.3배, 일본의 4.2배, 독일의 4.8배 규모다. 2017년

기준, 중국은 세계 제조업 생산량의 약 35%를 차지한다.[8]

세계경제에서 미국과 어깨를 나란히 하다

[그림 3-4]와 [표 3-1]은 중국과 미국의 세계경제 비중 추이다.[9] 1980년을 기준으로, 미국의 세계경제 비중은 25.4%였다. 중국은 1.7%였다. 2000년을 기준으로, 미국의 세계경제 비중은 30.5%였다. 중국은 3.6%였다. 2018년의 경우, 미국의 세계경제 비중은 24.4%였다. 중국은 16.3%였다.

중국경제의 비약적인 성장은 미국경제를 100%로 가정하고 비교할 때 더욱 직관적으로 이해된다. 미국경제 규모를 100%로 고정할 경우, 1980년 중국의 경제 규모는 6.7%였다. 2000년에는 미국 100%, 중국 11.8%였다. 2018년에는 미국 100%, 중국 66.8%가 됐다.

미국 브루킹스연구소의 호미 카라스(Homi Kharas) 연구원은 현 추세라면 2028년이면 중국의 국가 GDP가 미국의 국가 GDP를 추월할 것으로 전망한다. 일본 노무라 증권도 2028년을 미국과 중국의 GDP가 역전되는 해로 전망하고 있다.[10] 물론 중국 GDP가 미국 GDP를 따라 잡은 이후에도 국민 1인당 GDP는 미국이 월등히 높다. 중국 인구는 약 14억 명, 미국 인구는 약 3.3억 명이다. 중국 GDP가 미국을 따라잡을 경우, 중국의 1인당 GDP는 미국의 1인당 GDP에 비해 4분의 1 수준을 살짝 넘게 된다.

다만 '국력' 관점에서 보면 1인당 GDP보다 국가 GDP가 더 중

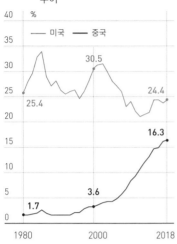

그림 3-4 중국과 미국의 세계경제 비중 추이

표 3-1 미국 대비 중국의 세계경제 비중

	미국	중국
1980년	100	6.7
2000년	100	11.8
2018년	100	66.8

요하다. 물론 중국 GDP가 미국 GDP를 추월한다고 해서 그것이 곧 패권 교체를 의미하는 것은 아니다. 일례로, 미국이 영국의 GDP를 추월한 것은 1870년대였다. 하지만 미국이 영국을 제치고 패권 국가가 된 것은 그로부터 70여 년이 지난 1945년부터였다. 2028년 중국 GDP가 미국 GDP를 제치더라도 여전히 글로벌 패권국가는 미국이 될 것이다. 다만 중국이 세계경제에서 차지하는 비중이 역전되는 것을 의미하게 된다.

[그림 3-5]는 중국과 미국의 세계 수출시장 비중 추이다. [그림 3-6]은 중국과 미국의 세계 수입시장 비중 추이다.[11] 중국이 WTO에 가입하던 2001년, 세계 수출시장에서도 세계 수입시장에서도 중국이 차지하는 비중은 미국에 비해 20~30% 수준에 불과했다. 하지만 WTO 가입 이후부터 중국은 그야말로 급격하게 비중을 확대한다. 세계 수출시장에서 중국은 2015년 미국을 제치고 세계 1위가 된다. 세계 수입시장에서

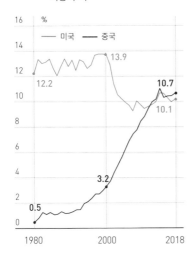

그림 3-5 중국과 미국의 세계 수출시장
　　　　비중 추이

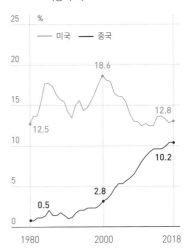

그림 3-6 중국과 미국의 세계 수입시장
　　　　비중 추이

2018년 기준으로 10.2%의 비중을 차지한다. 미국은 12.8%의 비중을 차지한다. 중국은 세계 수입시장에서 미국보다 2.6%p 뒤지지만, 미국과 '어깨를 나란히 하는' 수준까지 올라왔다.

2001년 체제: 노무현 정부 때
불평등이 증가했던 진짜 이유

앞에서 살펴본 것처럼, 2001년에 WTO에 가입한 이후로 중국은 수출과 수입 모두 급증한다. 불과 10년 만에 독일, 일본, 미국을 순차적

그림 3-7 한국의 수출 비중: 미국과 일본, 중국의 변화 추이

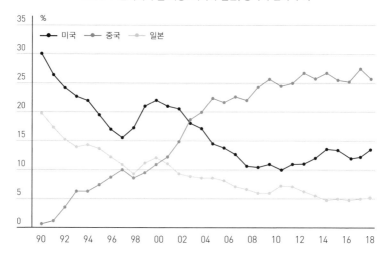

으로 제치면서 세계 최대의 공업국가가 된다. 중국의 급성장으로 인해 가장 큰 혜택을 본 나라 중 하나는 한국이었다. 한국은 중국의 급성장에 올라타, 덩달아 수출이 급격하게 늘어난다. 정확하게는 한국 대기업들이 중국 특수(特需)를 누리게 된다.

[그림 3-7]은 한국의 수출 비중에서 미국, 일본, 중국의 변화 추이다.[12] 1990년을 기준으로, 미국 29.8%, 일본 19.4%, 중국 0.9%를 수출했다. 개혁개방 2단계인 1992년 이후 중국 수출이 가파르게 상승한다. 그와 반대로, 미국과 일본에 대한 한국의 수출 비중은 가파르게 하락한다.

[표 3-2]는 [그림 3-7]을 표로 정리한 것이다. 2001년을 기점으로, 중국 수출과 일본 수출이 역전된다. 2001년 중국에 대한 한국

표 3-2 한국의 국가별 수출 비중 변화 추이

연도	1990	1995	1996	1997	1998	1999	2000	2001	2002	2003	2004	2005	2019
미국	29.8	19.3	16.7	15.9	17.2	20.5	21.8	20.7	20.2	17.7	16.9	14.5	13.5
일본	19.4	13.6	12.2	10.8	9.2	11.0	11.9	11.0	9.3	8.9	8.5	8.4	5.2
중국	0.9	7.3	8.8	10.0	9.0	9.5	10.7	12.1	14.6	18.1	19.6	21.8	25.1

수출은 12.1%다. 일본 수출은 11.0%다. 2003년에는 중국과 미국의 수출이 역전된다. 2003년 한국 수출은 중국 18.1%, 미국 17.7%다. 2019년을 기준으로 볼 때, 한국의 전체 수출에서 중국은 25.1%다. 미국 13.5%, 일본 5.2%다. 중국 수출은 일본의 5배, 미국의 약 2배다.

중국이 WTO에 가입하기 이전인 1995년에 한국의 대중국 수출액은 91억 달러다. 2000년에는 185억 달러가 된다. 중국이 WTO에 가입한 2001년 12월 이후 한국의 대중국 수출액은 급증한다. 2005년에는 619억 달러, 2010년에는 1,168억 달러가 된다. 2010년 대중국 수출액은 2000년에 비해 6.3배가 증가했다. 한국의 대중국 수출 급증은 한국 대기업의 수출 급증을 의미한다. 한국 대기업 종사자들은 한국에서 소득상층 10%에 해당한다. 다시 말해, 한국 대기업의 대중국 수출 급증은 소득상층 10%의 소득 급증을 의미하게 된다.

노무현 정부는 2003년 2월에 출범했다. 그러니까 노무현 정부 기간은 중국이 WTO에 가입한 이후 '급성장'을 하던 시점과 일치한다. 중국이 공업생산량에서 독일(2000), 일본(2005), 미국(2011)을 순차적으로 제치던 시기와도 대체로 일치한다.

　노무현 정부 때 불평등이 확대되던 메커니즘을 정리하면 다음과 같다. 중국의 WTO 가입 → 중국 수출 중심 공업화의 확대 재생산 → 국제교역량의 급증(성장률 대비 교역 탄성치 2.1배) → 한국 대중 수출의 엄청난 확대 → 한국 대기업의 중국 특수 → 한국의 수출·제조업·대기업·고임금 종사자의 성과급을 통한 소득 급증 → 상층의 소득 급증(격차 확대), 한국경제 불평등 확대의 순서로 진행됐다.

　하지만 WTO 가입은 한국경제 성장에도 큰 도움이 됐다. 한국경제성장에 미친 메커니즘을 정리하면 다음과 같다. 중국의 WTO 가입 → 중국 수출 중심 공업화의 확대 재생산 → 국제교역량의 급증 → 한국 대중 수출의 엄청난 확대 → 한국 대기업의 중국 특수 → 삼성·현대·LG·SK하이닉스·포스코 등 한국 대기업의 글로벌 지위 상승 → 한국의 국민 1인당 GDP의 급상승 → 한국의 국가적 위상 제고 → 세계경제에서 한국경제의 GDP 순위 급상승 순서가 진행됐다.

　경제에서 중요하게 취급하는 것에는 불평등, 수출, 성장, 투자, 고용이 있다. 이 중에서 한국의 진보세력은 불평등에 더 큰 관심을 가진다. 불평등을 해결하는 것이 '진보의 미션'이라고 생각한다. 수출, 성장, 투자의 경우, 중요하기는 하지만 '보수의 아젠다'로 생각하는 경향이 강하다. 하지만 현실은 단순하지 않다. 현실은 일차방정식이 아니다. 중국경제의 부상 이후, 한국경제에서 불평등과 수출,

성장, 투자, 고용은 서로 연동되어 작동했다. 만일 불평등은 나쁜 것이고 수출, 성장, 투자, 고용은 좋은 것이라고 생각한다면, 나쁜 일과 좋은 일이 공존했다. 색즉시공 공즉시색의 세계였다.

노무현 정부 때 불평등이 확대됐던 이유는 중국에 대한 급격한 수출 증가 때문이다. 특히 대기업의 수출 대박 때문이었다. 한국의 1인당 GDP는 1977년 1,000달러가 되고, 1995년에 1만 달러가 된다. 1,000달러에서 1만 달러가 되는 데 18년이 걸렸다. 1인당 GDP 2만 달러는 2010년, 3만 달러는 2017년에 달성한다. 1만 달러에서 2만 달러가 되는 데 15년이 걸렸다. 2만 달러에서 3만 달러가 되는 데 7년이 걸렸다. 한국경제는 비교적 빠른 기간에 3만 달러를 달성했다. 2000년대 이후, 한국경제가 '중국 특수'에 올라탈 수 있었기 때문이다.

2001년 체제의 불평등 증가는
1997년 외환위기와 비슷한 규모

2001년 중국의 WTO 가입 이후, 중국에 대한 한국의 수출 대박은 불평등을 얼마나 증가시켰을까? [표 3-3]은 1997년 외환위기 이후 4년과 중국의 WTO 가입 이후 4년의 임금 지니계수를 비교한 것이다. 즉, 임금 불평등을 비교했다.

표 3-3 임금 지니계수: 1997년 외환위기와 2001년 중국의 WTO 가입

구분	1997년 외환위기 전후 (1996~2000)	2001년 중국의 WTO 가입 전후 (2001~2005)
지니계수 증가분	+0.019	+0.018
연도별 지니계수	1996년 0.286 2000년 0.305	2001년 0.305 2005년 0.323

외환위기 이전과 이후를 비교하기 위해 1996년을 시작 연도로 했다. 1996~2000년의 4년간 지니계수 증가분은 +0.019다. 2001~2005년의 4년간 지니계수는 0.018이다. 불평등 관점에서 볼 때, 1997년 외환위기 충격과 중국의 WTO 가입이 한국경제 불평등에 미친 충격은 거의 같다.

노무현 대통령은 재임 시절 '한국경제 양극화' 담론을 공론화시킨 장본인이다. 노무현 정부 시절, 민주노동당과 진보적 시민사회, 진보적 지식인을 포함한 한국의 진보세력은 '김대중·노무현의 민주정부 10년'이 불평등을 키웠다며 공격했다. 노무현 정부 시절 임금 불평등은 실제로 커졌다. 진보정당을 포함한 진보세력은 노무현 정부가 '신자유주의적' 정책을 썼기에 불평등이 커졌다고 공격했다. 노무현 정부 시절에 불평등이 증가한 것은 사실이다. 하지만 그 원인은 다르다. 민주정부 10년 때문도 아니고 신자유주의적 정책 때문도 아니다.

중국의 WTO 가입 이후 한국경제 불평등의 증가는 '2001년 체제'라고 표현할 수 있다. 이제 우리는 정확한 평가를 할 수 있게 됐

다. 노무현 정부 시절에 불평등이 확대됐던 진짜 이유는 중국의 급성장과 한국 대기업의 수출 대박 때문이었다. 넓게 보면, 2001년 체제 때문이었다.

8장

중국 수출이 급감하자
한국 불평등도 줄었다

2008~2011년 세계금융위기는 중국에게도 큰 충격이었다. 이후, 중국은 새로운 경제정책 방향을 모색하게 된다. 2008년 이후 중국경제의 변화를 압축적으로 보여주는 키워드는 신창타이(新常態)로, 한자로는 '새로운 상태'를 의미한다. 영어로는 뉴 노멀(new normal)이다. 신창타이는 2014년 5월 시진핑 국가주석이 허난성에 방문하면서 처음으로 사용한 표현이다. 2008년부터 2011년에 걸쳐 계속된 세계금융위기를 겪으며 중국공산당은 새로운 경제정책 방향에 대해 내부 토론을 거쳤고, 그 결과물로 2014년 발표한 것이 신창타이다.

신창타이 경제가 등장한 4가지 배경

신창타이 등장 배경은 크게 4가지로 요약할 수 있다. 첫째, 2008~2012년 기간에 지속된 글로벌 금융위기다. 중국 GDP는

2010년을 분기점으로 일본을 따라잡고 세계 2위의 경제대국이 된다. 중국경제는 수입·수출 모두에서 해외 의존도가 매우 높다. 중국만큼 큰 경제 규모에서 중국만큼 수입·수출 비중이 큰 나라는 없다. 중국경제의 해외 의존도가 높다는 것은 세계경제의 변화에 따라 중국 전체가 쉽게 휘청거릴 수 있음을 의미한다. 이는 중국의 체제를 위협하는 요인이 될 수 있다. 즉, 중국은 2008~2012년 글로벌 금융위기를 겪으며 지나친 외부 의존성은 위험하다고 생각하게 된다. 새로운 정책 전환을 모색하고, 그 일환으로 신창타이가 등장한다.

둘째, 2010년을 전후해서 중국경제는 루이스 전환점을 지나게 된다. 루이스 전환점이란, 1979년 노벨경제학상을 탄 경제학자 윌리엄 아서 루이스(William Arthur Lewis)의 이름에서 유래한다. 경제발전 초기에는 농촌의 대규모 유휴 노동력이 도시로 이동한다. 노동력의 수요·공급 차원에서 볼 때, 기업 수요에 비해 노동력 공급이 압도적으로 많게 된다. 노동력 공급이 압도적으로 많기에, 기업은 저렴한 비용으로 노동력 활용이 가능해진다. 이를 '인구 보너스'라고 표현한다. 농촌의 유휴 노동력 공급이 고갈될 때 인구 보너스는 사라진다. 바로 이 시점을 루이스 전환점이라고 표현한다. 루이스 전환점을 통과하면 노동력의 수요·공급 차원에서, 기업 수요에 비해 노동력 공급이 부족해진다. 임금이 급상승하게 된다. 중국경제에서 루이스 전환점은 2010년경이었다.

[그림 3-8]은 중국의 노동인력(15~59세) 공급 현황이다.[13] 2011년

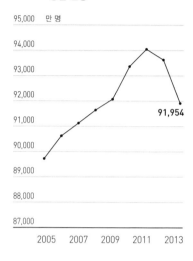

그림 3-8 중국의 노동인력(15~59세)
공급 현황

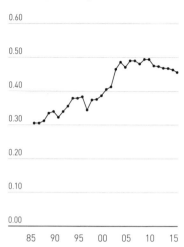

그림 3-9 중국의 소득 불평등 추이
(1985~2015)

을 기점으로 노동 공급이 감소하고 있다. 중국경제의 루이스 전환점
이다. 루이스 전환점 이전에는 노동력의 양적 투입을 통해 경제성장
을 이끄는 것이 쉽다. 비용 절감 효과가 강력하기 때문이다. 루이스
전환점 이후에는 혁신주도형 경제성장으로 전환해야 한다. 노동력
의 양적 투입으로는 경쟁력을 확보할 수 없다. 경제정책 노선의 전
환이 필요해진다.

셋째, 중국은 압축적인 경제성장 과정을 거치며 불평등이 매우
커졌다. 중국의 불평등은 쿠즈네츠 곡선의 전반부에 해당한다. 중국
은 세계경제사에서 가장 오랜 기간, 가장 높은 성장을, 가장 압축적
으로 달성한 국가다. 이런 경우 불평등 역시 매우 커지는 것이 일반

적이다.

[그림 3-9]는 1985~2015년 기간 동안의 중국의 소득 불평등 추이다.[14] 중국이 경제특구를 지정한 시점은 1979년이다. 4개의 경제특구는 선전, 주하이, 산터우, 샤먼이었다. 중국은 경제특구를 지정하며, 홍콩과 대만의 화교 자본을 활용하고, 미국 및 일본과 교역을 해야 성공할 수 있다고 생각했다. 선전과 주하이는 광둥성에 있는데, 홍콩과 맞붙어 있는 곳이다. 산터우는 광둥성 인근에 있고, 샤먼은 푸젠성에 있다. 산터우와 샤먼은 모두 대만과 근접한 곳이다. 4개의 경제특구는 모두 동부 연안 지역에 있다. 동부 연안 지역은 중국 고도성장의 지리적 거점이 됐다. 반대급부로 지역 간 불평등이 매우 커졌다. 중국은 역사적으로 중앙에 대한 불만을 기반으로 '지방 세력'이 커져 체제 불안과 내전에 빠진 경험이 많다. 중국공산당 입장에서는 지역 간 불평등 축소는 체제 안정을 위해서도 중요하다.

넷째, 경제발전 단계로 볼 때, 중국의 산업구조 성숙이다. 개혁개방 초기에는 외국 자본을 유치하고, 외국 기술을 도입해서, 값싸고 좋은 노동력과 결합하는 것만으로도 비약적 성장이 가능했다. 추격형 경제이며 요소투입형 경제의 특징이다. 하지만 중국의 1인당 GDP가 1만 달러 수준에 근접하면서 자원 투입과 노동력 투입에 의존하는, 생산요소 투입 중심의 경제성장은 한계에 직면하게 된다. 첨단산업, 창업 등 혁신주도형 경제로 전환할 필요성이 커지게 됐다. 산업구조 성숙에 걸맞은 정책 노선의 전환이 필요해진다. 참고로, 중국은 2019년에 처음으로 1인당 GDP가 1만 달러를 돌파했다. 2000년에는 1인당 GDP가 1,000달러 미만이었다. 약 20년 만에 소득이 10배 증가했다.

신창타이 경제의 4가지 특징

중국 신창타이 경제의 특징은 4가지로 요약할 수 있다. 첫째, 경제성장의 축이 수출과 투자 중심에서 소비 중심으로 이동했다. 중국 GDP의 최종소비 항목에서 소비, 투자, 수출의 비중이 변화한다. 2006년에 수출 비중은 35% 수준으로 최고점이었다. 2018년에는 17.8%로 축소된다. 반면에 소비는 2010년 49.3%에서 2018년 55.3%로 확대된다. 과도한 수출 의존성은 체제 안정성과 중국경제의 지속성을 위해서도 바람직하지 않다고 판단한 것이다.[15]

둘째, 동부 연안 지역 중심의 경제성장에서 중서부 발전을 중시하는 방향으로 바뀐다. 지역 간 소득격차를 줄이고, 도시와 농촌의 소득격차를 줄이기 위해서다. 2000년 장쩌민 국가주석의 서부대개발 선언 이후 중국의 지역 간 소득격차는 꾸준히 축소된다.

서부와 동부의 1인당 GDP 소득격차는 2000년 2.4배였다. 하지만 2013년에는 1.8배로 좁혀졌다. 중부와 동부의 1인당 GDP 소득격차 역시 2000년 2.1배에서 2013년 1.7배로 좁혀졌다. 중앙정부는 소비지원과 투자활성화를 위한 재정정책을 서부, 중부, 동부 순으로 할당했다. 중서부 지역에 대한 FDI 증가 규모가 동부 지역을 능가하도록 의식적으로 정책을 추진했다.[16]

개혁개방의 초기 거점이었던 동부 지역은 제조업 업그레이드와 서비스업 선진화에 역점을 뒀다. 동부 지역에 대해서는 경제성장률 둔화를 막되 중국경제 전체를 선도하는 역할을 부여했다. 반면에 그동안 개발이 저조했던 중서부 지역은 동부에 있던 전통 제조업을 재배치하고, 사회간접자본(SOC) 인프라 확충을 통해 성장 잠재력을 끌어올리는 정책을 폈다.[17] 이러한 경제개발 전략의 재조정은 산업구조 재편이자 동시에 산업의 지리적 재편이었다.

셋째, 중국 지도부가 전략적으로 추진한 사업은 일대일로(一帶一路)다. [그림 3-10]은 일대일로 사업의 전체적인 지형도다.[18] 일대일로는 중국에게 중층적 중요성을 가진다. 하나, 대규모 SOC 사업을 통해 중서부 지역의 경제성장을 촉진한다. 도시와 농촌, 지역 간 불균형을 축소한다. 둘, 외교안보적으로 볼 때, 지정학적 의미를 가진다. 유럽과 연결되고, 태평양을 비롯한 바다와 연결되는 것은 에너지와 식량을 확보하는 통로 역할을 한다. 먼 훗날 미국의 중국 봉쇄가 시도됐을 때, 중국의 체제 유지 및 방어를 위한 사전포석이다. 셋, 중국의 과잉생산 완화에도 도움이 된다. 동부의 산업발전 단계에서 노후한 산업을 중서부에 재배치하는 의미를 가진다.

넷째, 〈중국 제조 2025〉의 추진이다. [표 3-4]는 〈중국 제조

그림 3-10 중국 일대일로 사업의 지형도

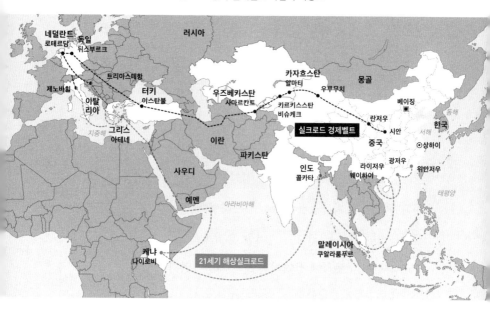

2025〉의 단계별 목표, 9대 과제, 10대 전략산업을 담고 있다.[19] 시진핑은 2012년에 중국공산당 총서기가 되고, 2013년에 국가 주석이 된다. 〈중국 제조 2025〉는 2015년에 발표된다.

　　〈중국 제조 2025〉는 제조업 강국을 3등급으로 나눈다. 1등급은 미국, 2등급은 독일과 일본, 3등급은 영국, 프랑스, 한국이다. 2025년까지는 3등급 진입, 2035년까지는 2등급 진입, 2045년에는 1등급 진입을 목표로 한다. 즉, 2045년 중국은 미국의 제조업 기술을 제치고 세계 1등급 제조강국을 목표로 한다. 〈중국 제조 2025〉가 추구하는 9대 과제와 10대 전략산업에서 알 수 있는 것은 선진국 기술

표 3-4 〈중국 제조 2025〉의 단계별 목표, 9대 과제, 10대 전략산업

국가 분류	·1등급 : 미국 ·2등급 : 독일, 일본 ·3등급 : 영국, 프랑스, 한국
단계별 목표	·1단계(~2025년) 제조업의 IT 경쟁력 확보를 통해 제조강국 단계 진입(3등급 진입) ·2단계(~2035년) 글로벌 제조강국의 중간수준까지 도달(2등급 진입) ·3단계(~2045년) 글로벌 제조강국의 선도적 지위로 도약(1등급 진입)
9대 과제	① 제조업 혁신력 제고, ② IT 기술과 제조업 융합, ③ 제조업 기초역량 강화, ④ 품질 향상 및 브랜드 제고, ⑤ 친환경 제조업 육성, ⑥ 10대 전략산업 육성, ⑦ 구조조정 확대, ⑧ 서비스형 제조업 및 생산형 서비스업 육성, ⑨ 제조업 국제화 수준 제고
10대 전략산업	① 차세대 IT 기술, ② 고정밀 수치제어 및 로봇, ③ 항공우주 장비, ④ 해양 장비 및 첨단기술 선박, ⑤ 선진 궤도교통설비, ⑥ 에너지 절약 및 신에너지 자동차, ⑦ 전력 설비, ⑧ 농업기계장비, ⑨ 신소재, ⑩ 바이오 의약 및 고성능 의료기기

의 추격이 아니라 추월을 목표로 한다는 점이다. 흥미롭게도, 〈중국 제조 2025〉에서 강조하는 10대 전략산업은 민간 기술이자 동시에 군용 기술이다. 즉, 민·군 겸용 기술이다.

만일 중국이 2045년 미국을 따라잡게 될 경우, 중국이 제조 1등급 국가이자 동시에 군사 1등급 국가가 된다. 즉, 세계 최고의 군사 강국에 등극하게 된다. 다르게 표현하면, 세계 패권의 교체를 의미한다. 미국은 거꾸로 〈중국 제조 2025〉에서 강조하는 산업 발전을 저지하고 주요 기업을 견제하는 정책을 사용하게 된다. 일례로 미국은 2019년 화웨이 규제가 있기 이전에도, 중국이 해외 선진국의 반도체 기업을 인수하려고 할 때 번번이 좌절시킨 경험이 많다.

[표 3-5]는 2015~2017년 기간 중, 미국에 의해 좌절된 중국의 반도체 기업 인수 시도들이다.[20] 기술 습득 방법에는 크게 2가지가 있다. 축적을 통한 방법과 인수합병을 통한 방법이다. 축적을 통한 방법은 서울대 이정동 교수가 서울대 공대 교수들의 인터뷰를 모은 《축적의 시간》으로 유명해졌다.[21] 축적이란, 결국 '시간을 통한 축적'을 의미한다. 축적을 통한 기술 습득의 단점은 '시간'이 아주 오래 걸리고, 많은 시행 착오를 필요로 한다는 점이다. 축적을 통한 기술 습득의 대표적인 국가는 일본과 독일이다.

반면에 인수합병을 통한 기술 습득이 있다. 기술이 축적되어 있고 우수 인재도 있는 기업을 인수하는 것이다. 인수합병을 통한 기술 습득의 가장 큰 장점은 '짧은 시간'에 추격이 가능하다는 점이다. 시행착오를 단축할 수 있다. 대표적인 국가는 미국과 중국이다. 미국은 민간 자율의 인수합병 시장이 활성화되어 있다. 중국은 국가가 대규모 자본을 지원하며 선진국의 우수 기업에 대해 공격적인 인수합병을 시도하고 있다. '단기간에' 선진국과의 기술격차를 줄이려는 의도다. 미국은 이러한 중국의 의도를 간파하고 선진국의 반도체 기업에 대한 중국의 인수를 좌절시켰다. 예를 들면 2015년 칭화유니그룹이 마이크론 메모리반도체 부분을 230억 달러에 인수하려 했으나 미국이 개입해서 무산시켰다. 2018년 7월 칭화유니그룹이 프랑스 스마트칩 부품 메이커 랑셍을 인수하려 했으나 미국의 개입으로 좌절됐다.[22]

표 3-5 2018년 이전, 미국에 의해 좌절된 중국의 반도체 기업 인수 시도

중국 기업	피인수 기업	보유 기술	시기	제안액 (달러)
고스케일캐피털	네덜란드 루미에즈	조명반도체	2015년 3월	33억
칭화유니그룹	마이크론	메모리 반도체	2015년 7월	230억
화룬그룹	페이차이들반도체	전력용반도체	2015년 7월	230억
칭화유니그룹	웨스턴디지털	저장장치	2015년 9월	37억 (15% 지분)
푸젠그랜드칩펀드	독일 엑시트론	반도체 장비	2016년 5월	7.5억
캐넌브리지펀드	래티스반도체	프로그래머블 반도체	2017년 9월	13억

신창타이 이후 중국경제의 변화

글로벌 금융위기와 신창타이 이후 중국경제는 3가지 변화를 겪는다. 첫째, 산업구조 고도화다. 중국은 첨단 제조업에 대한 R&D 투자규모를 늘리고, 고기술의 수출 비중이 증가한다. [그림 3-11]은 중국 첨단 제조업의 R&D 투자규모 추이다. 중국은 첨단 제조업에 대한 R&D 투자규모를 꾸준히 늘리고 있다. 2017년 기준으로 3,000억 위안(468억 달러, 약 52조 원)에 달한다. 유의할 것은, 중국의 'R&D 전체' 금액이 아니라 '첨단 제조업'에 국한된 R&D 투자규모라는 점이다. 참고로 중국의 전체 R&D 투자규모는 2020년 기준으로 2조 4,393억 위안(3,680억 달러, 약 464조 원)이다. 중국의 GDP 대비 R&D 투자규모는 세계 최고 수준이다. 중국의 R&D 투자 연평균 증가율은

그림 3-11 중국 첨단 제조업 R&D 투자규모 추이

11.8%다. 미국(7.3%), 일본(0.7%) 등 과학기술 강국보다 훨씬 높다.[23]

[그림 3-12]는 기술 수준별 중국의 수출 비중 변화를 보여준다.[24] 2000년과 2014년을 비교하고 있다. 기술 수준을 크게 4단계로 구분했다. 저기술, 중저기술, 중고기술, 고기술이다.[25]

2000년과 2014년 기간 동안의 기술 수준별 중국의 수출 변화를 비교해보면, 저기술의 경우 26.7%에서 19.1%로 줄었다. 중저기술 역시 27.0%에서 25.1%로 줄었다.

반면에 중고기술은 16.9%에서 21.6%로 늘었다. 고기술 역시 26.7%에서 34.2%로 늘어났다. 저기술+중저기술의 합계 A와 중고기술+고기술의 합계 B를 비교하면, 합계 A 비율은 2000년에 56.4%였다. 2014년에는 44.2%가 된다. 합계 A는 12.2%p 줄어든다. 합계

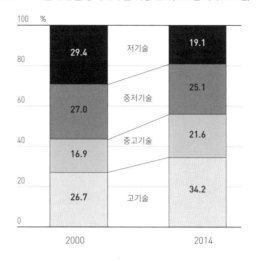

그림 3-12 기술 수준별 중국의 수출 비중 변화(2000년 대비 2014년)

B의 비율은 2000년에 43.6%였다. 2014년에는 55.8%가 된다. 합계 B의 비율은 12.2%p 늘어난다. 중국은 매우 빠른 속도로 '산업구조 고도화'에 성공하고 있다.

둘째, 중간재의 국산화다. [그림 3-13]은 중국의 중간재 자급률 추이다.[26] 2007년 중국의 중간재 자급률은 77.1%였다. 2017년 중국의 중간재 자급률은 87.2%가 됐다. 불과 10년 만에 중국의 중간재 자급률은 10.1%p 향상됐다. 중국이 중간재를 국산화하고, 자급률을 높이는 과정은 동시에 중국에 대한 한국의 중간재 수출이 그만큼 쇠퇴하게 됨을 의미한다(이에 대해서는 이후에 다시 살펴보기로 한다).

셋째, 무역의존도의 경향적 하락이다. [그림 3-14]는 중국의 무역의존도 추이다.[27] 2008년 중국의 무역의존도는 55.7%였다.

그림 3-13   중국의 중간재 자급률 추이
            (2007~2017)

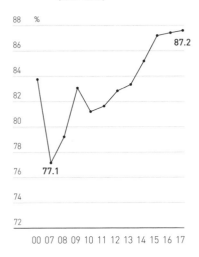

그림 3-14   중국의 무역의존도 추이
            (2008~2018)

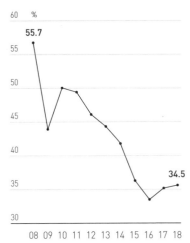

2018년 중국의 무역의존도는 34.5%가 됐다. 불과 10년 만에 21.2%p 줄었다.

신창타이 이후 세계경제의 변화
: 글로벌 교역량의 급감

중국은 신창타이 정책의 일환으로 중간재 자급률을 높이고, 무역의 존도를 낮춘다. 이러한 정책은 세계경제에 큰 변화를 야기한다. 가장 중요한 변화는 세계 교역량의 급감이다.

[표 3-6]은 2002~2007년과 2012~2018년 기간 동안 세계경제의 교역 탄성치 변화다.[28] 교역 탄성치란, 세계경제성장률 대비 세계 교역 성장률의 비율을 의미한다. 예를 들면 세계경제가 1% 성장했을 때 세계 교역이 1.5% 성장한다면 교역 탄성치는 1.5배가 된다.[29]

표 3-6 세계경제성장률과 세계 교역 성장률의 교역 탄성치 변화

구분	2002~2007	2012~2018
세계경제 성장률(A)	4.8%	3.5%
세계교역 성장률(B)	7.7%	3.5%
교역 탄성치 (B/A)	1.6배	1.0배

여기에서 우리는 2가지 의문을 가지게 된다. 2002~2007년 기간에는 왜 세계경제성장률보다 세계 교역 성장률이 1.6배 더 많았을까? 2012~2018년 기간에는 왜 교역 탄성치가 1배로 추락하게 됐을까? 이 질문에 대한 해답은 [그림 3-15]가 말해준다.

[그림 3-15]는 선진국과 신흥공업국을 구분한 경제권역별 교역 증가율 변화다.[30] 2002~2007년과 2012~2018년 기간 동안의 변화다. 선진국의 교역 증가율 변화보다 신흥국의 교역 증가율 변화가 압도적으로 많다. 선진국의 교역 증가율 변화는 6%에서 3%로 3%p, 신흥공업국의 교역 증가율 변화는 12%에서 4%로 8%p 줄었다.

[그림 3-15]의 경제권역별 교역 증가율 변화는, 세계 교역량 축소가 신흥공업국의 교역 축소에서 비롯된 것임을 말해준다.

경제성장률 축소보다 더 큰 폭으로 교역량이 축소됐다는 것은 무엇을 의미하는가? '수입·수출 중심'의 경제구조에서 '내수 중심'

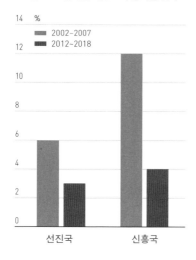

그림 3-15 경제권역별 교역 증가율 변화

14 %
■ 2002~2007
12 ▮▮ 2012~2018
10
8
6
4
2
0
선진국   신흥국

경제구조로 바뀌었다는 말과 같다. 즉, 중국이 수입·수출 중심 경제구조에서 내수 중심 경제구조(중간재의 국산화)로 변경했기 때문에 세계 교역 탄성치가 축소됐다. 물론 세계 교역량 축소는 중국의 신창타이 이외에도 몇 가지 요인이 더 있다. 신흥공업국의 임금 상승, 기술향상, 소비시장 확대, 지식 기반 서비스업의 경제적 중요성 대두, 4차 산업혁명의 대두로 인한 글로벌 밸류체인의 매력 약화 등이 종합적으로 작용했다. 그렇더라도, 신창타이 이후 중국의 노선 전환이 가장 큰 비중을 차지하며, 가장 결정적인 요인임은 분명하다.

신창타이 이후 한국경제의 변화
: 수출 감소, 제조업 위기, 불평등 축소

중국의 신창타이 이후 한국경제는 어떤 영향을 받게 됐을까? 이를 이해하기 위해서는 중국과 동아시아 국가들의 역내 무역 구조를 이해해야 한다. 중국은 개혁개방을 시작하면서 홍콩, 대만의 화교 경제권, 한국과 일본의 태평양 경제권을 염두에 뒀다. 이후 중국이 1992년 수출 중심 공업화 노선을 전면화하게 되자 중국, 홍콩, 대만, 한국, 일본의 동아시아 생산 네크워크가 급성장하게 된다. 1990~2010년의 기간 동안, 동아시아 지역 내 무역은 7배 증가한다. 특히 중간재 역내 무역이 매우 증가했다. 2010년 기준, 이 지역 역내 무역의 65%는 부품 및 중간재 무역이고 역내 무역에서 최종소비재 무역이 차지하는 비율은 10% 남짓에 불과하다.[31] 즉, 동아시아 역내 무역은 '중간재 무역'이 가장 큰 비중을 차지했다.

우리는 앞서 신창타이 이후 중국경제의 변화를 3가지로 정리했다. 산업구조 고도화, 중간재의 국산화, 무역의존도 축소다. 중국경제의 변화는 한국경제에 큰 영향을 미치게 된다. 한국경제의 변화는 3가지다. 첫째, 중국에 대한 한국의 수출 증가율이 하락한다. 둘째, 한국 제조업의 위기가 본격화된다. 셋째, 한국의 경제 불평등이 완화된다. 여기서 유의할 것은 한국경제에 발생한 3가지 사건은 '동일한 원인'에서 발생했다는 점이다. 같은 원인이란, 중국의 신창타이다. 하나씩 살펴보자.

첫째, 한국의 수출 증가율이 현저하게 둔화된다. [표 3-7]은 중국의 신창타이 전후 한국의 수출 증가율 변화다.[32] 수출 증가율은 세계경제 전체에 대해서도, 중국에 대해서도, 미국에 대해서도 둔화된다. 다만 중국에 대한 수출이 가장 가파르게 감소한다. 2002~2007년과 2012~2018년의 기간을 비교하고 있다. 2008~2011년은 글로벌 금융위기 기간이어서 제외했다.

먼저, 2002~2007년(A) 기간을 살펴보자. 중국의 WTO 가입 이후~신창타이 이전의 기간이다. 세계경제 전체에 대한 한국 수출은 연평균 17.6% 증가했다. 이 기간에 한국의 연평균 경제성장률이 5% 내외였다. 경제성장률의 약 3배 정도로 수출이 증가했다. 중국에 대한 한국 수출은 더욱 놀랍다. 연평균 29.2% 증가했다. 중국에 대한 수출은 한국 성장률의 약 5배였다. 반면에 한국 입장에서 두 번째로 수출을 많이 하는 미국 수출은 연평균 9.6% 증가했다. 미국 수출도 경제성장률의 약 2배 수준이었다. 하지만 중국에 대한 수출에 비하면 약 3분의 1 수준이다.

2012~2018년(B) 기간을 살펴보자. 세계경제 전체에 대한 한국 수출은 연평균 1.2% 증가에 불과했다. 당시 한국의 연평균 경제성장률은 3% 내외였다. 성장률과 비교하면, 수출은 성장률에 비해 3분의 1 수준으로 하락했다.

B 기간 대비 A 기간의 격차를 비교해보자. 수출은 16.4%p 감소했다. B 기간에 중국에 대한 한국 수출은 연평균 2.1% 증가했다. B 기간 대비 A 기간의 격차를 보면, 수출은 무려 27%p가 감소했다. 그야말로 극적인 감소폭이다. 같은 기간, 미국에 대한 한국 수출은 4.7% 증가했다. B 기간 대비 A 기간의 축소폭은 5%p 감소했다. 중국경제의 수출 둔화가 세계경제 전체와 미국경제와 비교해도 현저

표 3-7 중국의 신창타이 전후 한국의 수출 증가율 변화

구분	2002~2007년 수출 증가율 평균(A)	2012~2018년 수출 증가율 평균(B)	수출 증가율 변화 (B-A, %p)
세계경제 전체	17.6	1.2	-16.4
중국	29.2	2.1	-27.0
미국	9.6	4.7	-5.0

하게 컸음을 알 수 있다.

둘째, 한국 제조업의 위기가 발생한다. 2010년대 이후부터 한국 제조업은 위기에 직면한다. 1990년대 중반 이후의 제조업 위기는 '경공업 분야, 중소기업'에서 발생했다. 신발산업과 섬유산업이 대표적이다. 2010년대 이후 제조업 위기는 '중화학공업, 대기업'에서 발생했다. 1990년대 제조업 위기와 양상을 달리한다.

[표 3-8]은 한국의 13대 수출 품목 세계시장점유율 변화다.[33] 2017년 기준, 한국 제품의 세계시장점유율이 높은 것부터 살펴보면, 선박류 28.4%, TV를 비롯한 평판디스플레이 22.6%, 반도체 12.4%, 석유화학 10.4%, 철강제품 6.3%, 석유제품 6.1%, 자동차부품 4.7%, 자동차 4.5%, 무선통신기기 4.5%, 일반기계 3.7%, 가전 2.7%, 컴퓨터 2.3%, 섬유류 2.0%다. 13개 수출 품목 전체의 세계시장 평균 점유율은 6.1%다.

한국의 주력 수출 품목 13개 중에서 점유율이 늘어난 것은 무엇이고 줄어든 것은 무엇일까? 2010년과 2017년을 비교해보면, 세계

표 3-8 한국의 13대 수출 품목 세계시장점유율 변화

	2010	2017	증감
선박류	24.9	28.4	3.5
평판디스플레이	27.9	22.6	-5.3
반도체	7.8	12.4	4.6
석유화학	8.0	10.4	2.4
철강제품	5.1	6.3	1.1
석유제품	4.5	6.1	1.6
자동차부품	5.1	4.7	-0.4
자동차	5.0	4.5	-0.4
무선통신기기	8.6	4.5	-4.1
일반기계	3.1	3.7	0.6
가전	3.5	2.7	-0.8
컴퓨터	2.4	2.3	-0.1
섬유류	2.2	2.0	-0.2
10대 품목 (반도체, 석유 관련 품목 제외)	5.4	4.9	-0.5
13대 품목 전체	5.7	6.1	0.5

시장점유율이 늘어난 품목은 8개다. 줄어든 품목은 7개다. 국제적인 경쟁이 치열하게 전개되고 있음을 알 수 있다. 한 가지 유의할 것은, 13대 품목 전체로 보면 세계시장점유율이 0.5%p만큼 증가했지만, 한국이 매우 뛰어난 비교우위를 확보하고 있는 반도체, 석유화학, 석유제품의 3대 품목을 제외하고 10대 품목만 비교하면 점유율은 0.5%p만큼 축소됐다.

[표 3-9]는 한국의 13대 수출 품목 중에서 세계시장점유율이

표 3-9 한국의 점유율 하락 7개 품목과 중국의 점유율 상승(2010년 대비 2017년, 단위: %p)

하락 7대 품목	한국	중국	일본	미국
평판디스플레이	-5.3	4.6	-1.0	1.1
무선통신기기	-4.1	14.2	-1.5	0.4
가전	-0.8	11.7	-2.3	-0.2
자동차	-0.4	0.6	-3.3	-0.2
자동차부품	-0.4	2.8	-3.0	1.0
섬유류	-0.2	6.3	-0.2	0.2
컴퓨터	-0.1	1.1	-1.0	0.3

하락한 7개 품목만을 따로 다룬다.[34] 한국 제품의 세계시장점유율이 하락한 경우, 중국, 일본, 미국 중에서 어떤 나라의 점유율이 증가했는지를 보여준다.

한국의 입장에서 세계시장점유율 하락폭이 가장 큰 품목부터 살펴보자. 평판디스플레이 -5.3%p, 무선통신기기 -4.1%p, 가전 -0.8%p, 자동차 -0.4%p, 자동차부품 -0.4%p, 섬유류 -0.2%p, 컴퓨터 -0.1%p다. 한국 제품의 세계시장점유율이 줄어든 경우, 세계시장점유율이 증대된 나라는 어디일까?

7개 품목 모두 중국의 점유율 상승폭이 가장 크다. 중국의 점유율 상승을 살펴보면, 평판디스플레이 4.6%p, 무선통신기기 14.2%p, 가전 11.7%p, 자동차 0.6%p, 자동차부품 2.8%p, 섬유류 6.3%p, 컴퓨터 1.1%p다. 시장점유율은 가격과 품질 모두가 종합적으로 고려된다. 국제경쟁력 차원에서 중국 제품이 한국 제품을 맹렬하게 추격·추월하고 있다.

셋째, 한국의 경제 불평등이 완화된다. 임금 지니계수를 기준으로, 한국의 경제 불평등은 2015년을 정점으로 2019년까지 불평등이 축소되는 중이다. 지니계수는 0에 근접하면 평등하고, 1에 근접하면 불평등하다. 10인 이상 사업장 임금 지니계수를 살펴보면, 2015년에는 0.345였다. 2019년에는 0.322가 됐다. 0.023p만큼 불평등이 감소했다. 1인 이상 사업장 임금 지니계수를 살펴보면, 2015년에는 0.391이었다. 2019년에는 0.366이 됐다. 0.025p만큼 불평등이 감소했다. 2015년 이후 임금 불평등이 '지속적으로' 축소되고 있다.[35]

**수출이 작살나고 제조업이 위기에 빠지면
한국경제 불평등이 줄어든다**

이제 전반적인 상황을 중간 정리해보자. 1980~2019년의 기간이면 햇수로 40년이다. 40년의 기간 동안 한국경제 불평등에는 3대 변곡점이 있다. 1994년 변곡점, 2008년 변곡점, 2015년 변곡점이다. 우리는 이제 1994년 불평등 미스터리, 2008년 불평등 미스터리, 2015년 불평등 미스터리 모두를 이해하게 됐다.

한국경제에서 불평등이 증가한 1994~2008년의 기간은 마침 '민주화 운동가' 출신이 대통령을 하던 시점이다. 김영삼 대통령은

1993년 2월부터 1998년 2월까지, 김대중 대통령은 1998년 2월부터 2003년 2월까지, 노무현 대통령은 2003년 2월부터 2008년 2월까지였다. 한국의 진보세력들은 민주정부 10년과 보수정부 10년의 정책적 잘못 때문에 불평등이 증가했다고 비난했다. 하지만 그런 주장은 사실이 아니다. 1994년부터 한국경제 불평등이 증가한 이유는 1992년 중국의 개혁개방 2단계가 본격화되고, 1992년 8월 24일 한·중 수교가 체결됐기 때문이다. 중국의 저기술·노동집약적·수출·제조업이 가성비 차원에서 한국 제품의 경쟁력을 월등하게 제압했기 때문이다.

한국경제에서 불평등이 감소하는 시점은 마침 보수성향 대통령이 집권하던 시기다. 2008년 변곡점은 이명박 대통령의 집권 기간과 겹친다. 2008~2010년 기간 동안 한국경제 불평등이 감소하는 이유는 이명박 정부가 반(反)신자유주의적 진보 정책을 펼쳐서가 아니다. 2008~2009년 글로벌 금융위기가 발생했기 때문이다. 글로벌 금융위기가 '선진국발 경제위기'였기에 한국 수출량이 급감했기 때문이다. 한국 수출량이 급감해서 한국에서 수출·제조업·대기업에 다니는 소득상층 10% 노동자들의 연말 상여금이 급감했기 때문이다. 경제위기가 발생하면 항상 불평등이 커진다는 발상 역시 사실이 아니다. 불평등이 커지는 경제위기가 있고, 오히려 불평등이 줄어드는 경제위기가 있다. 2008~2009년 경제위기는 '불평등이 줄어드는' 경제위기였다.

한국경제 불평등의 세 번째 변곡점은 2015년 변곡점이다. 이때는 박근혜 대통령의 재임 기간과 겹친다. 2015년을 최정점으로 한국경제 불평등은 2019년까지 줄어들었다. 그 이유는 2014년 중국의 신창타이 때문이다. 더 정확하게 표현하면, 중국경제가 중간재를 국산화하고 무역의존도를 낮추었기 때문이다. 중국의 신창타이로 인해 한국경제는 3가지 변화를 동시에 겪게 된다. 수출 증가율의 급감, 제조업 위기, 불평등 축소다. 한국의 수출이 작살나거나 제조업이 위기에 빠지면 한국경제 불평등은 줄어들게 된다. 왜 이런 일이 벌어지는 것일까? 최소한 임금 불평등, 임금 지니계수에 한해서, 한국경제 불평등은 중국발 불평등이기 때문이다. 한국경제 불평등은 '수출 대박과 연동된' 불평등이기 때문이다.

문재인 대통령은 한국의 역대 대통령 중에 불평등 축소에 가장 강력한 의지를 가진 분이었다. 그 일환으로 채택한 정책이 '소득주도성장론'이었다. 하지만 2022년 대선에서 컷오프를 통과한 민주당 경선 후보 6명 중에 소득주도성장론을 계승하겠다는 사람은 단 한 명도 없었다. 심지어 소득주도성장론의 대표적인 개별 정책을 계승하거나 이슈화하는 사람도 없었다. 그것은 소득주도성장론이 민주당 내부에서부터 환영받지 못하고 있음을 의미한다. 왜 그렇게 됐을까?

한국에서 보수는 상대적으로 경제성장에 관심이 많고, 불평등에 관심이 많은 사람은 진보 쪽이다. 나 역시 지난 몇 년간 불평등 연구에 매진한 이유다. 그동안 한국경제 불평등을 연구했던 분들은 노동 쪽 연구자이거나 사회복지 쪽 연구자가 많았다. 그러다 보니 불평등에 대한 해법으로 최저임금의 급진적 인상, 비정규직의 정규직화, 반신자유주의 정책, 복지강화, 재벌 개혁 등의 정책을 제시했다. 이러한 정책은 그 자체로 일장일단이 있으니 향후 검토하면 된다. 다만, 한국경제 불평등의 원인과 메커니즘을 설명하지는 못한다. 한국경제 불평등에 대한 제대로 된 원인 분석을 하기 위해서는 1990년대 이후부터 최근까지, 한국경제 불평등과 한국경제의 관계, 한국경제 불평등과 세계경제의 관계, 한국경제 불평등과 중국경제의 관계를 입체적으로 알아야만 했다. 하지만 개별 연구자들의 부분적인 연구는 있었지만, 한국경제 불평등의 전체 구조를 보여주는 조감도 만들기, 혹은 한국경제 불평등에 대한 '거대 서사 만들기' 작업은 그동안 진행되지 못했다.

경제 불평등에 관한 정치적 실천이 성공하려면 2가지가 필요하다. 하나는, 실천에 대한 강력한 의지와 역량을 가진 대통령이다. 다른 하나는, 불평등에 대한 원인 분석과 정책 처방에 관한 올바른 이론이다. 전자는 실천에 관한 것이고 후자는 이론에 관한 것이다. 문재인 정부의 소득주도성장론은 실천의 실패 이전에 '이론의 실패'였다. 다음 장에서는 한국 정치사에서 불평등을 줄이려는 담대한 기획이었던 소득주도성장론의 개요는 무엇이고 왜 성공하지 못했는지 살펴볼 것이다.

4부

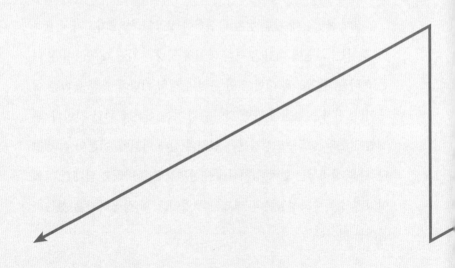

진보의
불평등 기획은
왜
실패했는가

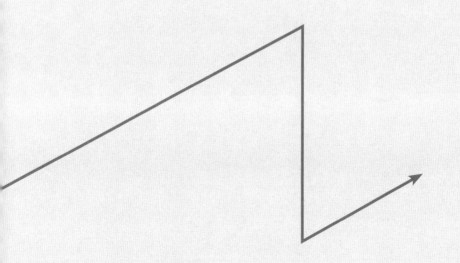

9장 / 2018년 소득주도성장론의 정책 실험
: 취지, 집행, 결과

다음의 글은 2016년 4월 8일에 페이스북 담벼락에 올렸던 글이다. 2016년 4월 15일 총선을 며칠 앞두고 민주당은 총선 공약을 발표했다. 민주당의 총선 공약에는 '2020년까지 최저임금 1만 원 달성'이 포함됐다. 약간 길지만 전문을 인용해보자.

'최저임금 1만 원' 공약이 유감인 이유[1]

2016년 현재 최저임금은 6,030원이다. 2015년에는 5,580원이었다. 더불어민주당 내부와 진보 쪽에는 작년에 2016년 최저임금은 1만 원이 되어야 한다고 주장하던 사람들이 있었다. 근데 이번 더민주 총선 공약은 다시 2020년까지 1만 원이란다. 그렇다면 2016년까지 1만 원이었던 입장이 2020년까지 1만 원으로 바뀌었으니 '공약 후퇴'로 볼 수 있는 것인가? 혹은 '우클릭'으로 봐야 하는 것인가?

최저임금 1만 원에 동의하면 바람직한 것이고 진보이고 양극화 해소이고 빈곤에 관심 있는 것이고, 1만 원에 동의하지 않으면 그 반대에 해당하는 것이면, 이왕이면 최저임금 2만 원, 3만 원, 4만 원 공약이 '더 진보' '더 양극화 해소' '더 빈곤 타파'에 해당하는 것일까?

그래서 모 진보정당이 주장하는 것처럼 '전 국민 월 300만 원'이 진보-노동 공약이 맞다면, 이왕이면 전국민 월 400만 원, 전 국민 월 500만 원이면 더 좋은 것일까?

한국은 자영업자 비율이 약 30%다. 미국이나 영국과 다르다. 그동안 모 진보언론이 부지런히 소개하는 미국의 뉴욕, 캘리포니아와 다르다. 미국과 영국은 자영업자 비율이 10% 미만의 나라다. 최저임금의 급격한 인상은 '한계상황'에 있는 소상공인들의 대량 몰락을 의미하게 된다. 이는 너무너무너무 명명백백한 문제다.

그래서 최저임금을 6,030원에서 1만 원으로 '단번에' 무려 65% 정도를 인상하는 정책은 우리가 집권해도 실현 불가능하며, 실제로 집행하게 된다면 소상공인들의 대량 몰락, 대량 실업을 초래하게 되어 몰락한 소상공인 및 종사하던 노동자 들의 '전민항쟁'에 직면하게 될 것이다.

게다가 최저임금 1만 원을 주장하고 있는 진보계열 시민단체 중에 적지 않은 단체들은 자신들도 1만 원은 감당하지 못하거나 심지어 현행 법정 최저임금 6,030원도 준수하지 못하는 곳이 적지 않다. 왜? 지불 능력이 없기 때문이다. 그런데 자신들도 지불하지 못하는 금액을 한계 소상공인들에게는 지불하라고 요구하는 격이다.

원래 '지금 있는' 법정 최저임금도 지켜지지 않는 노동자가 약 200만 명이 넘는다. 통합소득 기준, 최저임금 이하인 국민이 약 600만 명이다. 이들은 왜 법정 최저임금도 지켜지지 않는 것일까? 이들에 대한 대책은 왜 정책·공약으로 발표되지 않는 것일까?

게다가 최저임금액은 국회·정당이 결정하는 것이 아니라 노사·공 익으로 구성된 '최저임금위원회'에서 결정된다. 국회·정당은 요구 하는 것 말고 할 수 있는 것이 없다.

반면에 '일하는 빈곤층'에 관한 정책으로 국회·정당·입법부가 관여할 수 있는 것이 있다. 대표적인 제도가 근로장려세제(EITC)이다. 하지만 이 공약은 립 서비스 수준인지 어떤지 모르겠지만 새누리 당만 제출했다. 야당·진보 쪽에서 이에 대한 정책·공약을 제출한 것을 나는 아직 보지 못했다.

나는 우리가 집권했을 때 실제로 실현 가능한 정책만이 의미 있는 정책·공약이며, 책임 있는 정책·공약이라고 생각한다. 우리가 집권해도 할 수 없는 것은 주장하면 안 된다.

우리에게 지금 필요한 것은 '더 진보적인' 것처럼 보이는 구호성 정책·공약이 아니다. 나는 지금 우리에게 필요한 것은 '더 책임 있는' 정책·공약이라고 생각한다. 그래야만 '실제로' 세상을 바꿀 수 있고, 그래야만 '실제 세계'의 어려움과 대면하며 '책임 있는' 정책·공약을 만드는 버릇이 생기게 될 것이다.

그래야만, 언젠가는, 그때가 언제일지는 알 수 없지만, 말 그대로 언젠가는 '준비된' 정책·공약으로 무장한, 국민 다수에게 신뢰받는 '준비된' 수권(授權) 야당으로 거듭나게 될 것이다.

나는 2012년부터 2016년까지 19대 국회 기간 내내 민주당 국회의원실 보좌관으로 활동했다. 민주당 국회보좌관으로 활동하면서 '최저임금 1만 원 정책'을 처음 접한 것은 2015년이었다. 민주당의 진보성향 국회의원이 많이 모여 있는 의원모임에서 최저임금 1만 원 실현을 주장하기 시작했다. 참고로, 2015년 최저임금은 시급으로 5,580원이었다. 이때부터 민주당에서 최저임금 1만 원에 대한 찬성 여부는 마치 '진보의 상징'처럼 됐다.

당시 나는 틈나는 대로 민주당이 진보계열 사회운동 단체들과 노동조합이 주장하는 최저임금 1만 원 정책을 흉내 내면 안 된다고 주장했다. 민주당이 최저임금 1만 원 정책을 무리하게 주장하고 실제 정책으로 채택할 경우, 2004년 국가보안법 폐지 투쟁과 유사한 부작용이 발생할 것이라고 경고했다. 노동조합과 시민단체는 '정책 캠페인'의 일환으로 조금 센 이야기를 할 수 있다. 하지만 정당은 그러면 안 된다. 특히 수권을 목표로 하는 정당은 그러면 안 된다. 하지만 나의 소박한 문제 제기는 간단히 무시됐다.

최저임금 1만 원 정책을 복기하는 것은 매우 중요하다. 소득주도성장론을 포함해서, 문재인 정부의 최저임금 1만 원 정책은 한국 정치사에서 흔치 않은 과감한 '정책 실험'이었기 때문이다. 최저임금 1만 원 정책은 문재인 대통령 개인의 정책이 아니다. 문재인 대통령과 가까운 친문(親文)계파의 생각이거나, 민주당만의 생가도 아니다. 한국에서 진보계열 조직들 대부분의 합의사항이었다. 정의당을 비롯한 진보정당, 진보적 시민단체의 상징인 참여연대와 민변, 민주노총과 한국노총,《한겨레》와《경향신문》을 막론하고, 진보성향의 지식인들이 적극적으로 주장하던 정책이었다. 2020년 최저임금 1만 원 실현은 '한국 진보의 합의사항'이었다.

노무현 정부는 집권 기간(2003년 2월~2008년 2월) 내내 민주노동당과 민주노총을 비롯한 '진보세력'과 사이가 좋지 않았다. 진보세력이 요구하는 정책을 채택하지 않았기 때문이다. 오히려 한국 진보세력이 강력하게 반대하는 한미 FTA를 추진했다. '정책 노선'에 국한해서 보면, 문재인 정부는 완전히 반대되는 선택을 했다. 한국 진보세력의 주장을 매우 적극적으로 수용했다. 대표적인 정책이 최저임금 1만 원 정책이다. 소득주도성장론이라는 새로운 성장 담론 자체가 한국 진보세력이 요구하던 정책들을 패키지로 수용한 것이었다. 특히 '진보적 노동정책'을 적극적으로 수용했다. 최저임금의 대폭 인상을 포함해서, 비정규직의 정규직화, 노동시간 단축이 대표적이다.

그렇기에, 최저임금 1만 원 정책에 대한 평가는 문재인 정부에 대한 평가에 그치지 않는다. '한국 진보세력' 전체에 대한 재평가를 포함하게 된다. 진보정당, 진보성향 노동조합, 진보성향 시민단체, 진보성향 언론, 진보성향 지식인들에 대한 평가를 포함하게 된다.

소득주도성장론을 옹호하던 많은 분의 주장처럼 최저임금 1만 원이 소득주도성장 정책의 전부는 아니다. 소득주도성장론은 이외에도 진보적 노동정책과 진보적 복지정책을 포함한다. 실제로 좋은 정책도 많다. 기초연금을 20만 원에서 30만 원으로 올리거나, 어르신 공공 일자리를 늘린 것들이 그렇다. 다만 이런 정책들은 기존 정부들에서도 하던 것들이다. 금액을 올리거나 예산액을 늘린 경우가 많다. 최저임금 1만 원은 달랐다. 인상 폭에 있어서, 매우 급진적인 인상률이었다. 최저임금 1만 원 이슈는 진영과 진영이 확 갈라진, 진보와 보수를 구분짓는 전선(戰線)이었다.

최저임금 1만 원 정책에 관해 4가지를 살펴보려 한다. 첫째, 최

172

저임금 1만 원 정책의 취지와 의도를 살펴본다. 둘째, 최저임금 1만 원을 위해 실제로 추진했던 정책 내용을 점검한다. 셋째, 최저임금 의 급격한 인상 이후 고용과 불평등에서 어떤 일들이 벌어졌는지 살 펴본다. 넷째, 2018~2019년 최저임금 논란을 둘러싼 몇 가지 이슈 를 검토한다.

높은 저임금노동자 비율

최저임금 제도의 취지 자체를 부정하는 사람은 거의 없다. 최저임금 제도를 폐지해야 한다고 생각하거나, 최저임금 인상 자체를 반대하 는 사람도 거의 없다. 그런 극단적인 생각과 주장은 보수 쪽에서도 거의 없다. 최저임금 1만 원을 둘러싼 쟁점의 핵심은 '급진적' 인상을 어떻게 볼 것인지다. 즉, 적정 인상률을 둘러싼 논란이며, 우리 사회 가 감당 가능한 수준의 인상인지를 둘러싼 논란이다.

문재인 대통령의 공약은 2020년까지 최저임금 1만 원을 달성하 는 것이다. 2020년 최저임금 1만 원을 옹호했던 분들이 내세웠던 명 분은 한국의 저임금노동자 비율이 특히 높다는 것이었다.

[그림 4-1]은 2017년 기준, OECD 주요국의 저임금노동자 비 율이다.[2] 먼저 저임금노동자의 개념을 짚고 넘어가자. 저임금노동자 는 상대적 개념이다. 저임금노동자는 '중간(중위, 中位)임금의 3분의 2

그림 4-1 OECD 주요국의 저임금노동자 비율

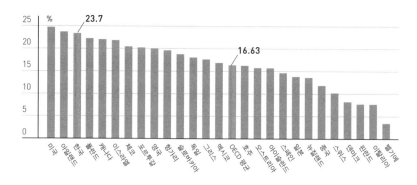

미만'을 받는 노동자로 정의된다. 만일 A 사회의 중간임금이 210만 원이라고 가정해보자. 이 경우, 중간임금의 3분의 2에 해당하는 140만 원 미만을 받는 노동자가 저임금노동자가 된다. 전체 임금노동자 중에서 저임금노동자의 비중이 저임금노동자 비율이 된다. 2017년 기준으로 OECD 국가들의 저임금노동자 평균 비율은 16.6%다. 반면에 한국의 저임금노동자 비율은 23.7%다. 한국은 OECD 국가 중에서도 미국, 아일랜드에 이어 세 번째로 저임금노동자 비율이 많은 나라다. 주요국의 저임금노동자 비율을 살펴보면, 미국(25%), 아일랜드(24%), 덴마크(8.2%), 핀란드(7.8%), 이탈리아(7.6%), 벨기에(3.4%) 순서다. 이처럼 한국은 저임금노동자가 많은 나라다. 한국의 진보세력이 2020년 최저임금 1만 원 공약을 주장했던 이유다.

최저임금 1만 원 정책은 또 다른 등장 배경을 가지고 있다. 노동운동 입장에서는 '정책의 가시성'이 뛰어난 주장이었다. 한국에서 최저임금 1만 원 정책을 처음 주장한 사람은 알바연대(현재 알바노조) 대변인을 했던 권문석 활동가였다. 2013년 알바연대를 만들면서 최저임금 1만 원을 처음 주장하기 시작했다.[3] 2013년 한국의 시간당 최저임금은 4,860원이었다. 다음 연도인 2014년에 시간당 최저임금 1만 원이 되려면 최저임금을 무려 205.7%를 인상해야 한다. 최저임금 1만 원 요구는 애초부터 '수용 불가능한' 것을 주장한 것이다. 즉, 최저임금 1만 원은 정책적 정합성과 실현 가능성을 중시한 주장이 아니다. '단돈 1만 원'이라는 대중적 호소력이 가장 중요했다.

권문석 알바연대 대변인은 2013년 6월 돌연 심장마비로 사망했다. 《경향신문》은 4주기가 되는 2017년에 권문석 대변인의 활동을 추도하는 기사를 썼다. 기사의 일부 내용은 다음과 같다.

> 2013년 권문석 씨를 비롯해 사회운동가, 알바 노동자 등 10여 명 남짓이 모여 알바연대를 만들면서 권문석 씨는 본격적으로 '최저임금 1만 원'을 주장했다. 하지만 알바연대의 창립 기자회견에서 '최저임금 1만 원'이라는 권 씨의 주장에 대해 당시 여론은 물론 노동계에서도 현실에 맞지 않다며 무관심했다.

우리는 이 기사를 통해 2가지를 알게 된다. 첫째, 최저임금 1만 원 정책은 2013년에 처음 등장했다. 둘째, 민주노총 등 노동계는 처음에 최저임금 1만 원 정책을 반대했다. 왜? "현실에 맞지 않다"라며 반대했다. 당시 민주노총 반응은 지극히 정상적이다. 왜냐하면 2013년 시간당 최저임금은 4,860원이었기 때문이다. 알바연대 주장이 실현된다면 최저임금을 1년 만에 205.7%를 인상해야 한다. 애초 민주노총이 현실에 맞지 않다며 반대한 이유다. 하지만 이후 민주노총, 정의당, 참여연대, 민주당의 진보성향 국회의원들, 그리고 최종적으로 문재인 대선후보까지 결국 최저임금 1만 원을 수용하게 된다. 물론 실현 시기는 2020년으로 조정된다. 결과적으로, 캠페인 효과를 강조한 2013년 알바연대 전략이 성공한 것이다.

그렇다면 알바연대는 왜 최저임금 1만 원을 주장했을까? 우리가 알바연대 활동가들의 속마음을 알 수는 없다. 최저임금 1만 원 주장 이전에 노동계의 전통적 주장은 '중위임금 50% 법제화'였다. 하지만 중위임금 50% 법제화 주장은 캠페인 전략의 관점에서 2가지 문제가 있다. 첫째, 일반인들에게 중위임금은 너무 낯선 용어다. 그래서 너무 어렵다. 둘째, 중위임금은 해마다 바뀐다. 그해 중위임금이 얼마인지 아는 사람은 없다. 중위임금 50% 법제화 주장은 캠페인 관점에서 효과적인 커뮤니케이션 전술이 아니다. 반면에 최저임금 1만 원 구호는 매우 직관적이다. 단돈 1만 원을 연상시키며 사람들에게 호소력을 발휘한다. 결국 최저임금 1만 원 정책의 최대 장점은 외우기 쉽다는 것이다. 물론 실제로 정책으로 채택되는 과정은 2020년까지로 시기 조정이 됐다. 문제는 2020년 최저임금 1만 원을 달성하려면 3년 합계 54%를 인상하고 연평균 15.7%를 인상해야 한다는 점이다.

경제성장률＋물가상승률 합계의
4.5배를 인상하다

2017년 시간당 최저임금은 6,470원이었다. 2018년 최저임금은
16.4% 인상됐다. 금액은 시간당 7,530원이 됐다. 2019년 최저임금
은 10.9% 인상됐다. 금액은 시간당 8,350원이 됐다. 2년치 인상 합
계는 29.1%다. 2018년 한국의 실질 경제성장률은 2.7%, 소비자물
가상승률은 1.5%였다. 2019년 실질 경제성장률은 2.0%, 소비자물
가상승률은 0.4%였다.

[표 4-1]은 2018~2019년 기간 동안의 최저임금 인상률과 경
제성장률(+소비자물가상승률) 합계를 비교했다. 2018년 최저임금 인상률
은 경제성장률+물가상승률 합계의 3.90배를 인상했다. 2019년 최

표 4-1 2018~2019년 기간 동안의 최저임금 인상률과 경제성장률(+CPI)의 관계

구분	최저임금 인상률 (A)	성장률+물가 (B)	격차 (A-B)	경제성장률 대비 최저임금 인상률(배율)
2018년 인상	16.4%	4.2%	12.2%p	3.9배
2019년 인상	10.9%	2.4%	8.5%p	4.54배
2년 합계	29.1%	6.6%	22.5%p	4.41배

저임금 인상률은 경제성장률+물가상승률 합계의 4.54배를 인상했다. 2018~2019년 2년치 합계를 기준으로 보면, 최저임금 인상률은 29.1%다. 성장률+물가상승률 합계는 6.6%다. 배율은 4.41배다.

2018년 최저임금을 대폭 인상한 첫해 고용지표와 분배(불평등)지표가 모두 나빠진다. 이후, 2020년부터는 최저임금 인상률을 확 낮춘다. 2020년 최저임금 인상률은 2.9%였다. 금액은 시간당 8,590원이 됐다. 2021년 최저임금 인상률은 1.5%였다. 금액으로는 시간당 8,720원이 됐다.

이 중에서 특히 논란이 된 시점은 2018년이다. 2018년을 중심으로 고용지표의 변화와 분배지표의 변화를 살펴보기로 하자.

연평균 취업자 증가 규모가
4분의 1 수준으로 줄어들다

경제가 성장하면 일자리는 늘어난다. 경제위기가 발생하면 일자리가 줄어들거나, 일자리 증가폭이 줄어든다. 여기서 '일자리 증가폭이 줄어든다'는 개념을 짚고 넘어가자. 만일 연평균 취업자가 40만 명씩 늘어났다고 하자. 그런데 만일 10만 명만 늘어나는 상황이 발생했다. 이 경우는 일자리 자체는 +10만 명이지만, 평소 40만 명에 비하면 4분의 1 수준으로 줄어든 경우다. 일자리는 늘어났지만, 일자리 증가폭이 대폭 줄어든 경우다. 이처럼 일자리 증가폭이 4분의 1 수준으로 대폭 줄어드는 경우는 '경제위기'가 아니면 좀처럼 발생하지 않는 일이다.

최저임금을 16.4%로 올렸던 2018년에 고용시장에서 발생한 일이 바로 '일자리 증가폭이 대폭 줄어든' 경우다. 2018년에 취업자는 전년 대비 9.7만 명이 증가했다. 취업자가 9.7만 명이 증가한 것은 과거와 비교할 때 많이 늘어난 것일까? 아니면 왕창 줄어든 것일까? 결론부터 말해, 2018년 취업자 증가 규모는 '고용 쇼크' 수준이었다.

[표 4-2]는 1991~2020년 기간 동안의 전년 대비 취업자 증감을 실수치로 표기한 그래프다.[4] 다시 말해 30년간 취업자 증감 수치를 모두 담았다. [표 4-3]은 1991~2020년 기간 동안 취업자 증감 수치를 역대 정부별로 재구성한 수치다. 같은 수치를 이해의 편의를 위해 역대 정부별로 재구성한 것이다.

먼저 [표 4-2]를 살펴보자. 1991~2020년의 기간은 햇수로 30년이다. 30년의 기간 동안 일자리가 감소하는 4번의 경제위기가 있었다. 1998년 127.6만 명의 일자리가 감소했다. 1997년 IMF에 구제금융을 신청한 시점이 11월 말이다. 일자리 충격은 1998년에 본격화됐다. 2003년 1만 명의 일자리가 감소됐다. 2002년 연말에 터진 카드 사태 때문이었다. 2009년 8.7만 명의 일자리가 감소했다. 2008년 9월 미국발 글로벌 금융위기가 발생한다. 그 여파로 2009년

표 4-2 1991~2020년 전년 대비 취업자 증감(단위: 만 명)

연도	1991년	1992년	1993년	1994년	1995년
취업자 증감	56.4	36.0	22.5	61.4	56.6
연도	1996년	1997년	1998년	1999년	2000년
취업자 증감	43.9	36.1	-127.6	35.3	88.2
연도	2001년	2002년	2003년	2004년	2005년
취업자 증감	44.1	61.8	-1.0	46.0	14.9
연도	2006년	2007년	2008년	2009년	2010년
취업자 증감	35.7	37.3	21.4	-8.7	34.5
연도	2011년	2012년	2013년	2014년	2015년
취업자 증감	49.4	42.8	34.5	59.8	28.1
연도	2016년	2017년	2018년	2019년	2020년
취업자 증감	23.1	31.6	9.7	30.1	- 21.8

표 4-3 역대 정부 취업자 증감(경제위기 제외, 경제위기 포함)

구분	경제위기 제외(연평균) (A)	경제위기 포함(연평균) (B)
김영삼 정부 (1993~1997)	44.1만 명	-
김대중 정부 (1998~2002)	57.3만 명	20.3만 명
노무현 정부 (2003~2007)	33.5만 명	26.6만 명
이명박 정부 (2008~2012)	37만 명	27.9만 명
박근혜 징부 (2013~2017)	35.4만 명	-
문재인 정부 (2018~2020)	19.9만 명	6만 명
1991~2020년 (30년 기간)	40만 명 (26년 평균)	29.4만 명 (30년 평균)

에 8.7만 명의 일자리가 사라진다. 2020년 2월 코로나 경제위기가 발생했다. 2020년 2월에 발생했고, 세계보건기구(WHO)가 3월에 팬데믹을 선언했다. 21.8만 명의 일자리가 사라졌다. 이제 [표 4-3]을 살펴보자. 1991~2020년 기간 동안의 취업자 증감 현황이다. 이해의 편의를 위해 역대 정부별로 취업자 증감 현황을 재구성했다. 또한 경제위기를 제외한 연평균 취업자 증가(A)와 경제위기를 포함한 연평균 취업자 증가(B)로 구분했다.

하나씩 살펴보자. 김영삼 정부는 1993년부터 1997년까지다. 연평균 취업자 증가는 44.1만 명이다. 김영삼 대통령이 재임하던 1997년 11월에 외환위기가 발생했지만, 일자리 충격은 1998년에 발생했다. 김대중 정부 기간 동안의 '경제위기를 제외한' 연평균 일자리 증가는 57.3만 명이다. 즉, 1998년의 취업자 축소를 제외한 연평균 수치다. '경제위기를 포함하는' 1998년 127.6만 명의 일자리 축소까지 고려하면, 김대중 정부 5년간 일자리 증가는 20.3만 명이다.

1998년 외환위기로 인한 일자리 축소는 김대중 정부의 잘못이 아니다. 2003년 카드 대란으로 인한 일자리 축소도 노무현 정부의 잘못이 아니다. 2009년 글로벌 금융위기로 인한 일자리 축소도 이명박 정부의 잘못이 아니다. 2020년 코로나 경제위기로 인한 일자리 축소도 문재인 정부의 잘못이 아니다.

역대 정부의 일자리 증가 현황을 공정하게 비교하려면 경제위기로 인해 일자리 축소가 있던 해는 제외하고 연평균 취업자 증가를 비교하면 된다. 경제위기로 인해 일자리 축소가 있던 해를 제외하면 1991~2020년의 기간 중 연평균 일자리 증가는 40만 명(26년 평균)이었다. 경제위기 제외를 기준으로, 김영삼 정부는 44.1만 명의 일자리가 증가했다. 김대중 정부는 57.3만 명의 일자리가 증가했다. 노무현 정부는 33.5만 명이 증가했다. 이명박 정부는 37만 명이 증가했다. 박근혜 정부는 35.4만 명이 증가했다.

그런데 문재인 정부는 19.9만 명이 증가했다. 문재인 정부의 일자리 증가 19.9만 명은 2018~2019년의 2년치 합계다. 19.9만 명은 (경제위기를 제외한) 26년 연평균 일자리 증가 규모인 40만 명과 비교하면 49.5% 수준이다. 코로나 경제위기가 있던 2020~2021년은 모두 제외한 수치다.

더 놀라운 수치는 2018년 일자리 증가 규모다. 최저임금 16.4%를 인상했던 2018년 취업자 증가는 9.7만 명이었다. 1991~2020년 기간 동안 경제위기를 제외한 26년간 연평균 일자리 증가는 40만 명이었다. 26년간 평균 일자리 증가 규모인 40만 명과 비교하면 9.7만 명은 24.2% 수준이다. 일자리 증가 규모가 4분의 1 수준으로 쪼그라들었다. 최저임금 16.4%를 인상했던 2018년의 고용 상황을 '고용 쇼크'라고 표현하는 이유다.

다시 [표 4-2]를 살펴보자. 1991년부터 2020년까지 30년간의 일자리 수치 전체를 한번 훑어보기를 바란다. 경제위기가 발생하지 않았는데 일자리가 '10만 명 미만'으로 늘어난 해는 2018년이 유일하다. 다시 말해, 2018년 9.7만 명의 취업자 증가는 '경제위기 수준'이라고 표현할 수 있다.

다시 [표 4-3]을 살펴보자. 1991~2020년의 30년 기간 동안 '경제위기를 포함한' 일자리 증가 규모는 29.4만 명이다. 최저임금을 16.4% 인상한 2018년에는 9.7만 명의 일자리가 늘었다. '경제위기를 포함한' 일자리 증가 규모에 비교해도 33% 수준에 불과하다. 2018~2019년 2년치 합계의 연평균 일자리 증가 수치는 19.9만 명이다. 이 수치는 '경제위기를 제외한' 연평균 취업자 증가임에도 불구하고, 1991~2020년 30년간 '경제위기를 포함한' 취업자 증가인 29.4만 명보다 적다. 67.6% 수준에 불과하다.

논의를 정리해보자. 경제위기가 없다고 가정할 경우 연간 일자리는 약 40만 개씩 늘어나는 것이 정상이다. 경기변동의 부침을 받더라도 30~40만 명의 일자리가 늘어나는 것이 정상이다. 그런데 2018년에 9.7만 명이 늘어났다. 4분의 1 수준으로 확 줄어든 것이다. 2018~2019년 2년치 합계의 연평균과 비교해도 마찬가지다. 30년간 40만 명씩 늘어나던 일자리는 2018~2019년에 19.9만 명 늘어났다. 절반 수준으로 확 줄어든 것이다.

만일 최저임금 1만 원 정책을 옹호하기 위해, 2018~2019년 고용 상황을 옹호하기 위해 "2018년에도 취업자는 증가했다. 2018년에는 취업자가 9.7만 명 증가했고, 2019년에는 취업자가 30.1만 명이 증가했다. 취업자가 줄어들었다는 주장은 사실이 아니다. 고용은 오히려 증가했다. 고용률은 오히려 증가했다"라고 말한다면, 그런 주장은 타당한 것일까? 최저임금 1만 원을 적극적으로 주장하고, 소득주도성장론을 적극적으로 주장·옹호하던 분 중에는 이와 같은 논리를 구사하는 사람이 많다. 아주 최근에도 같은 주장을 하고 있다. 이런 주장은 '사실에 기반한 거짓말'이라고 표현할 수 있다.

일반인들은 한국의 고용시장이 1991부터 2020년까지 30년 동안, 경제위기가 없을 때는 연평균 40만 명씩 증가했고 경제위기가 있었을 때는 연평균 29.4만 명씩 증가했다는 것을 잘 모른다. 국회의원들도 잘 모르고 대통령도 잘 모른다. 2018년 취업자 증가는 9.7만 명이다. 이는 '경제위기 수준의' 일자리 증가다. 2018년 일자리 상황은 '고용 쇼크'가 맞다.

최저임금 16.4%를 올리자
불평등이 증가했다

고용지표는 한 달에 한 번씩 발표된다. 고용지표는 통계청이 매월 발표하는 〈고용동향〉에 담겨 있다. 〈고용동향〉은 익월 하순에 발표한다.

대표적인 불평등(분배)지표인 〈가계동향조사〉는 분기별로 발표한다. 3개월에 한 번씩 발표한다. 해당 분기가 지나고 두 달 후에 발

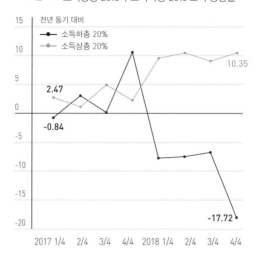

그림 4-2 소득상층 20%와 소득하층 20% 소득 증감률

표한다. 즉, 1분기 불평등 지표는 5월, 2분기 지표는 8월, 3분기 지표
는 11월, 4분기 지표는 다음 해 2월에 발표한다.

　　2018년 1월부터 최저임금을 16.4%로 올린 이후, 1분기 불평등
지표가 2018년 5월에 발표됐다. 불평등(분배)지표는 가구 단위로 보
여준다. 한국에 존재하는 가구를 5등급으로 나눈다. 하층 20%는
1분위 가구다. 상층 20%는 5분위 가구다. 최저임금의 대폭 인상 이
후, 불평등(분배)지표를 담고 있는 〈가계동향조사〉는 가난한 가구(1분
위, 2분위)일수록 소득이 더 감소하고, 부유한 가구(5분위, 4분위)일수록 소
득이 상승하는 것으로 나왔다. 정확하게 부익부 빈익빈 형태로 결과
가 나왔다.

　　[그림 4-2]는 2018년 1~4분기에 걸쳐 소득하층 20%(1분위)와

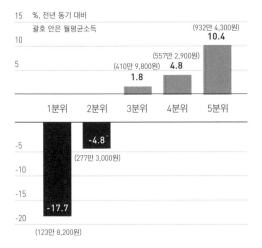

그림 4-3 소득 분위별 소득 증감률

소득상층 20%(5분위)의 소득 증감률이다.[5] 전년도와 같은 기간을 비교한 것이다. [그림 4-3]은 2018년 4분기 소득 분위별로 소득 증감률 현황을 보여준다.[6] 2개의 그래프는 '불평등이 증가하는' 현황을 한눈에 보여준다.

[그림 4-2]에서 상단 그래프는 소득상층 20%다. 소득상층 20%의 소득은 더 올랐다. 하단 그래프는 소득하층 20%다. 소득하층 20%는 소득이 더 떨어졌다. [그림 4-3]에서 맨 왼쪽부터 1분위 가구다. 1분위 가구는 소득이 17.7% 감소했다. 월평균소득은 123만 8,200원이다. 2분위 가구는 4.8% 감소했다. 월평균소득은 277만 3,000원이다. 3분위 가구는 1.8% 증가했다. 월평균소득은 410만 9,800원이다. 4분위 가구는 4.8% 증가했다. 월평균소득은 557만

표 4-4 〈2018년 가계동향〉: 소득하층 20%, 소득상층 20% 소득 증감률(단위: %)

구분	1분기	2분기	3분기	4분기
하층 20%	-8.0	-7.6	-7.0	-17.7
상층 20%	9.3	10.3	8.8	10.4

2,900원이다. 5분위 가구는 10.4% 증가했다. 월평균소득은 932만 4,300원이다.

문재인 대통령은 불평등을 축소하기 위해 소득주도성장론을 채택했다. 불평등을 축소하기 위해 최저임금의 대폭 인상도 실시했다. 그런데 한국 통계청에서 발표하는 불평등 지표에 의하면, 불평등은 오히려 증가했다.

[표 4-4]는 〈2018년 가계동향조사〉에 발표된 하층 20%와 상층 20% 소득 증감률을 분기별로 보여준다. 1~4분기 전체를 보여준다. 모든 분기에 걸쳐 하층 20% 가구소득은 일관되게 하락했다. 상층 20% 가구소득은 일관되게 상승했다. 하층 20%인 1분기 가구는 1분기(-8.0%), 2분기(-7.6%), 3분기(-7.0%), 4분기(-17.7%) 모두 소득이 감소했다. 상층 20%인 5분위 가구는 1분기(9.3%), 2분기(10.3%), 3분기(8.8%), 4분기(10.4%) 모두 소득이 상승했다.

문재인 정부는 '일자리 정부'를 표방했다. 대통령에 당선된 이후 최초의 정책 행보는 '일자리 현황판'을 만든 것이다. 문재인 정부는 불평등 축소에 강한 애착을 보였다. 하지만 2018년의 고용지표와 불평등(분배)지표는 모두 최악이었다. 일자리 증가 수준은 지난 30년 간과 비교할 때, 4분의 1 수준으로 쪼그라들었다. 불평등은 부익부 빈익빈이 강화됐다. 일자리를 늘리기는커녕 왕창 줄였다. 불평등을 줄이기는커녕 왕창 늘렸다.

2018년 일자리 쇼크의 또 다른 이유
: SOC 예산의 대규모 삭감

2018년 일자리 쇼크가 발생한 것에는 최저임금의 대폭 인상 이외에도 다른 이유가 있었다. 2018년에 실시된 또 다른 제도가 있었다. 바로 SOC 예산의 대규모 축소다.

[그림 4-4]는 2010~2020년 기간 중 SOC 예산규모 추이다.[7] 문재인 정부는 2017년 5월에 출범했다. 2017년 SOC 예산은 22.1조 원이었다. 문재인 정부가 작성한 첫 예산은 2018년 예산이다. 2018년 SOC 예산은 19조 원이 됐다. 3.1조 원이 줄어들었다. 당초 기획재정부는 2018년 SOC 예산안을 15조 5,000억 원으로 줄일 예 정이었다. 기획재정부의 원안대로였다면 SOC 예산은 1년 만에 약 6조 6,000억 원(약 29.9%)이 줄어들었을 것이다.[8] SOC 예산 대폭 감축 은 문재인 정부가 출범한 이후 SOC를 '토건'으로 보며, 토건이 아닌 '사람'에 투자한다는 주장을 앞세웠기 때문이다. 불행 중 다행으로

2018년 예산안은 국회 논의 과정에서 당초 원안보다 늘어난 19조 원으로 확정됐다.

SOC 예산의 대폭 삭감은 2018년 일자리 쇼크에 크게 기여하게 된다. SOC 예산은 일자리 증감과 상관관계가 매우 높다. 통계개발원의 김혜련 연구원은 〈사회간접자본(SOC) 투자의 경제적 효과

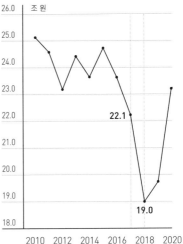

그림 4-4 SOC 예산규모 추이

분석〉 보고서에서 산업연관표를 활용해, 정부의 SOC 예산에 따른 취업 유발효과를 추계했다. 보고서에 의하면, 정부의 SOC 예산이 24.7조 원 투입될 경우 취업 유발효과는 37만 1,991명이다.[9]

[표 4-5]는 김혜련 연구원의 일자리 감소 추계를 2018년 SOC 예산에 적용한 것이다. SOC 예산 3.1조 원으로 감소하는 취업자는 4만 6,498명이다. 2018년 기획재정부의 원안이었다면 취업자 감소 규모는 9만 9,398명이 됐다.

〈2018년 7월 고용동향〉에 근거해서, 1인 자영업자 중 일자리가 가장 많이 사라진 업종을 순서대로 살펴보면, 도소매업(-5만 4,300명), 건설업(-2만 6,500명), 음식·숙박업(-1만 3,900명), 제조업(-1만 2,400명)이었다.[10] 도소매업과 음식·숙박업의 취업자 급감은 최저임금의 대폭 인

표 4-5 2018년 SOC 예산과 취업자 감소 추계

	2018년 예산 확정	2018년 기재부 원안
SOC 예산액	19조 원	15.5조 원
SOC 감소 규모	3.1조 원	6.6조 원
취업자 감소 추계	4만 6,498명	9만 9,398명

상 영향을 받았다. 건설업의 취업자 급감은 SOC 예산의 급진적 삭감의 영향을 받았다.

정리하면, 2018년 고용 쇼크는 2가지 원인이 결합해 발생했다. 하나는 최저임금의 과도한 인상이다. 경제성장률+소비자물가상승률을 지나치게 상회하는 최저임금 인상은 고용에 쇼크를 주게 된다. 다른 하나는 SOC 예산의 과도한 감축이다. SOC 예산의 과도한 감축 역시 이념적 요인이 작용했다. SOC 자체를 '적폐'로 보는 생각이 작동했다. 문재인 정부는 2019년도 예산안에서도 SOC 예산을 추가로 대폭 삭감하려 했다. 그 뉴스를 접하고, 나는 문재인 정부에 참여하는 지인들을 통해 SOC 예산 감축의 위험성을 전달했다. 다행히 문재인 대통령이 수용했다. 2018년 고용 쇼크가 발생한 상태였기 때문에, 이후 문재인 대통령 역시 '생활 SOC'라는 개념을 제기한다. 2019년부터는 다시 SOC 예산이 늘어나게 됐다. [그림 4-4]에서 보는 바와 같다.

2019년에 일자리 감소폭이 줄어든
3가지 이유

소득주도성장론을 적극적으로 옹호하고 최저임금 대폭 인상의 부작용이 과장됐다고 주장하는 분들은 2019년 일자리 증가를 논거로 제시한다. 최저임금 대폭 인상 때문에 2018년 고용 쇼크가 발생한 것이 맞다면, 2019년에도 고용 쇼크가 발생했어야 하는데 그렇지 않았다는 것이다.

2018년 최저임금은 16.4%, 2019년 최저임금은 10.9% 올랐다. 2018년에는 취업자가 9.7만 명 증가했는데, 2019년에는 취업자가 30.1만 명 증가했다. 2019년에는 왜 일자리 감소폭이 대폭 줄었을까? 그 이유는 최저임금 대폭 인상의 부작용이 없어서가 아니다. 문재인 정부 역시 최저임금의 부작용을 충분히 인지하고, 이를 방어하기 위한 정책을 적극적으로 집행했기 때문이다.

문재인 정부는 2018년 고용 쇼크를 겪은 이후, 2019년부터 '예산을 통해' 일자리를 만드는 정책을 적극적으로 추진한다. '예산을 통해' 일자리를 만드는 정책으로는 무엇이 있을까? 크게 3가지가 있다. 첫째, 공공예산을 활용한 노인 일자리 사업이다. 둘째, 자영업 및 소상공인의 임금 인상 부담을 덜어주기 위해 일자리 안정자금을 예산으로 집행한다. 셋째, 고용을 장려하기 위해 고용장려금(EITC) 예산을 대폭 늘렸다. 이에 대해 하나씩 살펴보자.

표 4-6 노인 일자리 사업 창출 실적 및 증가 규모(단위: 개)

연도	2013	2014	2015	2016	2017	2018	2019(B)	2013~2018 평균(A)	B-A
창출 실적	26만 1,598	33만 6,431	38만 5,963	42만 9,726	49만 6,200	54만 3,926	68만 4,177	40만 8,974	27만 5,203

표 4-7 노인 일자리 및 사회활동 지원사업 예산 추이(단위: 억 원)

연도	2013	2014	2015	2016	2017	2018	2019(B)	2013~2018 평균(A)	B-A
지원 예산	2,477	3,052	3,581	4,035	5,232	6,367	9,228	4,124	5,103

첫째, 공공예산을 활용한 노인 일자리 사업의 적극적 전개다. [표 4-6]은 2013~2019년 기간, 노인 일자리 사업 창출 실적 및 증가 규모를 나타낸 것이다.[11] 2013~2018년 기간 동안 연평균 노인 일자리 창출은 40만 8,974명(A)이었다. 2019년에는 68만 4,177명(B)으로 대폭 늘어난다. 2019년 노인 일자리 사업과 2013~2018년 연평균 일자리 창출의 격차(B-A)는 27만 5,203명이다. 다시 말해, 공공예산에 의한 노인 일자리는 2013~2018년 기간 동안의 연평균 일자리에 비해 '2019년부터' 무려 27만 5,203개가 더 많이 만들어졌다. 2019년 노인 일자리는 2018년과 비교해도 14만 251명이 추가됐다. 그동안의 증가 추이를 고려할 때, '2019년부터' 대폭 증가했음을 알 수 있다.

2019년부터 노인 일자리가 대폭 늘어난 것은 예산을 대폭 늘렸

표 4-8 일자리 안정자금의 집행 내역(출처: 고용노동부)

연도	지원 인원 (단위: 만 명)	지원 사업장 (단위: 만 개)	집행 금액 (단위: 조 원)
2018	264	66	2.47
2019	344	83	2.86
2020	360	83	2.57
2021	322	76	1.06
계	1,290 (평균: 322.5)	308 (평균: 77)	8.96

표 4-9 근로장려금의 집행(단위: 억 원)

연도	2008	2009	2010	2011	2012	2013	2014
집행 금액	신설	4,537	4,344	4,020	6,140	5,618	7,765
연도	2015	2016	2017	2018	2019	2020	2021
집행 금액	10,625	10,529	12,034	13,381	49,256	44,826	46,035

기 때문이다. [표 4-7]은 2013~2019년 기간 동안의 노인 일자리 및 사회활동 지원사업 예산 추이다.[12] 2013~2018년 기간 평균 예산은 4,124억 원이었다. 2019년에는 9,228억 원이 됐다. 증가된 예산 규모는 5,103억 원이다. 2018년 대비 2019년 증가된 예산 규모는 2,961억 원이다.

　둘째, 정부도 적극적으로 홍보했던 것처럼 일자리 안정자금의 집행이다. '일자리 안정자금'은 기존에는 없던 제도다. 2018년에 최저임금을 16.4% 인상하면서 부작용을 최소화하기 위해 만들어진 제도다. 자영업자 및 소상공인 들에게 최저임금 인상분만큼의 비용을 보존해주는 정책이다.

[표 4-8]은 2018~2021년 기간 동안 일자리 안정자금의 집행 내역이다. 일자리 안정자금을 지원받은 연인원은 1,290만 명이다. 연평균 322.5만 명이다. 지원을 받은 사업장은 총 308만 개, 연평균 77만 개다. 총 집행 금액은 8.96조 원이다. 약 9조 원이다.

셋째, 근로장려금이다. [표 4-9]는 2009~2021년 근로장려금의 지출 예산 추이다.[13] 예전에는 근로장려세제라고 불렸던 정책이다. 실제로는 지원금을 주는 방식인데, 이름이 세금 같은 느낌을 줘서 근로장려금으로 명칭을 바꿨다. 근로장려금은 차상위계층의 근로를 촉진하는 제도다. 차상위계층이 취업할 경우 보조금을 지원하는, '취업연계형' 보조금 정책이다. 기존의 복지제도는 취업하지 않는 사람에게 주는 경우가 많다. 그러다 보니 취업회피 유인을 제공하게 된다. 그래서 만들어진 제도가 근로장려금이다. 근로장려금은 취업을 해야 받을 수 있다. 근로장려금 제도는 노무현 정부 때 처음 만들어졌다. 시행은 이명박 정부 때부터 됐다. 근로장려금의 연간 예산 규모를 보면, 2017년 1.2조 원이었다. 2018년에도 1.3조 원 규모였다. 앞서 봤듯이 2018년에 '고용 쇼크'가 발생했다. 2019년부터 근로장려금 예산규모를 대폭 늘렸다. 4.9조 원으로 늘렸다. 1년 만에 예산을 무려 3.7배 늘렸다.

정리해보자. 문재인 정부는 최저임금의 부작용을 방어하기 위한 정책을 폈다. 특히 노인 일자리 사업, 일자리 안정자금, 근로장려금이 그랬다. '최저임금 부작용 방어를 위한 3대 정책'이라고 표현할 수 있다. 공공예산 투입을 통한 노인 일자리 사업은 2019년부터 연간 1조 원 규모로 확대됐다. 일자리 안정자금은 최저임금 인상으로 인한 부작용을 우려해서 집행됐다. 누적 합계 308만 개 사업장을 대상으로, 연인원 1,290만 명에게 정부가 보조금을 지급했다. 4년 합계 예산 규모는 약 9조 원이었다. 근로장려금 예산은 2018년까지는 1.2조 원 규모였다. 2018년 고용 쇼크 이후 2019년부터 예산 규모를 4.5~5조 원 수준으로 확 늘렸다. 4년 합계 15조 원을 집행했다. 노인 일자리 사업+일자리 안정자금+근로장려금의 4년간 합계는 약 30조 원에 달한다.

분명한 것은 2가지다. 첫째, 4년간 약 30조 원이 투입된 노인 일자리 사업, 일자리 안정자금, 근로장려금의 3가지 제도의 존재 및 예산의 대폭 확대 자체가 최저임금 대폭 인상의 부작용을 입증한다. 둘째, 4년간 30조 원의 예산투입에도 불구하고 2018~2019년 취업자 증가 규모는 역대 연평균 증가의 2분의 1 수준에 불과하다는 점이다.

10장 / 최저임금 대폭 인상이 불평등 확대로 귀결된 이유

문재인 정부가 최저임금을 대폭 인상했던 이유는 불평등을 줄이기 위해서였다. 하지만 2018년 통계를 보면 고용은 급감하고 가구소득 불평등은 오히려 확대됐다. 왜 불평등을 줄이려던 정책은 불평등 확대로 귀결됐을까? 이 질문은 매우 근본적인 질문이다. 동시에 소득주도성장 정책의 '본질적인' 약점을 묻는다. 한국 진보세력의 불평등 이론이 내재하고 있는 본질적인 문제점을 짚는 질문이기도 하다. 우리가 이 지점을 근본적으로 평가하고 문제점이 무엇인지 알게 될 때 우리는 역사의 다음 페이지로 넘어갈 수 있다. 그래야만 다음에 집권하게 됐을 때, 그때는 실제로 '좋은 세상'을 만들 수 있을 것이다.

다시 질문으로 돌아오자. 불평등을 줄이려던 소득주도성장 정책은 2018년에 왜 불평등 확대로 귀결됐을까? 소득주도성장은 하층 소득을 끌어올려 → 불평등을 줄여서 → 경제성장률을 끌어올리려는 논리적 기획이었다. 경제학적으로 볼 때, 불평등을 줄여서 경제성장률을 끌어올리는 주장은 반박의 여지가 많다. 경제성장률을 움직이는 변수는 훨씬 더 다양하기 때문이다.

다만 하층 소득을 끌어올려 불평등을 줄이려는 논리적 기획은 틀리지 않았다. 불평등의 정의 자체가 '하층 소득 대비 상층 소득의 격차'다. 하층 소득을 끌어올리면 불평등은 줄었어야 한다. 그런데 왜 작동되지 않은 것일까?

문재인 정부의 경제정책팀이 3가지 실수를 했기 때문이다. 첫째, 임금 불평등과 소득 불평등의 상충 가능성을 알지 못했다. 둘째, 진짜 하층이 누구인지 제대로 파악하지 못했다. 셋째, 저임금노동자의 실체에 대해 충분히 인식하지 못했다. 이에 대해 하나씩 살펴보자.

문재인 정부 경제정책팀의 실수 ①
: 임금 불평등은 줄고, 소득 불평등은 늘어난다

첫째, 임금 불평등과 소득 불평등은 서로 상충될 수 있다. 먼저, 불평등 개념 전반에 대해 짚고 넘어가자. [표 4-10]은 불평등 개념 전반을 정리한 것이다. 불평등은 소득 관련 불평등과 자산 관련 불평등으로 구분된다. 우리가 언론 기사를 통해 주로 접하는 경제 불평등은 크게 4가지다. 임금(소득) 불평등, (가구)소득 불평등, 자산 불평등, 자산소득 불평등이다.

표 4-10 소득 관련 불평등, 자산 관련 불평등

구분	소득 관련 불평등		자산 관련 불평등	
	임금(소득) 불평등	(가구)소득 불평등	자산 불평등	자산소득 불평등
대상 집단	임금노동자 +개인 단위		경제활동인구+가구 단위	

　　소득과 자산은 다르다. 소득은 꾸준히 발생하는 것이고, 자산은 쌓여 있는 것이다. 경제학 교과서에 자주 사용하는 비유는, 욕조 안에 담겨 있는 물과 욕조로 흘러 들어오는 수돗물이다. 욕조 안에 담겨 있는 물은 자산(assets)이다. 자산은 쌓여 있는 것(stock)이다. 욕조로 흘러 들어오는 수돗물이 소득(income)이다. 소득은 꾸준히 흐르는 것(flow)이다.

　　자산 불평등은 측정이 쉽지 않다. 나라 안에서도 쉽지 않고, 국제 비교도 쉽지 않다. 국가마다 자산 측정 기준이 조금씩 다르다. 예를 들어 고급 외제차가 있는 경우, 혹은 보석이 있거나 골드바(gold bar)가 있는 경우 이를 자산 측정에 포함하는지에 따라 자산 불평등 수준이 달라진다. 상대적으로 소득 불평등 통계는 더 발달해 있다. 학문적 연구가 소득 불평등을 중심으로 이뤄지는 이유다. 이 책도 소득 불평등을 중심으로 살펴본다.

　　소득 관련 불평등은 다시 둘로 구분된다. 임금소득 불평등과 가구소득 불평등이다. 임금소득 불평등은 '임금 불평등'이라고 표현한다. 가구소득 불평등은 '소득 불평등'이라고 표현한다. [표 4-11]은

표 4-11 임금 불평등과 소득 불평등

구분	소득 관련 불평등	
	임금(소득) 불평등	(가구)소득 불평등
대상 집단	임금노동자+개인	경제활동인구+가구
소득 종류	노동자 개인+임금소득	가구원+총 소득
대상 규모	임금노동자 2,000만 명	인구 전체

임금 불평등과 소득 불평등의 특징과 차이점을 비교한 것이다.

임금 불평등과 소득 불평등은 대상 집단이 다르다. 소득 대상도 다르다. 경제활동인구 관점에서 성인 인구는 크게 네 덩어리로 구분된다. 임금노동자, 자영업자 집단, 실업자, 비경제활동인구다. 임금 불평등은 임금노동자+노동자 개인을 대상으로 한다. 임금 불평등은 임금을 기준으로 비교한다. 그렇다면 실업자는 임금 불평등 대상자일까, 아닐까? 당연히 아니다. 실업자는 임금노동자가 아니다. 실업자는 임금을 받지 않고 있다. 자영업자 집단도 임금 불평등 대상자가 아니다. 어르신과 주부 등 비경제활동인구도 임금 불평등 대상자가 아니다. 오직, 현재 회사에서 급여를 받는 노동자만 임금 불평등 대상자다. 2020년 12월 기준, 임금노동자는 약 2,000만 명이다.

소득 불평등은 다르다. 가구 단위 조사다. 가구 구성원 전부의 소득을 합산한다. 임금 불평등과 구분되는 소득 불평등의 가장 중요한 특징은 '미취업자'를 포함한다는 점이다. 소득 불평등은 어르신, 주부, 학생을 포함한다.

임금 불평등과 소득 불평등은 '충돌하는' 특성을 가질 수 있다. 임금 불평등 축소가 반드시 소득 불평등 확대로 귀결되지는 않는다. 하지만 '고용 쇼크'를 초래하는 임금 불평등의 급진적 축소는 소득 불평등 증가로 연결된다. 왜 그런지 단순모형을 통해 살펴보자. 경제활동 대상 인구는 총 100명, 임금노동자는 총 60명, 저임금노동자는 6명이라고 가정하자. 미취업자는 40명이 된다. 자영업자는 없다고 가정한다. 경제활동인구는 변동하지 않는다고 가정한다. 이 경우 고용률은 60%이고, 저임금노동자 비율은 10%(6/60명×100%)가 된다.

만약 최저임금을 너무 많이 인상해서 저임금노동자 6명이 전부 해고됐다고 가정하자. 이 경우 취업자(임금노동자)는 54명이 되고, 미취업자는 46명으로 늘어난다. 임금 불평등과 소득 불평등은 각각 어떻게 달라질까? 임금 불평등은 축소된다. 임금노동자의 총 숫자는 54명이 된다. 저임금노동자 비율은 0%가 된다. 임금 불평등도 개선되고, 저임금노동자 비율도 개선된다. 둘 다 '노동시장에 남아 있는' 사람만을 대상으로 집계하기 때문이다. 반면에 가구원 전체를 대상으로 하는, 미취업자를 포함하는 소득 불평등은 증가한다. 취업자 대비 미취업자가 더 증가했기 때문이다. 소득 불평등도 더 증가한다. 바로 이것이 2018년 최저임금의 급진적 인상 이후에, 고용통계와 불평등 통계에서 나타났던 현상이다.

불평등의 관점에서, 최저임금의 급진적 인상은 5가지 현상으로 귀결된다. 2018년 최저임금의 급진적 인상과 SOC 예산을 대폭 축소했을 때, 실제로 5가지 현상이 발생했다. ① 노동시장의 최하단에 있는 저임금노동자가 퇴출됐다. 저임금노동자가 많은 직종을 중심으로 미취업자가 증가하고, 취업자 증가 수준이 급감했다. 경제위기가 있는 해를 제외한, 지난 26년간 연평균 취업자 증가는 40만명이었다. 하지만 2018년 9.7만 명 수준으로 쪼그라들었다. 4분의 1 수준으로 쪼그라들었다. ② 저임금노동자가 줄었다. 2017년 저임금노동자 비중은 22.3%였다. 2018년에는 19.0%로 줄었다. ③ 임금 불평등이 줄었다. 임금 5분위 배율은 2017년 5.06배에서 2018년 4.67배로 줄어들었다.[14] ④ 비경제활동인구(미취업자)가 늘어났다. 통계청이 발간한 〈2018년 12월 및 연간 고용동향〉에 의하면 2018년 비경제활동인구는 2017년에 비해 늘어난다. 연간 비경제활동인구는 2017년에는 1618만 3,000명이었다. 2018년에는 1628만 7,000명이 됐다. 비경제활동인구가 10.4만 명 늘어났다. 비경제활동인구가 늘어났다는 것은 노동시장 참여자가 줄어들었음을 의미한다. 참고로, 최저임금 논란이 없던 2017년 비경제활동인구는 전년도에 비해 줄었다. 2016년 비경제활동인구는 1618만 7,000명이었다. 5,000명이 줄었다. 원래 비경제활동인구는 조금씩 줄어드는 것이 정상이다. ⑤ 소득 불평등은 늘어났다. 앞서 [표 4-4]에서 봤던 것처럼 2018년 1~4분기 내내 5분위 가구소득과 4분위 가구소득은 증가하고, 1분위 가구소득과 2분위 가구소득은 감소했다. 정리하면, 최저임금을 지나치게 급진적으로 인상하면 임금 불평등은 줄어들고, 소득 불평등은 늘어난다.

임금 불평등이 줄어드는 이유, 소득 불평등이 늘어나는 이유, 저임금노동자 비율이 줄어드는 이유, 취업자 증가폭이 감소하는 이유, 미취업자가 증가하는 이유는 모두 동일하다. 저임금노동자가 노동시장에서 퇴출되기 때문이다. 노동시장에서 퇴출된 저임금노동자는 임금 불평등 집계에서도 퇴출된다. 저임금노동자 집계에서도 퇴출된다. 하지만 가구원 전체를 대상으로 하는 소득 불평등에서는 집계된다.

2018년 최저임금의 급진적 인상과 SOC 예산의 대폭 삭감은 불평등을 대폭 축소하려던 과감한 정책 실험이었다. 2018년의 정책 실험은 우리가 희미하게만 알고 있는 경제학적 원리들과 경제 불평등의 입체적인 진실들을 알도록 도와줬다. 다만, 그 진실이 누군가에게는 '일자리가 사라지는' 고통이었을 것이다.

문재인 정부 경제정책팀의 실수 ②
: 진짜 하층은 누구인가

문재인 정부의 소득주도성장론은 하층 소득을 끌어올려 불평등을 줄이려는 기획이었다. 불평등 개념을 직관적으로 이해하면, '하층 소득 대비 상층 소득의 격차'다. 하층 소득을 끌어올리면 불평등은 줄어들게 된다. 그런데 왜 불평등은 줄지 않았을까? 왜 불평등은 오히려 늘었을까? 문재인 정부 경제정책팀이 '진짜 하층'이 누구인지 제대로 파악하지 못했기 때문이다.

하층은 누구인가? 이 질문이 가장 중요하다. 결론부터 말해, 하층은 노인이다. 하층은 저임금노동자가 아니다. 노인 소득을 끌어올리면 불평등은 줄어든다. 저임금노동자 소득을 끌어올리면 불평등이 줄어들 수도 있고, 거꾸로 늘어날 수도 있다.

소득 기준, 하층을 찾는 확실한 방법은 누가 빈곤자인지를 찾는 것이다. 참고로, 저임금노동자는 중간소득 3분의 2 미만자로 정의된다. 빈곤은 중간소득 2분의 1 미만자로 정의된다. 저임금노동자는 개인 단위 개념이다. 빈곤은 가구 단위 개념이다. 그 사회의 중간소득이 210만 원이라고 가정해보자. 이 경우, 저임금노동자는 140만 원 미만(=210만 원×3분의 2)을 받는 사람들이다. 빈곤은 105만 원(=210만 원×2분의 1) 미만을 받는 사람들이다. 개념 정의상, 빈곤은 저임금노동자보다 하층에 위치한다.

[표 4-12]는 2016년 기준, 빈곤자의 특성을 보여준다.[15] 4가지 특성을 비교했다. 교육 수준, 연령, 아동·근로·은퇴 여부, 취업한 사람들의 종사상 지위다. 빈곤율 종류는 둘로 나뉜다. 시장소득 빈곤율과 가처분소득 빈곤율이 있다. 둘의 구분지점은 국가 개입 여부다. 국가는 세금을 걷고, 복지정책을 통해 재분배 기능을 한다. '국가 개입 이전' 단계는 시장소득이다. 근로소득과 사업소득이 해당한다.

표 4-12 2016년 기준 한국 빈곤의 특성: 교육 수준, 연령, 근로, 혼인, 종사상 지위

대분류	소분류	시장소득빈곤율	가처분소득빈곤율
교육 수준	전체	19.5	16.0
	초졸 이하	30.8	26.4
	중졸	28.1	22.0
	고졸	16.9	13.6
	대졸 이상	9.2	7.0
연령	10대 이하	12.6	11.6
	20~29세	10.3	9.2
	30~39세	9.1	8.2
	40~49세	11.3	10.2
	50~59세	14.0	12.3
	60세 이상	52.8	39.1
	65세 이상	61.7	46.7
아동·근로·은퇴	18세 미만	12.3	11.4
	근로(18~65세)	13.3	11.4
	은퇴(66세 이상)	63.1	48.1
취업자의 종사상 지위	취업자	12.5	10.1
	상용 근로자	4.8	4.1
	임시·일용 근로자	27.4	21.8
	자영업자	15.6	12.9

'국가 개입 이후' 단계는 가처분소득이다. 가처분소득은 처분 가능한 소득을 의미한다. 즉, 시장소득 빈곤율은 복지혜택을 받기 이전이다. 가처분소득 빈곤율은 복지혜택을 받은 이후다. 당연히 가처분소득 빈곤율이 시장소득 빈곤율보다 낮은 것이 일반적이다.

시장소득 빈곤율을 기준으로 빈곤자 특성을 파악해보자. 시장

소득 빈곤율은 19.5%다. 빈곤자의 특성을 보면, 교육 수준은 초등학교 졸업 이하(30.8%)가 많고 연령은 65세 이상(61.7%)이 많다. 근로 유무로 보면 은퇴한 사람들(63.1%)이 많고 취업자의 종사상 지위는 임시·일용직 노동자들(27.4%)이 많다. 가처분소득 빈곤율을 기준으로 봐도 특성은 같다. 다만 사회복지 개입 이후에는 빈곤율이 다소 줄어든다.

빈곤의 특성과 상관관계가 가장 높은 것은 4가지다. 초등학교 졸업 이하, 65세 이상, 은퇴한 사람, 임시·일용직이다. 실제로는 초등학교 졸업 이하, 65세 이상, 은퇴한 사람은 동일한 인격체다. 이분들은 누구일까? 1930~1940년대 태어난 분들이다. 이 시대의 가장 큰 특징은 전쟁의 시대였다. 일본의 만주 침략(1931), 중일전쟁(1937), 진주만 공습(1941), 해방 직후와 한국전쟁(1950~1953) 시기에 유년기와 청소년기를 보냈다. 이 시대는 전근대와 근대가 교차하는 시점이었다. 교육받은 세대와 교육받지 못하는 세대가 교차하는 시점이었다. 봉건제적 지주·소작의 시대와 농지개혁(1950년 시행) 이후의 시대가 교차했다. 일제 식민지와 독립된 대한민국이 교차하는 시점이었다. 당시의 어수선한 시대적 환경으로 인해 유년기와 청소년 시절에 교육받지 못했다. 이 시대는 '여성은 교육받을 필요가 없다'는 가부장제적 사고방식이 강하게 남아 있던 시대다. 1945년 해방 직후 우리나라 12세 이상 문맹률은 80%가 넘었다. 여성의 문맹률은 더 높을 수밖에 없었다. 특히 우리 어머니 세대의 여성들이 더 그랬다.

1980~1990년대까지도 우리 주변에서 어머니 한글교실이 많았던 이유다.

바로 이분들이 하층의 진짜 실체다. 바로 이분들이 한국 빈곤의 가장 중요한 실체다. 한국의 빈곤=미취업자=65세 이상 노인=초등학교 이하 졸업자=1930~1940년대 출생한 여성=불평등의 하층은 사실상 동의어다.

일부 보수언론은 소득주도성장 정책이 '좌파적' 정책이어서 실패했다고 공격했다. 그것은 사실이 아니다. 소득주도성장 정책은 좌파적이어서 실패한 것이 아니다. 2018년 최저임금의 대폭 인상과 소득주도성장 정책이 작동하지 않은 근본 이유는 '진짜 하층'을 위한 정책이 아니었기 때문이다. 한국 사회의 진짜 하층은 노동조합 조합원 중에 있지 않다. 한국 사회의 진짜 하층은 오히려 대한노인회 회원 중에 압도적으로 많이 몰려 있다. 진보정당을 포함한 한국의 진보세력은 노동운동 요구에는 관심이 많지만, 노인 빈곤 문제에 대해서는 관심이 적은 편이다.

민주당 문재인 정부는 2017년 탄핵 촛불의 열망을 안고 집권에 성공했다. 진보정당을 비롯한 한국 진보세력의 정책과 비전을 실천에 옮겼다. 소득주도성장론이 대표적이다. 하지만 소득주도성장론 정책을 적극 실천한 2018년에 불평등은 오히려 증가했다. 한국의 진보세력 전체가 '진짜 하층'에 대해서는 관심이 적었기 때문이다. '진짜 하층'이 누구인지 제대로 몰랐기 때문이다.

문재인 정부 경제정책팀의 실수 ③
: 저임금노동자는 누구인가

소득주도성장론이 작동하지 않은 세 번째 이유는 저임금노동자의
실체를 이해하지 못했기 때문이다. 저임금노동자와 관련해, 우리가
살펴봐야 할 지점은 4가지다. 첫째, 저임금노동자와 빈곤의 관계다.
둘째, 저임금노동자와 저소득 가구의 관계다. 셋째, 저임금노동자와
저부가가치 산업의 관계다. 넷째, 저임금노동자와 소규모 기업 종사
자의 관계다. 이에 대해 하나씩 살펴보자.

첫째, 저임금노동자와 빈곤의 관계를 살펴보자. 진보정당과 노
동조합운동을 중심으로 최저임금 1만 원 캠페인을 하면서, 일하는
빈곤층(working-poor)을 강조했다. 일하는 빈곤층은 말 그대로 노동자인
동시에 빈곤층인 경우다. 정책에서 사용하는 빈곤층의 개념 정의는
중간소득의 2분의 1 미만자다. 중간소득이 200만 원인 경우, 100만
원 미만 소득자가 빈곤층에 포함된다.

한국에서 일하는 빈곤층은 얼마나 될까? 결론은 '거의 없다'다.
정확하게 표현하면, 취업자이면서 빈곤층인 경우는 8.1~8.5%다.
[표 4-13]은 취업과 빈곤의 관계다.[16] 2011년 기준, 취업자이면서
빈곤인 경우는 8.1%다. 가구 구성원 중에 취업자이면서 빈곤 가구
인 비율은 8.5%다. 반면에 취업자 없는 가구의 빈곤율은 65.6%다.
빈곤 타파의 핵심은 취업이다. 비정규직이든 저임금노동자이든 가

표 4-13 취업과 빈곤의 관계(단위: %)

구분	1996년	2000년	2006년	2011년
취업자 빈곤율	5.7	7.9	7.6	8.1
취업자 있는 가구 빈곤율	6.5	9.3	8.4	8.5
취업자 없는 가구 빈곤율	47.9	56.1	62.0	65.6

표 4-14 저임금노동자의 가구소득 분위별 분포 현황(2013년 기준)

구분	전체	1분위	2분위	3분위	4분위	5분위
전체 숫자	416만 명	91만 명	127만 명	80만 명	73만 명	45만 명
비율	100%	21.9%	30.5%	19.2%	17.5%	10.8%
		21.9%	67.2%			10.8%

구 구성원 중에 취업자가 한 명 이상 있으면 빈곤에서 탈출하게 된
다. (취업자≠빈곤) 참고로 여기서 '취업자' 개념은 임금노동자보다 넓은
개념이다. 자영업자와 자영업자를 돕는 가족을 포함한다. 취업자 개
념은 취업한 사람 모두를 포함한다.

둘째, 저임금노동자와 저소득 가구의 관계다. [표 4-14]는 저
임금노동자와 저소득 가구의 관계[17] 및 저임금노동자의 가구소득
분위별 분포 현황을 보여준다. 저임금노동자의 개념 정의는 중간소
득 3분의 2 미만자다. 그 사회의 중간소득이 210만 원인 경우, 저임
금노동자는 140만 원 미만자다. 가구소득을 20%씩 다섯 덩어리(5분
위)로 나눴다. 1분위 가구는 하층 20%다. 5분위 가구는 상층 20%다.

2013년 기준, 저임금노동자는 총 416만 명이다. 저임금노동자

중에 1분위 가구에 속하는 사람은 21.9%다. 2~4분위 합계는 67.2%다. 저임금노동자이면서 5분위 가구에 속하는 사람도 10.8% 나 된다.

저임금노동자 중에 '저소득 1분위 가구'에 속하는 사람의 비율은 왜 21.9%밖에 안 되는가? 그 이유는 저임금노동자는 '개인'을 기준으로 분류하고, '가구' 소득은 가구 구성원 모두를 포함하기 때문이다. 예를 들어보자. 남편 A가 연봉 1억 원을 받고, 부인 B도 연봉 1억 원을 받는다고 가정해보자. 그런데 이들에게는 아들 C가 있다. 아들 C가 편의점에서 아르바이트를 해서 저임금노동자가 됐다고 가정하자. 이 경우, 아들 C는 개인으로 분류하면 저임금노동자에 속하게 된다. 하지만 가구로 분류하면(부부+아들 C 합산) 연봉이 2억 원을 넘기 때문에 상층 20%에 속하게 된다. 이 경우, 아들 C는 저임금노동자인 것도 맞고, 상층 20% 가구인 것도 맞다. 둘 다 사실이고, 둘 다 진실이다. 이처럼, 저임금노동자와 저소득 가구가 반드시 일치하는 것은 아니다. (저임금≠저소득 가구)

물론 '저임금≠저소득 가구'의 등식이 성립된다고 해서 저임금노동자 문제가 중요하지 않다는 의미는 아니다. [표 4-14]에서 1분위와 2분위의 합계는 52.4%(21.9%+30.5%)다. 저임금노동자의 52.4%는 하층 40% 가구에 속한다. 저임금노동자의 소득이 향상되는 것은 중요하다. 저임금노동자의 약 절반은 저소득층(하층 40%) 가구에 속한다. 반면에 저임금노동자 중 3~5분위 가구의 합계는 47.6%다. 상층 60% 가구에 해당한다. 정리하면, 저임금노동자 중 저소득층 가구에 속하는 사람은 52.4%로 약 절반이다. 저임금노동자 중 중상층 가구에 속하는 사람도 47.6%로 약 절반이다. 저소득층 가구와 아닌 경우가 대략 반반에 가깝다. 분명한 것은, 저임금노동자가 곧 저소득 가구라는 등식은 성립하지 않는다는 점이다. (저임금≠저소득 가구)

셋째, 저임금노동자와 저부가가치 산업의 관계다. 왜 한국은 저임금노동자가 많은 것일까? 결론부터 말하면, 저부가가치 산업에 종사하는 사람이 많기 때문이다.

[표 4-15]는 산업별 취업자의 1인당 부가가치의 상대적 생산성과 취업자 비중이다.[18] 한국의 전체 산업을 11개로 분류했다. 모든 산업의 1인당 평균 부가가치를 100으로 간주했다. 이를 기준으로, 산업 간의 상대적 부가가치를 비교했다. 취업자 1인당 생산성이 100보다 낮으면 전체 평균 미만의 부가가치를 생산하고 있다. 취업자 1인당 생산성이 100보다 높으면 전체 평균 이상의 부가가치를 생산하고 있다.

한국의 모든 산업을 11개로 분류했을 경우, 부가가치의 상대적 생산성이 절반(50) 미만인 산업이 3개 존재한다. 기타 개인 서비스업(39), 농림어업(42), 도소매·음식·수바업(43)이다. 우리는 이들 산업을 '저부가가치 3대 산업'이라고 부를 수 있다.

저부가가치 3대 산업에 종사하는 사람들의 비중은 얼마나 될까? 상대적 생산성이 39인 '기타 개인 서비스업'에 종사하는 사람은

표 4-15 산업별 취업자: 1인당 상대적 생산성 및 취업자 비중(2010)

산업 구분	취업자 1인당 상대적 생산성	취업자 비중
기타 개인 서비스업	39	7.7
농림어업	42	6.6
도소매·음식·숙박업	43	23.0
교육	77	7.6
보건·사회복지	89	4.8
건설업	102	7.4
운수·창고·통신업	104	6.1
금융·보험·부동산·사업 서비스업	143	14.3
공공행정·국방	155	4.0
광공업	173	18.2
전기·가스·수도업	629	0.3
합계	100	100.0

7.7%다. 상대적 생산성이 42인 농림어업에 종사하는 사람은 6.6%
다. 상대적 생산성이 43이었던 도소매·음식·숙박업에 종사하는 사
람은 23%다. 이들 저부가가치 3대 산업의 취업자 비중은 합계
37.3%다.

도식적으로 말하면, '저임금노동자=저부가가치 3대 산업 종사
자'라고 표현할 수 있다. 2017년 기준 한국의 저임금노동자는
23.7%였다. 기타 개인 서비스업, 농림어업, 음식·숙박·도소매업에
종사하는 사람들의 약 3분의 2가 저임금노동자라고 할 수 있다.

저부가가치 3대 산업에 저임금노동자가 많은 이유는 이들 업종

의 '생산성'이 낮기 때문이다. 쉽게 말해, 돈을 적게 벌기 때문이다. 즉, 논리적 순서는 다음과 같다. ① 3대 산업은 부가가치가 낮다. 다시 말해, 생산성이 낮다. → ② 생산성이 낮아 돈을 적게 번다. → ③ 돈을 적게 벌어 저임금노동자가 많다. → ④ 최저임금을 급진적으로 인상하면 견딜 수가 없게 된다.

2016~2017년 기간 동안 최저임금 1만 원 캠페인을 동조하던 사람 중에는 "시급 1만 원도 못 주는 사업장은 망해도 싸다"라는 말을 하는 경우가 많았다. 이런 발언을 하는 사람은 한국 산업구조의 현실을 전혀 모르는 사람이다. 저부가가치 3대 산업에 종사하는 사람은 약 37.3%다. 이를 취업자 숫자로 환산하면 약 1,000만 명(전체 취업자 2,700만 명×37%)이다. "시급 1만 원도 못 주는 사업장은 망해도 싸다"라는 주장은 "약 1,000만 명이 일자리를 잃어도 괜찮다"라고 주장한 것과 같다.

넷째, 저임금노동자와 소규모 기업 종사자의 관계다. 한국은 OECD 국가 중에서 평균 근속 기간이 가장 짧다. OECD 국가들의 평균 근속 기간은 9.5년이다.[19] 한국은 5.9년이다. 왜 한국은 평균 근속연수가 짧은 것인가? 그 이유는 한국이 유독 소규모 기업이 많기 때문이다. [표 4-16]은 2018년 기준, 사업체 규모별 평균 근속 기간이다.[20]

사업체 전체 평균 근속 기간은 6.0년이다. 근속 기간이 평균 미만인 사업체는 1~4인 기업(3.1년), 5~9인 기업(3.7년), 10~29인 기업

표 4-16 사업체 규모별 평균 근속 기간(2018년 기준)

구분	소기업		중기업		대기업		전체
	1~4인	5~9인	10~29인	30~99인	100~299인	300인 이상	
평균	3.1년	3.7년	5.3년	7.5년	8.1년	11년	6년

(5.3년)이다. 반면에 근속 기간이 평균을 넘는 사업체는 30~99인
(7.5년), 100~299(8.1년), 300인 이상(11년)이다.

기업 규모와 근속 기간이 '비례 관계'임을 한눈에 알 수 있다. 소
규모 기업은 근속 기간이 짧고, 대규모 기업은 근속 기간이 길다. 이
는 경제학적으로 매우 합리적인 결론이다. 경제학에서 경제성장과
상관관계가 가장 높고, 기업 생산성과 상관관계가 가장 높은 것은
'규모의 경제'다. 규모의 경제가 작동하는 대기업은 근속 기간이 길
다. 규모의 경제가 작동하지 않는 소규모 기업은 근속 기간이 짧다.

그렇다면 한국에서 소규모 기업체 종사자는 얼마나 될까? [표
4-17]은 2018년 기준, 기업 규모별 일자리 현황이다.[21] 1~4인 기업
체 일자리가 603만 명(25.7%)이다. 5~9인 기업체 일자리는 216만 명
(9.2%)이다. 10~19인 일자리는 292만 명(12.5%)이다. 5인 미만 종사
자는 603만 명이다. 비율은 25.7%다. 누적 기준 10인 미만 종사자
는 819만 명(34.9%)이다. 누적 기준 20인 미만 종사자는 1,111만 명
(47.4%)이다.

저임금노동자가 많이 몰려 있는 기업체는 소규모 기업체다.

표 4-17 기업 규모별 일자리 현황(2018년 기준, 일자리 행정통계, 단위: 만 개)

기업 규모		종사자수(명)	종사자 비율(%)	누적 비율
50명 미만 (1,232만 명, 52.6%)	1~4인	603	25.7	25.7
	5~9인	216	9.2	34.9
	10~19인	292	12.5	47.4
	20~49인	120	5.1	52.5
50~300명 미만 (368만 명, 15.7%)	50~99인	151	6.4	58.9
	100~299인	142	6.1	65.0
300명 이상 (742만 명, 31.7%)	300~499인	75	3.2	68.2
	500~999인	178	7.6	75.8
	1,000인 이상	564	24.1	100.0
전체		2,342	100.0	100.0

5인 미만 기업체, 10인 미만 기업체, 20인 미만 기업체다. 최저임금 대상자도 대부분 소규모 기업체에 몰려 있고, 최저임금 미만자가 많은 사업장도 여기에 몰려 있다.

우리는 규모를 기준으로 기업을 6개로 구분할 수 있다. ① 자영업, ② 소기업, ③ 중기업(A 묶음), ④ 중견기업, ⑤ 대기업, ⑥ 글로벌 대기업(B 묶음)이다. 여기서 이런 질문을 던질 필요가 있다. 자영업, 소기업, 중기업이 많고, 중견기업, 대기업, 글로벌 대기업이 적은 경우가 좋은 경제체제인가? 아니면 중견기업, 대기업, 글로벌 대기업이 많고, 자영업, 소기업, 중기업이 적은 경우가 좋은 경제체제인가? 이 질문은 '중소기업이 많은 경제'가 더 바람직한 것인지, '대기업이 많은 경제'가 더 바람직한 것인지를 묻는 것과 같다.

한국의 민주화운동 세력은 박정희 경제학에 대한 안티테제로 자신을 정립한 경향이 강하다. 박정희 경제학은 수출+대기업+외자 동원+낙수효과+임금 억제와 노동 3권 탄압을 특징으로 했다. 박정희 경제학에 대척점을 형성했던 한국의 진보세력은 내수+중소기업 +내자 동원+분수효과+임금 인상과 노동 3권 존중 정책을 주장했다. 이러한 진보의 경제정책은 박정희 경제학에 대한 문제 제기로는 부분적 긍정성이 있었지만, 좋은 통치의 경제 노선으로는 많은 문제점을 갖는다. 경제 노선의 '근본적' 쇄신이 중요한 이유다.

한국은 유독 저임금노동자가 많고, 근속연수가 짧은 나라다. 그 이유는 '신자유주의적 정책' 때문이 아니다. 그 반대다. 한국 정치권이 1987년 민주화 이후, 소상공인 보호의 미명 아래 '규모의 비경제'를 장려했던 정책의 결과물이다.

대안적 정책의 방향성은 분명하다. 소기업을 중기업으로, 저부가가치를 중부가가치로, 저임금 일자리를 중임금 일자리로 만들어야 한다. 경제학에서 생산성과 상관관계가 가장 높은 것은 '규모의 경제'다. 대기업을 적대시하고 중소기업 중심의 경제를 찬양하는 입장은 규모의 경제와 상반되는 접근이다. 바람직하지 않다. 소상공인 보호의 미명하에 진행되는 '규모의 영세성'을 장려하는 정책은 축소 및 중단해야 한다. 규모의 영세성을 장려하는 정책은 결과적으로 '저임금노동자 활성화' 정책으로 귀결된다.

한국 정치권, 한국의 진보세력은 한쪽에서는 저부가가치+영세

+소규모 자본을 장려하고 있다. 이는 동전의 양면으로 저임금+불안정 고용+짧은 근속 기간 노동을 장려하는 것과 같다. 우리는 재벌, 대기업, 산업의 개념을 구분해야 한다. 해외 선진국의 경우 재벌은 없지만 대기업은 존재한다. 재벌은 점진적으로 개혁하되, 대기업과 미래 산업은 적극 장려해야 한다.

11장 / 4개의 불평등, 4개의 계급, 4개의 관점

우리는 앞서 2018년 소득주도성장론 정책이 불평등 축소에 실패하고, 오히려 불평등을 늘린 이유를 3가지로 들었다. 첫째, 임금 불평등과 소득 불평등의 충돌 가능성을 인지하지 못했다. 둘째, 하층이 누구인지 제대로 파악하지 못했다. 셋째, 저임금노동자가 누구인지 제대로 파악하지 못했다. 그런데 왜 문재인 정부와 한국의 진보세력은 이런 실수를 했던 것일까? 실천의 실패는 이론의 실패 때문이다. 노동과 비노동을 포괄하고, 임금 불평등과 소득 불평등을 포괄하는 입체적인 인식에 실패했기 때문이다.

한국 진보세력은 계급론의 틀에서 노동을 이해하고 있다. 노동자 계급과 자본가 계급은 하나의 쌍을 이룬다. 저임금노동자와 최저임금의 대폭 인상 역시 계급론의 틀에서 사고한 결과다. 문제는 한국의 실제 불평등 구조와 한국 진보세력이 인식하는 계급론의 틀이 부조화를 이룬다는 점이다. 즉, '불평등과 계급'의 통합적 인식에 실패하고 있다.

한국적 현실에 맞는, 불평등과 계급의 통합적 인식에서 가장 중요한 것은 '비노동'의 재발견이다. 한국 사회에서 비노동은 하나의 계급이다. 이들이 불평등의 최하단이고 우리 사회 하층의 진짜 실체다. 그런데 한국 사회에서 비노동은 누구인가? 바로 노인이다. 다르게 말하면, 불평등과 계급의 통합적 인식에서 가장 중요한 이론적 과제는 노인을 하나의 계급으로 재인식하는 것이다.

진보정당을 포함한 한국의 진보세력은 노동운동에 지대한 관심을 가지고 있다. 하지만 진보정당을 포함한 한국의 진보세력이 비노동(노인)을 하나의 계급으로 이해하지 못한다면, 앞으로도 '진짜 하층'과 대면하지 못하게 될 것이다.

외국의 불평등 이론을 한국으로 수입해오는 것 말고, 한국의 실제 불평등과 대면해야 한다. 한국의 실제 불평등과 대면하기 위해 가장 중요한 이론적 작업은 '비노동(노인)을 포괄하는 계급론의 재구성'이다.

비노동을 포괄하는 계급론의 재구성을 위해 우리는 4가지를 살펴볼 것이다. 첫째, 4개의 불평등을 4개의 관점, 4개의 계급과 연동해서 살펴본다. 총론에 해당한다. 둘째, 통계청의 경제활동인구 자료를 토대로 노동·비노동의 전체 개요를 살펴본다. 셋째, 경제활동인구 중 임금노동자의 전체 구조를 한국경제 현실과 연동해서 살펴본다. 넷째, 비노동을 포괄하는 성인 인구 전반을 한국경제 현실과 연동해서 살펴본다. 4가지 검토를 통해 한국의 실제 현실에 부합하는 불평등과 계급의 통합적 인식을 시도할 것이다.

불평등과 계급 ①
: 4개의 불평등, 4개의 계급, 4개의 관점

한국 사회 불평등 담론의 실제는 계급론과 연동해서 작동하고 있다. 이는 부분적으로 1980년대 학생운동과 노동운동이 수용했던 마르크스주의의 역사적 유산이다. 불평등과 계급론의 통합적 재구성이 중요한 이유다. 불평등과 계급론의 통합적 재구성 관점에서 볼 때, 한국에는 4개의 불평등이 있다. [표 4-18]은 4개의 불평등, 4개의 관점, 4개의 계급이 어떻게 연결되는지 보여준다.

첫째, 자본-노동 불평등이다. 한국 진보의 주류적 입장이다.

표 4-18 4개의 불평등, 4개의 관점, 4개의 계급의 연결

4개의 불평등	4개의 관점	4개의 계급	정책 및 이슈
자본-노동 불평등	마르크스주의적 관점 로빈후드적 세계관	상층 노동	최고임금제 도입 법인세 인상
노동-노동 불평등	노동의 이중구조 중심 노동·주변 노동의 갈등	하층 노동	연공급 임금체계 개혁 최저임금제 인상
자본-자본 불평등	자본의 이중구조 대기업·중소기업의 갈등	하층 자본	공정거래법 불공정 하도급 문제
노동-비노동 불평등	목소리 없는 사람들 저학력·저소득 노인	비노동	노인 빈곤 노인 일자리·취업 촉진

1980년대 한국 사회운동에도 큰 영향을 줬던 마르크스주의적 사고 방식의 유산이다. 계급 이론 자체가 마르크스주의에서 파생됐다고 해도 과언이 아니다. 마르크스주의는 계급론의 원조이며 원형이다.

마르크스주의는 사회과학적 이론체계를 가지지만, 대중적으로는 로빈후드적 세계관과 깊은 친화력을 가진다. '자본가=부자=적폐'의 등식이 성립된다. 자본가는 나쁜 집단, 노동자는 좋은 집단이다. 부자는 나쁜 집단, 서민은 좋은 집단이다. 이는 자연스럽게 부자를 억누르고 서민들을 도와야 한다는 억강부약(抑强扶弱)의 정서와도 연결된다. 진보정당을 포함한 한국 진보세력의 주요 정책 중에 부자 및 대기업에게 무거운 책임을 씌우는 것이 많은 이유다. 민간기업 CEO의 연봉 상한액과 법정 최저임금을 연동하는 최고임금제법을 주장하거나 법인세 인상을 주장하는 이유도 같은 맥락이다.

한국에서 자본-노동 불평등 담론은 상층 노동의 이해관계와 상층 노동의 정서를 대변한다. 자본-노동의 계급적 대립이 강조될수록 상층 노동의 '고소득' 문제는 시야에서 사라진다. 자본-노동 불평등 담론은 2가지 특징을 가진다.

첫 번째 특징은 소득 불평등 축소에 도움이 되더라도, 상층 노동에게 불이익이 가는 정책 이슈는 최대한 회피한다. 한국에서 대기업 노조와 공공부문 노조는 상층 노동에 해당한다. 연공급 임금체계를 직무급 임금체계로 전환하는 경우가 대표적이다. 이는 청년 노동에게도 바람직하고, 합리적 임금체계 관점에서도 바람직하다. 하지만 상층 노동의 입장에서 현행 임금체계에 비해 이익이 줄어든다. 소득상층 10~20%에 해당하는 상층 노동의 소득세 인상, 청년 세대와 기성 세대의 갈등을 내포하고 있는 연금개혁도 사회적으로는 바람직하지만 상층 노동은 회피하는 정책 이슈다.

자본-노동 불평등 담론이 가지는 두 번째 특징은 '소득 중심'으로 접근하지 않고 자본-노동의 '계급 중심'으로 사고한다는 점이다. 연봉 1억 원을 받는 노동자와 연 소득 5,000만 원을 버는 소상공인이 있으면 누가 더 상층일까? 누가 더 강자일까? 소득 중심 접근에서는 당연히 연봉 1억 원이 더 상층이고 더 강자다. 하지만 계급 중심 접근에서는 다르다. 노동자가 더 중요하다. 노동자는 자본주의를 변혁하는 가장 중심적인 계급이기 때문이다.

자본-노동의 계급 담론은 한국의 민주화 과정에서 순기능도 많았다. 전근대 봉건제 사회와 구분되는 근대사회의 가장 큰 특징은 자본주의의 출현이다. 자본-노동 관계의 등장이다. 유럽에서도 근대적 사회운동의 가장 중요한 축은 노동운동이었다. 노동운동은 작업장에서 노동자의 비인간적 처우를 개선하는 데 혁혁한 공을 세웠다. 아동노동 근절, 노동 3권 쟁취, 고용보험과 산재보험 등 사회보장제도의 확대 역시 노동운동의 역할이 컸다. 20세기 중후반까지 노동운동은 유럽식 복지국가를 만들었던 핵심축 중 하나였다. 하지만 노동조합운동의 사회적 정당성이 존재 그 자체로 입증되는 것은 아니다. 노동조합운동의 사회적 정당성은 사회경제적 약자의 처우개선과 연동될 때 이뤄지는 사후적 동의 과정으로 봐야 한다.

둘째, 노동-노동 불평등이다. 노동 내부의 불평등을 주목한다. 노동시장 이중구조와 중심부·주변부의 노동시장 분절구조를 주목한다. 저임금노동자, 비정규직 노동자 등의 처지와 처우개선을 강조한다. 노동-노동 불평등을 주목할 경우, 가장 중요한 것은 노동시장 이중구조의 원인은 무엇이고 해법은 무엇인지의 문제다. 노동시장 이중구조의 원인에 대해서는 크게 2가지 견해가 있다. 하나는 정규직과 비정규직의 고용 형태를 강조하는 입장이다. 한국노동사회연구소가 대표적이다. 이 경우, 해법의 핵심은 비정규직의 정규직화다. 문재인 정부가 했던 공공부문 비정규직의 정규직화 정책 역시 고용형태를 주목하는 입장이 반영된 결과다. 다른 하나는 기업 규모를 주목하는 입장이다. 《한국고용체제론》의 저자 정이환 교수가 대표적이다. 최근《불평등의 세대》와《쌀, 재난, 국가》를 쓴 이철승 교수역시 기존 대기업 노동자들의 연공급 임금체계가 청년들의 일자리 진입을 더욱 어렵게 만들고 있다고 지적한다.

셋째, 자본-자본 불평등이다. 자본의 이중구조와 자본 내부의 불평등과 불공정을 주목한다. 대기업·중소기업의 격차 확대를 주목한다. 장하성 교수와 김상조 교수가 참여했던 경제개혁연구소가 대표적이다. 김상조 교수의《종횡무진 한국경제》와 장하성 교수의《한국 자본주의》역시 같은 흐름이다. 자본-자본 불평등을 강조하던 흐름들은 대기업에 의한 불공정 하도급, 기술탈취 등의 문제를 강조한다. 이들이 강조하는 해법은 재벌의 지배구조 개혁, 공정거래법의 내실화 및 역할 강화다. 문재인 대통령은 집권 직후, 김상조 교수를 공정거래위원장으로 임명했다. 하지만 김상조 공정거래위원장 시기에 공정거래위원회가 제도적으로, 조직적으로 큰 변화를 했다고 보기는 어렵다.

넷째, 노동-비노동 불평등이다. 그동안 한국 진보세력이 주목하지 않던 관점이다. 한국에서 비노동의 가장 큰 덩어리는 노인들이다. 앞서 [표 4-13] '취업과 빈곤의 관계'에서도 살펴봤듯, 빈곤과 상관관계가 가장 높은 것이 미취업이다.

노인들은 '근로 능력 있는' 노인과 '근로 능력 없는' 노인으로 구분된다. 60~74세 연령의 노인은 전기(前期) 노인에 해당한다. 전기 노인은 근로 능력 있는 노인이 더 많다. 75세 이상 노인은 후기(後期) 노인에 해당한다. 근로 능력 없는 노인이 더 많다. 근로 능력 있는 노인에게는 취업이 가능하도록 법과 제도가 지원해줘야 한다. 근로 능력 없는 노인들에게는 노후소득, 노인 돌봄 서비스, 건강보험의 내실화가 중요하다. 한국 사회에서 노인이야말로 '목소리 없는 사람들'이다. 가난하고, 배우지 못하고, 사회경제적으로 소외된 분들이다. 불평등의 최하단에 위치한다.

[표 4-19]는 소득 5분위별 가구주 연령, 가구소득, 평균소비성향이다.[22] 1분위 가구와 5분위 가구를 비교해보자. 하층 20%인 1분위 가구는 가구 주연령이 63.2세다. 가구원수는 1.47명이다. 1분위

표 4-19 소득 5분위별 가구소득과 평균소비성향(2021년 1분기, 단위: 만 원)

구분	1분위	2분위	3분위	4분위	5분위
가구원수(명)	1.47	1.88	2.40	2.78	3.31
가구주 연령(세)	63.2	52.9	49.9	49.1	49.2
소득	91.0	230.1	361.8	537.0	971.4
평균소비성향(%)	154.5	84.7	74.4	65.5	56.5

가구의 월평균소득은 91만 원이다. 평균소비성향은 154.5%다. 평균소비성향은 가처분소득 대비 소비지출을 의미한다. 소득 10만 원이 발생하면 15.4만 원을 소비한다는 의미다. 가처분소득보다 소비가 많다는 것은 사회복지 혜택이 소득의 일부분임을 의미한다. 상층 20%인 5분위 가구는 가구주 연령이 49.2세다. 가구원수는 3.31명이다. 5분위 가구의 월평균소득은 971.4만 원이다. 평균소비성향은 56.5%다.

노인은 빈곤의 최대 집단이다. 노인은 불평등의 최하단이다. 노인은 평균소비성향이 가장 높은 집단이다. 노인들의 소득을 끌어올리는 정책은 3가지 효과를 가지게 된다. 첫째, 노인 빈곤을 줄이는 동시에 전체 빈곤율을 줄이게 된다. 둘째, 소득 불평등을 줄이게 된다. 셋째, 평균소비성향이 가장 높은 집단이기에 수요확대형 경제성장 효과가 부분적으로 발생한다.

2018년 임금주도성장론 VS
2019년 노인주도성장론

문재인 정부의 2018년 소득주도성장론은 저임금노동자가 정책의 중심 타깃이었다. 주요한 정책 수단은 최저임금의 대폭 인상이었다. 결과적으로 대규모 고용 충격이 발생했고, 소득 불평등 역시 오히려 확대됐다. 2018년 정책은 사실상 '임금주도성장론'이었다. 2018년 정책 실수는 인식의 실패가 크게 작용했다. 인식의 실패는 2가지가 작용했다. 첫째, '자본-노동 계급론'에 기반했다. 저임금노동자들이 저임금인 이유는 사업주가 악덕 자본가여서가 아니었다. 저임금노동자가 저임금인 이유는 저부가가치 사업장이었기 때문이다. 사업주 입장에서 돈을 적게 벌어서, 급여가 적었던 것이다. 최저임금의 급진적 인상을 옹호한 사람들은 저임금노동자에게 더 줄 수 있는데 주지 않았던 것처럼 생각했다. 둘째, '노동중심 세계관' 자체가 문제였다. 문재인 정부 소득주도성장론의 이론적 원형은 국제노동기구(ILO)의 임금주도성장론이었다. 노동자 임금을 올리면 경제성장이 이뤄진다는 매우 거친 주장이다. 국제노동기구가 노동자 임금을 대폭 올려야 한다는 주장은 조직의 취지에서 수긍이 간다. 하지만 세계적으로 국제노동기구의 임금주도성장론을 채택하는 나라는 거의 없다. 게다가 한국적 현실에서 하층은 저임금노동자가 아니다. 노인들이다.

문재인 정부는 2018년 고용 충격과 분배 충격을 겪으면서, 2019년 연초부터 정책 수정을 한다. 굳이 표현하면, 2019년 정책은 '노인주도성장론'이었다. 공공예산을 통한 노인 일자리 사업의 비중이 커졌다. 노인 중에서도 하층 20%에 한해 기초연금 10만 원을 추가 지급했다. 이후 고용 충격이 둔화되고, 소득 불평등도 부분적으로 축소됐다. 2018년 임금주도성장론과 노동중심 정책은 소득 불평등을 확대시켰다. 2019년 노인주도성장론과 비노동 중심 정책은 소득 불평등을 축소시켰다.

불평등-관점-계급론을 연계해서 생각해볼 때, 4개의 불평등, 4개의 계급, 4개의 관점이 존재한다. 이 중에서 가장 우선적으로 고려해야 하는 것은 노동-비노동 불평등이다. 불평등의 최하단에 존재하는 분들을 우선적으로 중시해야 한다. 약자와의 연대를 중시하는 진보의 원칙에도 맞다. 불평등 축소의 정책 목표에도 맞다. 그다음으로 중요한 것이 노동-노동 불평등이다. 문제는 노동-노동 불평등의 원인과 해법이다. 노동-노동 불평등의 원인은 정규직·비정규직의 고용 형태가 아니다. 앞서 [표 4-15] '산업별 취업자, 1인당 상대적 생산성 & 취업자 비중'에서 살펴봤듯, 저임금노동자의 대다수는 '저부가가치 3대 산업'에 집중되어 있다. 저부가가치 3대 산업은 기타 개인 서비스업(39), 농림어업(42), 도소매·음식·숙박업(43)이다. 노동-노동 불평등의 가장 중요한 원인은 생산성 격차다. 생산성 격차는 기업 규모에 의한, 규모의 경제 효과와 밀접한 관련을 지닌다.

정규직·비정규직의 고용 형태별 차이점은 현상에 가깝다.

불평등과 계급 ②
: 20세 이상 취업자 구조의 이해

우리는 앞서 비노동을 하나의 계급으로 인식해야 하고, 노동-비노동 불평등이 중요하다는 것을 살펴봤다. 그렇다면 실제로 노동자 비율은 얼마나 되고 비노동 비율은 얼마나 될까? 이를 알기 위해서는 통계청의 경제활동인구 자료를 토대로 노동-비노동의 전체 개요를 살펴볼 필요가 있다. [그림 4-5]는 전체 경제활동인구 구조다. 통계

그림 4-5 경제활동인구 구조(출처: 〈2020년 12월 고용동향〉)

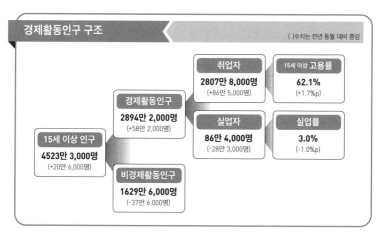

청이 발표한 〈2020년 12월 고용동향〉에 수록된 이미지다.

가장 포괄적인 개념은 '15세 이상 인구'다. 15세 이상 인구를 '생산가능인구'라고 표현한다. 한국에서 15세 이상 인구는 약 4,500만 명이다. 15세 이상 인구는 크게 둘로 나뉜다. 경제활동인구(약 2,800만 명)+비경제활동인구(약 1,700만 명)다. 경제활동인구는 다시 둘로 구분된다. 취업자(약 2,650만 명)와 실업자다. 취업자와 실업자의 공통점은 '돈 벌 의사'가 있는 것이다. [그림 4-5]에는 나와 있지 않지만 취업자는 다시 둘로 구분된다. 임금노동자와 비임금 근로자다. 임금노동자는 사장과의 고용계약을 통해 일하는 사람들이다. 비임금 근로자의 가장 큰 덩어리는 자영업자다. 자영업자를 도우며 일하는 가족(무급가족종사자)도 포함된다.[23]

국제적으로 15세 이상 인구를 생산가능인구의 기준점으로 삼는 이유는 저개발국가의 경우 고등학교 진학률이 높지 않은 경우가 일반적이기 때문이다. 한국에서 15세 이상 인구는 중학교를 졸업한 나이다. 한국적 현실에서 중학교를 졸업하고 취업 전선에 뛰어드는 경우는 거의 없다. 한국의 대학진학률은 재수, 삼수 과정을 포함하면 약 80% 정도다. 한국적 특성을 고려하면, 20세 이상 인구를 생산가능인구로 가정하는 것이 실제 현실에 부합한다.

20세 이상 인구를 생산가능인구로 가정하고, 취업자 구조를 전반적으로 재구성해보자. [표 4-20]은 성인 인구 4,300만 명을 생산가능인구로 간주하고, 취업자 구조와 규모를 재구성한 것이다.

표 4-20 경제활동인구구조 및 취업자 구조(성인 인구 4,300만 명 기준)

임금노동자 (2,000만 명, 47%)	(+자영업 종사자)	(+실업자)	비(非)경제활동인구(=미취업자) (1,500만 명, 35%)
취업자 (2,650만 명, 62%)			
경제활동인구 (2,800만 명, 65%)			
성인 인구 (4,300만 명, 100%)			

2020년 12월 기준으로, 20세 이상 성인 인구는 약 4,300만 명이다.

실제 현실에 부합하는 취업자 구조와 규모를 [표 4-20]을 통해 살펴보자. 첫째, 임금노동자는 약 2,000만 명이다. 둘째, 임금노동자 비율은 전체 성인 인구(4,300만 명) 중에서 약 47%다. 셋째, 임금노동자 +자영업 종사자를 포함한 총 취업자는 2,650만 명이다. 약 62%다. 넷째, 미취업자+실업자의 합계인 비노동은 약 38%다. 성인 인구를 기준으로, 임금노동자 비율은 47%, 취업자 비율은 62%, 미취업(비노동) 비율은 38%다. 노동·비노동, 혹은 취업·미취업으로 구분하면 대략 6 대 4다.

불평등과 계급 ③
: 임금노동자 계급의 입체적 이해

셋째, 이번에는 경제활동인구 중 임금노동자의 전체 구조를 살펴보자. [표 4-21]은 임금 수준, 기업 규모, 부가가치의 통합 개념도다. 우리는 앞에서 저임금노동자의 특성에 대해 살펴봤다. 저임금노동자는 누구인가? 저부가가치 산업과 소규모 기업 종사자다.

임금, 기업 규모, 부가가치가 서로 연계되어 작동한다는 점을 유념해야 한다. 고임금=대기업=고부가가치의 등식이 성립한다. 중임금=중기업=중부가가치다. 저임금=소기업=저부가가치다. 임금 수준, 기업 규모, 부가가치는 상관관계가 매우 높다. 물론 일부 예외적인 경우가 있을 수 있다. 하지만 대체로 상관관계가 매우 높다.

한국 노동운동의 요구 및 정치권 공약 중에는 '질 좋은 일자리'를 많이 만들겠다는 주장이 있다. 질 좋은 일자리는 어떻게 가능한가? 정답은 간결하다. 대기업 일자리가 많아지면 된다.

진보정당, 진보언론, 진보적 시민사회, 진보적 노동단체, 진보성향 정치인 중에는 대기업의 존재 그 자체를 적폐로 간주하는 사고방식이 강하다. 대기업을 적폐로 간주하는 사고방식은 결과적으로 '질 좋은 일자리 만들기'와 배치된다. 반복하면, 질 좋은 일자리=대기업 일자리다.

한국은 박정희 개발독재 시절, 국가 자원을 대기업에 집중적으

표 4-21 임금 수준, 기업 규모, 부가가치의 통합 개념도

임금 수준	기업 규모	부가가치	산업·직종·특성
고임금	대기업	고부가가치	수출·제조업 (전문직·공무원)
중임금	중기업	중부가가치	협력업체 기술 기반 중소기업
저임금	소기업	저부가가치	내수·서비스업

로 밀어준 경험이 있다. 이는 역사적으로 1960년대 말~1970년대 초반 안보위기와 밀접한 관련을 가진다. 박정희 정부는 중화학공업을 하는 수출 대기업에게는 세금도 깎아주고, 보조금도 지급하고, 정책금융의 금리도 파격적으로 할인해줬다. 1987년 민주화 이후, 우리 사회는 재벌에 대한 규제와 대기업에 대한 규제가 동시에 강화됐다. 하지만 재벌과 대기업은 개념적으로 구분할 필요가 있다.

미국 및 유럽 선진국들도 경제의 중심은 대기업이다. 하지만 그 나라들에 재벌은 없다. 재벌은 한국의 경제발전 과정에서 공도 있고 과도 있다. 한국경제가 선진국 수준이 됐음을 고려할 때, 재벌의 지배구조는 점진적으로 개혁하고, 대기업은 장려하는 정책이 가장 바람직하다.

[표 4-21]의 임금 수준, 기업 규모, 부가가치의 통합 개념도는 최저임금의 급진적 인상이 왜 부작용으로 귀결됐는지도 알게 해준다. 한국의 진보세력은 '최저임금이 낮아서' 저임금노동자가 많았던 것으로 가정했다. 논리적 순서를 살펴보면 낮은 최저임금 → 많은

저임금노동자 비중 → 최저임금의 대폭 인상 → 저임금노동자 축소의 순서였다. 하지만 이는 원인과 결과가 뒤집힌 접근이다.

한국이 다른 나라에 비해 유독 저임금노동자가 많았던 이유는 다음과 같다. 논리적 순서로 정리해보면 소기업 사업 종사자의 대규모 존재 → 규모의 영세성 → 저부가가치 사업장의 대규모 존재 → 저부가가치 사업장의 낮은 생산성 → 저임금노동자의 대규모 존재 → 취업자 중 저임금노동자 비중 증가의 순서였다. 경제성장률+소비자물가상승률 합계에 근접한 수준에서 최저임금을 꾸준히 올리는 것은 바람직한 정책이다. 저임금노동자 비율도 점진적으로 줄이게 될 것이다.

하지만 최저임금의 '급진적' 인상은 고용 충격을 일으키게 된다. 저임금노동자는 소기업, 저부가가치와 같은 말의 다른 표현이다. 2018년 저임금노동자가 줄었던 이유는 저임금노동자가 노동시장에서 퇴출됐기 때문이다. 2020~2021년 코로나 경제위기 이후, 저임금노동자 비율이 또 줄었다. 코로나 경제위기로 인해 저부가가치+소규모+대면 서비스업 특성을 가지는 노동시장에서 대규모 고용 충격이 발생했기 때문이다. 2018년의 저임금노동자 비율 축소와 2020~2021년의 저임금노동자 비율 축소는 모두 '고용 축소형' 저임금노동자 비율 축소다. 2018년은 정책적 실수 때문이고, 2020~2021년은 코로나 경제위기 때문이었다.

불평등과 계급 ④: 노동·비노동을
포괄하는 계급 구조의 재구성

넷째, 비노동(미취업)을 포괄하되 임금, 기업 규모, 부가가치 등과 연계해서 살펴보자. [표 4-22]는 가구소득, 노동 여부, 취업 상태, 기업 규모, 부가가치, 산업·직종의 특성을 통합적으로 재구성한 개념도다.

[표 4-22]의 개념들이 직접적으로 연결되는 것은 아니다. 예를 들면 가구소득 분위별 구분은 '가구 단위'로 측정한다. 반면에 임금은 '개인 단위'로 측정한다. 5분위 가구와 고임금노동자는 개념과 기준이 상이하기에 반드시 등치하지는 않는다. 그럼에도 통합 개념도는 소득 불평등, 임금 불평등, 취업·미취업, 대기업·중소기업, 부가가치 수준을 포괄하는 전체 취업자 구조에 대한 조감도(鳥瞰圖)로 유용하다. 통합 개념도는 한국경제의 실제 현실과 연계한 입체적 인식에 도움이 된다.

[표 4-22]는 [표 4-21]의 확장판이다. [표 4-21]은 노동 내부의 계층적 특성과 임금 불평등을 이해하는 데 도움이 된다. [표 4-22]는 비노동과 가구 단위 소득을 포괄했다. 소득 불평등과 임금 불평등을 통합적으로 이해하는 데 유용하다.

임금 불평등의 최하단에는 저임금노동자가 있다. 임금 불평등의 개념 자체가 임금노동자만을 대상으로 한다. 그런데 임금노동자

표 4-22 가구소득, 노동 여부, 취업 상태, 기업 규모, 부가가치의 통합 개념도

가구소득 분위별	노동·비노동	취업 상태	기업 규모·근로능력	부가가치	산업·직종·특성
5분위	노동	고임금	대기업	고부가가치	수출·제조업 (전문직·공무원)
4분위		중임금	중기업	중부가가치	1차 협력업체 기술기반 중소기업
3분위		저임금 반(半)취업자	소기업	저부가가치	내수·서비스업
2분위	비노동	반(半)취업자 미취업자	근로능력 있는 노인	-	74세 미만 전기(前期) 노인
1분위		미취업자	근로능력 없는 노인	-	75세 이상 후기(後期) 노인

밑에 또 다른 계층이 있다. 비노동(미취업자)이 그들이다. '1층 밑에' 지하실이 있는 격이다. 저임금노동자는 임금노동자 중에서는 하층에 속하지만 전체 가구 중에서는 '중간소득자'에 속한다. 2018년 저임금노동자의 처우개선과 임금 불평등을 줄이려던 최저임금의 급진적 인상이 부작용으로 연결된 이유도 같다.

[표 4-22] 내용 전반을 정리해보자. 맨 윗줄부터 아래 방향으로 살펴보자. 가구소득 분위별 항목은 전체 가구를 20%씩 다섯 덩어리로 구분한 것이다. 분위별 가구의 특징을 노동 여부, 취업 상태, 기업 규모, 부가가치, 산업 및 직종의 특성과 연동해서 살펴보자.

첫째, 5분위 가구다. 노동자 집단이고 고임금노동자다. 대기업 사업장을 다닌다. 고부가가치 사업장에 해당한다. 한국경제의 구조를 고려할 때, 수출·제조업이거나 전문직 또는 공공부문 종사자일

가능성이 크다. 임금노동자인 경우, 민주노총과 한국노총 조합원일 확률도 높다. 2021년 1분기 기준, 5분위 가구의 월 평균소득은 971.4만 원이다.[24]

둘째, 4분위 가구다. 노동자 집단이고 중임금노동자다. 중기업 및 중견기업에 다닌다. 중부가가치 사업장에 해당한다. 한국경제 구조를 고려할 때, 대기업에 납품하는 1차 협력업체이거나 기술기반 중소기업인 경우가 많다. 2021년 1분기 기준, 4분위 가구의 월 평균소득은 537만 원이다.[25]

셋째, 3분위 가구다. 노동자 집단이고 저임금노동자다. 이 중 일부는 취업이 불안정한 반(半)취업자다. 기업 규모는 20인 미만의 소규모 사업장이다. 저부가가치 사업장에 해당한다. 한국경제 구조를 고려할 때, 내수 기반 서비스업 가능성이 크다. 음식·숙박·도소매업이나 농림업에 종사할 가능성이 크다. 임시·일용직 가능성도 크다. 최저임금을 급진적으로 인상할 경우, 최저임금 인상으로 인한 혜택을 이들이 보게 된다. 동시에 최저임금의 과도한 인상으로 인해 노동시장에서 퇴출되는 것도 이들이다.

저임금노동자들은 2018년에는 최저임금의 대폭 인상과 SOC 예산의 대폭 삭감으로 노동시장에서 퇴출되는 경험을 했다. 2020~2021년 코로나 경제위기 때에는 저부가가치 대면 서비스업에 종사하는 사람들이 대규모로 일자리를 잃었다. 이들이 노동시장에서 퇴출되면 저임금노동자 비율은 줄어든다. 분모에서 사라졌기 때문이다. 이 경우, 고용 축소형 저임금노동자 비율 축소다. 2021년 1분기 기준, 3분위 가구의 월 평균소득은 361.8만 원이다.[26]

넷째, 2분위 가구다. 비노동(미취업)이 대다수다. 2분위 가구의 일부는 반(半)취업자다. 2분위는 연령대로 보면 50대 후반~75세 미만이 많다. 근로 능력 있는 미취업 상태인 60대 노인이 전형적이다. 즉, 전기(前期) 노인에 해당한다. 2021년 1분기 기준, 2분위 가구의 월 평균소득은 230.1만 원이다.[27]

다섯째, 1분위 가구다. 비노동·미취업자다. 근로 능력 없는 노인이 대표적이다. 이분들은 75세 이상의 후기(後期) 노인에 해당한다. 고령이며 거동이 불편한 경우가 더 많다. 2021년 1분기 기준, 1분위 가구의 월 평균소득은 91만 원이다.[28] 가구 구성원 모두의 소득이며, 기초연금과 공적연금, 자식들이 주는 용돈이 모두 포함된 금액이다.

[표 4-22]의 통합 개념도는 기존의 인식을 고려할 때 몇 가지 실천적 의미를 갖는다. 첫째, 소득을 중심으로 하는 계급론의 필요성을 제기한다. 통합 개념도에 의하면, 대기업 노조의 조합원들은 5분위 가구에 속할 확률이 높다. 상층 20%에 속한다. 둘째, 가구소득은 노동, 임금 수준, 기업 규모, 부가가치, 한국경제에서의 역할이 서로 연동되어 작동한다. 고임금노동자가 많아지는 세상을 원하는가? 그러면 지금보다 대기업 일자리를 더 많이 만들면 된다. 중임금노동자가 두터워지는 세상을 원하는가? 그렇다면 기술기반 중소기업과 수출기반 중소기업이 더 많아져야 한다. 규제 완화를 통해 기

업가 정신을 북돋아야 한다. 저임금노동자가 줄어드는 세상을 원하는가? 그렇다면 '과도한 소상공인 보호 정책'에 대해서는 신중하게 접근할 필요가 있다. 의도와 달리 규모의 비경제와 저부가가치 사업장을 장려하는 것으로 귀결된다. 소기업은 중기업이 될 수 있도록, 중기업은 대기업이 될 수 있도록 제도를 정비해야 한다. 셋째, 비노동의 중요성이다. 비노동이 불평등의 최하단이다. 비노동의 가장 중요한 덩어리는 노인들이다. 임금노동자의 처우개선도 물론 중요하다. 하지만 비노동(미취업)의 취업과 소득 보장이 더 중요하다.

이제 우리는 소득주도성장론의 문제점과 최저임금의 급진적 인상 기획이 왜 실패했는지 알게 됐다. 그렇다면 바람직한 대안은 무엇일까? 올바른 대안을 모색하기 위해, 다음 장에서는 우리의 분석에서 누락된 부분을 마저 보충할 것이다. 특히 경제 불평등의 관점에서, 1987년 민주화의 의미와 1997년 외환위기가 어떤 의미를 가졌는지 살펴볼 것이다. 또한, 틀린 분석과 틀린 정책처방이 나오는 배경으로 '진보의 경제학' 자체가 근본적인 문제가 있음을 살펴볼 것이다. 같은 정책적 실수를 반복하지 않기 위해서라도, 이제 우리는 '원인의 원인'과 마주해야 한다.

5부

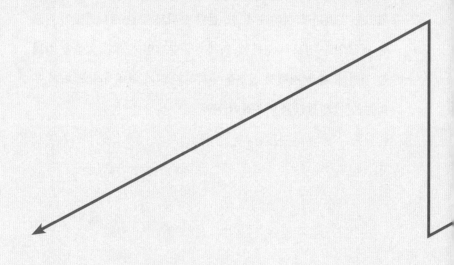

적폐의 경제학과 환경 변화의 경제학

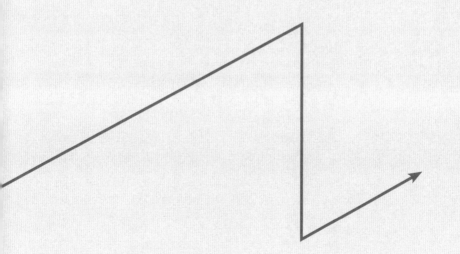

12장 / 4개의 충격, 불평등 확대가 장기 지속된 이유

환경 변화의 실체: 불평등 확대의
4가지 충격

1980~2020년의 기간 동안 한국경제 불평등의 변곡점은 3개였다. 1994년 변곡점, 2008년 변곡점, 2015년 변곡점이다. 1994년은 최저점, 2008년은 중간 고점, 2015년은 최고점이다. 우리는 2부와 3부를 통해 자세히 살펴봤다.

경제위기 이후 경제성장률의 회복 패턴을 보면 1~3년이 지나면 다시 원상태로 회복하는 것이 일반적이다. 이를 흔히 'V자 회복'이라고 표현한다.[1] 예를 들면 1997년 IMF 외환위기 전후 시점에도 V자 회복이 작동했다. 한국경제는 GDP 성장률을 기준으로, 1996년 7.9%, 1997년 6.2%였다. 1997년 IMF 사태를 겪으며 경제는 곤두박질쳤다. 다음 연도인 1998년 경제성장률은 -5.1%로 급락한다. 하지만 한국경제성장률은 곧 V자 반등을 한다. 1999년은

11.5%, 2000년에는 9.1%를 기록한다. 경제적 기초 여건은 살아 있었기 때문에 1998년에 마이너스로 빠진 몫까지 1999년과 2000년에 걸쳐 경제성장률이 치솟았다. V자 반등의 전형적인 경우다. 이는 코로나 경제위기 과정에서도 성장률과 고용 모두에서 비슷한 패턴을 보이고 있다. V자 반등이 나타나는 근본 이유는 '일시적 충격'으로 인해 경제가 어려워진 경우, 원래 상태로 회복되는 특성이 있기 때문이다.

우리는 불평등에 대해서도 같은 질문을 던질 수 있다. 왜 한국경제 불평등은 일시적인 V자 반등의 형태를 취하지 않았을까? 다시 말해, 왜 한국경제 불평등은 1994년부터 2008년까지 무려 14년에 걸쳐 '지속된' 것일까?

결론부터 말하면, 한국경제 불평등을 확대한 4개의 충격이 연쇄적으로 작용했기 때문이다. 4개의 충격이란, 1987년 충격, 1992년 충격, 1997년 충격, 2001년 충격을 말한다. 4가지 충격은 모두 환경 변화와 관련된다. 1992년 충격과 2001년 충격은 국제적 환경 변화다. 1987년 충격과 1997년 충격은 국내적 환경 변화였다. 우리는 책의 2부와 3부를 통해 중국의 개혁개방 역사를 다루고 1992년 충격과 2001년 충격에 대해서 살펴본 바가 있다. 여기서는 1987년 충격과 1997년 충격이 한국경제 불평등 확대에 어떤 영향을 미쳤는지를 포함해서 4가지 충격 모두를 입체적으로 정리해본다. 4개의 충격은 모두 한국경제 불평등을 확대시키는 방향으로 작동했다. 구체적인 작동 방식은 약간씩 달랐다. 4개의 충격이 실제로 어떻게 작동됐는지 살펴보자.

1987년 충격: 노동의 민주화

첫째, 1987년 충격이다. 불평등의 관점에서 볼 때, 1987년 충격이 갖는 의미는 '권위주의적 연대임금제'의 붕괴다. 1987년 충격을 이해하려면, 1987년 이전의 노동 체제를 이해할 필요가 있다. 1987년 이전의 노동 체제와 임금체계의 특징부터 살펴보자.

박정희 정부는 1973년 1월 중화학공업화 선언을 한다. 중화학공업 진흥을 위한 파격적인 정책 인센티브를 제공한다. 박정희 정부가 중화학공업화를 추진하게 된 배경은 1960년대 말~1970년대 초반 안보위기 때문이었다. 미국은 1964년 베트남을 침공한 이후 베트남전쟁의 수렁에 빠진다. 1960년대 중후반 내내 미국 국내에서는 강력한 베트남 반전운동이 벌어진다. 이 시기는 미국 역사상 가장 강력한 정치적 혼란기다. 리처드 닉슨 대통령은 베트남 철수를 공약했다. 1969년에 닉슨 독트린을 발표한다. 닉슨 독트린의 핵심 내용은 아시아 지역에 대한 군사적 개입의 최소화였다. 마치 2016년 대선에서 당선된 트럼프가 해외에 대한 개입을 최소화하려던 흐름과 유사했다. 닉슨 독트린은 미국 국민들의 불만을 달래기 위한 조치였다. 문제는 닉슨 독트린의 연장으로 한국의 주한미군에 대해서도 철수를 추진했다는 점이다. 베트남전쟁 이전, 한국에 주둔하는 주한미군은 4개 사단이었다. 베트남전쟁 이후 2개 사단이 베트남으로 재배치된다. 한국에 주둔하는 주한미군은 7사단과 2사단이었다. 닉슨 독트린 이후 1971년 7사단의 2만 명이 일방적으로 철수한다. 2사단은 후방으로 재배치된다. 1970년대 중반까지 나머지 주한미군도 전면 철수할 것이라는 전망이 나왔다.

박정희 정부는 주한미군의 전면 철수라는 안보위기를 맞게 된다. 박정희 정부는 안보위기에 대응하기 위해 자주국방과 방위산업의 중요성을 강조한다. 처음에는 해외차관 도입을 통해 방위산업 육성 계획을 세운다. 하지만 돈을 빌려주는 나라가 없었다. 해외차관 도입은 실패한다. 그때 청와대 경제참모였던 김정렴, 오원철은 대기업을 활용한 중화학공업화 육성 아이디어를 제시한다. 공대 출신이었던 오원철의 아이디어는 모든 무기는 분해와 조립이 가능하기에, 부품을 대기업이 분담하면 된다는 것이 핵심이다. '평시에는 중화학공업, 전시에는 방위산업'의 구상이었다. 주한미군 7사단 철수는 1971년 3월이었다. 박정희의 유신 선포는 1972년 10월이었다. 박정희의 중화학공업화 선포는 1973년 1월이었다.

한국경제에서 중화학공업 비중은 1960년대 후반부터 커지고 있었다. 한편으로는 방위산업의 연장으로, 다른 한편으로는 수출 100억 달러 달성의 전략으로 박정희는 중화학공업 육성을 지원했다. 박정희 정부가 수출 중심 공업화 전략을 본격화한 시점은 1964년이다. 이후부터 박정희 정부의 가장 중요한 경제정책은 '수출 극대화'였다. 박정희 정부는 1964년 수출 1억 달러를 달성한다. 1971년에는 수출 10억 달러를, 1977년에는 수출 100억 달러를 달성한다. 1960년대는 경공업 중심 수출이었다. 1970년대는 중화학공업 수출 비중이 커진다.

박정희 정부 입장에서 주한미군의 전면 철수 조짐, 안보위기, 자주국방의 중요성, 방위산업 육성, 중화학공업 육성, 수출의 중요성은 일련의 패키지였다. 이런 흐름의 연장에서 박정희 정부는 수출산업 노동자에 대한 강력한 임금 억제와 노동운동에 대한 반공주의적 통제를 한다. 노동 3권은 사실상 금지된다. 흥미로운 점은 강력한 임금 억제의 취지가 수출 극대화였다는 점이다. 임금 억제는 수출 대기업 노동자에게 더욱 강력하게 작동했다.

경제학적으로 볼 때, 대기업은 중소기업보다 생산성이 높다. 수출기업 역시 내수기업보다 생산성이 높다. 제조업 역시 서비스업보다 생산성이 높은 것이 일반적이다. 즉, 수출·제조업·대기업에 종사하는 노동자들은 1970년대에도 내수·서비스업·중소기업 노동자들보다 생산성이 높았다.

하지만 박정희와 전두환으로 이어지는 군부독재 세력은 반공주의적 국정 목표와 국제적인 인건비 경쟁에서 승리하기 위해 노동 3권을 사실상 금지했다. 수출·제조업·대기업 노동자들에게 강력한 임금 억제 정책을 폈다. 즉, 1987년 이전 한국 노동 체제의 가장 큰 특징은 냉전적 안보 환경과 수출 중심 공업화 전략이 결합해 군사독재 권력에 의해 '권위주의적 연대임금제'가 작동했다는 점이다. 여기서 권위주의적 연대임금제란, 상층 노동자에게 불리하고 하층 노동자에게 유리한 임금체계였다는 의미다.

[표 5-1]은 1973~1980년 기간 동안의 기업 규모별 생산직 노동자의 임금 추이다.[2] 4개의 기업 규모를 비교하고 있다. 500인 이상, 100~499인 기업, 30~99인 기업, 10~29인 기업이다. 1973년과 1980년 2개 연도에 대해, 500인 이상과 10~29인의 노동자 임금을 비교해보자.

1973년 기준, 500인 이상 기업의 생산직 노동자 임금을 100으로 고정할 경우 10~29인 기업의 노동자 임금은 1973년에는 66.8%였다. 10~29인 기업의 노동자 임금은 1980년에 89.8%까지 상승한다. 1973~1980년 기간 동안, 대기업 대비 중소기업 노동자의 상대적 임금 격차는 오히려 축소된다. 500인 이상 기업과 10~29인 규모 기업을 비교하면 축소폭도 상당하다. 23.0%p다.

대기업 대비 중소기업의 임금 격차는 왜 축소됐나? 군부독재 세력이 반공주의와 수출 극대화 전략의 일환으로, 대기업 노동자의 임금 상승을 강력하게 통제했기 때문이다. 대기업 노동자에 대한 강력한 임금 통제는 중소기업 노동자의 임금 상승으로 이어졌다. '독재적 낙수효과'가 작동한 것이다. 임금 격차는 축소됐다. 다시 말해,

표 5-1 기업 규모별 생산직 노동자 임금 추이(1973~1980)

기업 규모	1973 (A)	1975	1977	1979	1980 (B)	B-A(%p)
500인 이상	100	100	100	100	100	-
100~499인	95.8	88.3	84.4	100	97.3	1.5
30~99인	82.0	79.8	87.8	89.2	86.2	4.2
10~29인	66.8	76.0	83.3	84.2	89.8	23.0

임금 불평등은 축소됐다. 우리가 1부에서 봤던, 불평등이 줄어들던 '낙수효과의 전성기'는 독재 권력과 연동해서 작동했다. 이렇듯, 1987년 민주화 이전의 한국 노동 체제는 권위주의적 연대임금제였다. 혹은 강요된 연대임금제였다. 불평등의 관점에서 보면, 하층에게 유리하고 상층에게 불리한 하후상박(下厚上薄) 임금체계였다. 즉, 군부 독재 세력은 임금 평등을 지향했다.

1987년 6월 민주항쟁을 통해 대통령 직선제가 부활한다. 이후 7, 8, 9월 노동자 대투쟁이 발생한다. 노동자들은 공장의 민주화를 요구하며 민주노조 설립 운동을 전개한다. 7~9월 노동자 대투쟁 이후 민주노조 운동은 회사 단위에서 노동조합을 설립하고, 회사 단위에서 단체협상을 했다. 한국에서는 매우 익숙하지만 '회사 단위'에서 노동조합을 조직하고 단체협상을 하는 것은 유럽에서는 없는 방식이다. 한국과 같은 방식을 '기업별 노조'라고 표현하고, 유럽과 같은 방식을 '산업별 노조'라고 표현한다.

기업별 노조가 정착되어감에 따라, 노동자들의 임금은 기업별 생산성과 기업 단위 노동조합의 투쟁력에 의해 결정됐다. 대기업일수록 생산성이 더 높았다. 대기업일수록 실제로 지불 능력이 더 좋았다. 대기업 노조일수록 전투력도 더 강했다. 대기업 노조일수록 더 많은 임금 인상을 쟁취하게 된다.

대기업 자본 입장에서 보면, 그동안 지불 능력이 있었는데도 군부독재 덕택에 생산성 상승분만큼 임금 인상을 하지 않아도 됐다. 하지만 1987년 민주노조 운동 이후 대기업 자본은 노동자에게 생산성에 상응하는 대폭적인 임금 인상을 하게 된다. 그 결과 대기업 노동자들은 중소기업 노동자들에 비해 훨씬 많은 임금 인상을 이루게 된다. 임금 격차와 임금 불평등이 커지게 된다.

[그림 5-1]은 1980~2000년 기간 동안의 대기업 대비 중소기업의 임금 비중 추이다.[3] 한국 노동운동사에서 민주노조 설립 붐이 가장 강하게 불었던 시점은 1987년부터 1990년까지의 기간이다. 1987년 6월 항쟁 이후, 1990년 3당 합당까지의 기간이다.

[그림 5-1]을 보면, 대기업 대비 중소기업 임금 비중은 1987년 94.1%였다. 1987년 노동자 대투쟁 이후 임금 격차는 벌어지기 시작한다. 1988년에는 84.1%가 되고, 1989년에는 77.6%가 되고, 1990년에는 77.3%까지 떨어진다. 1987~1990년 기간 동안 가장 가파른 속도로 임금 격차가 벌어진다는 것을 알 수 있다.

정리해보자. 1987년 민주화 이전 한국의 노동 체제는 독재 권력에 의해 작동하는 하후상박 임금체계였다. 다르게 표현하면 '권위

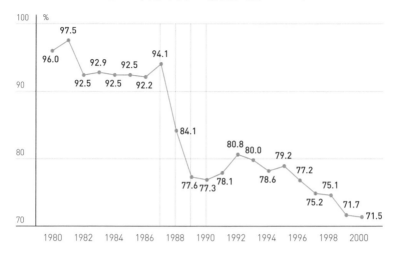

그림 5-1 대기업 대비 중소기업 임금 비중(1980~2000)

주의적 임금 평등'이 작동했다. 하지만 1987년 민주노조 운동 이후, 한국의 노동 체제는 임금 불평등이 확대된다. 대기업 노조의 임금 인상 투쟁 그 자체가 불평등 확대로 귀결됐다. 기업 자체의 생산성 격차와 노조의 투쟁력 격차 2가지 요인이 임금 격차 확대로 작용했다. 수출·대기업·제조업일수록 더 많은 임금 인상을 쟁취했다. 반면에, 내수·중소기업·서비스업일수록 소폭의 임금 인상에 그쳤다.

1987년 이전 군부독재 세력은 폭력적인 방식으로 노동 3권을 탄압하며 임금 평등을 만들어냈다. 1987년 이후 노동 3권을 쟁취한 민주노조 운동은 민주적인 방식으로 임금 불평등을 만들어냈다.

1992년 충격: 한·중 수교로 인한
국제분업 구조의 충격

둘째, 1992년 한·중 수교 충격이다. 1992년 한·중 수교 충격은 2부
와 3부를 통해 자세히 살펴봤다. 여기에서는 요점만 정리하고 넘어
가기로 하자. 불평등의 관점에서, 1992년 한·중 수교 충격의 핵심은
저기술·노동집약적·수출·제조업 일자리에 심대한 타격을 줬다는
점이다. 당시 제조업 전체의 고용 비중은 약 30%였다. 저기술·노동
집약적·수출·제조업은 제조업에 국한해서는 상대적으로 낮은 임금
이었다. 하지만 서비스업과 자영업을 포함한 전체 취업자 시장에서
는 중임금노동자에 해당했다. 즉, 1992년 한·중 수교와 중국경제의
부상으로 인해 중임금 일자리가 대규모로 사라졌다. 중임금 일자리
가 대규모로 사라졌기 때문에 임금 불평등이 증가하게 됐다.

　제조업은 교역재 특성을 가진다. 국제경쟁에 노출되어 있다. 서
비스업은 비교역재 특성을 가진다. 국제경쟁에 노출되어 있지 않다.
대부분의 서비스업은 국내 경쟁만 신경 쓰면 된다. 1990년대 이후
중국은 수출 중심 산업화를 본격적으로 추진했다. 한국의 저기술·
노동집약적·수출·제조업은 중국과의 가성비 경쟁에서 밀리게 된
다. 중국과의 가성비 경쟁에서 비교열위인 일자리는 쇠락했다. 반대
로, 중국과의 가성비 경쟁에서 비교우위인 일자리는 흥하게 됐다.
여기서 중요한 것은 '국내적' 경쟁 기준이 아니라 '글로벌' 경쟁 기준

이 적용된다는 점이다.

중국과의 경쟁에서 비교열위가 된 산업은 대구의 섬유산업과 부산의 신발산업이 대표적이다. 중국과의 경쟁에서 보완작업을 하며 오히려 흥한 산업도 있다. 한국 수출의 대표 산업인 반도체, 석유화학, 자동차, 자동차 부품, 조선산업 등이 모두 해당한다. 이 산업들은 오히려 중국경제의 급성장에 올라타게 된다. 한국의 재벌 대기업들이 글로벌 대기업으로 성장하게 된 것은 중국의 경제적 부상에 올라탔기 때문이다. 물론 한국의 1인당 GDP가 급상승하고, 세계경제에서 한국의 국가 순위가 올라간 것도 같은 이유 때문이었다.

1997년 충격: 부채비율의 급진적 축소 충격

셋째, 1997년 외환위기 충격이다. 우리의 관심사인 불평등과 관련해서 볼 때, 많은 사람이 기억하는 1997년 외환위기의 상징은 정리해고다. 하지만 정리해고는 당시에 일시적으로 발생했을 뿐 이후에도 꾸준히 지속된 것은 아니었다. 정리해고는 불평등을 '지속시킨' 주요 원인에 해당하지 않는다. 만일 정리해고만 주목한다면 한국경제 불평등은 V자 곡선처럼, 확대됐다가 다시 원래 상태로 회복했어야 한다.

한국경제 불평등이 증가하는 시점은 1997년 외환위기가 아니라 1994년이다. 1994년부터 불평등이 증가하는 이유는 1992년 한·중 수교 체결이 중요하게 작용한다. 하지만 1997년 외환위기 역시 한국경제 불평등을 확대한 중요한 계기였다. 1997년 외환위기 이후 한국경제 불평등은 실제로 증가했다. 1997년 외환위기의 경험이 너무 강렬해서 심지어 경제학자들도 '경제위기=불평등 증가'의 등식이 성립한다고 생각한다. 하지만 꼭 그런 것은 아니다. 2008년 글로벌 금융위기 이후에는 한국경제 불평등이 2년 연속으로 줄었다. 2008년 글로벌 금융위기 사례에서 알 수 있듯 경제위기=불평등 증가라는 등식이 반드시 성립하는 것은 아니다.

1997년 외환위기로 인해 한국의 경제구조가 바뀌었다면, 발생 시점은 1997년 외환위기였지만 이후에도 '꾸준히 지속된' 제도 변화에서 그 원인을 찾아야만 한다. 그것이 도대체 무엇일까? 불평등의 관점에서 1997년 충격의 핵심은 '부채비율의 급진적 감축'이었다. 이 부분은 한국경제 불평등을 연구하는 학자들도 그동안 덜 주목했던 지점이다.

[표 5-2]는 제조업 분야에서 한국 기업의 부채비율 추이다.[4] 1997년 외환위기를 분기점으로 전후 10년 간격으로 살펴본 기업의 부채비율을 보여준다. 1967년 부채비율은 151.2%였다. 제조업 분야 기업의 부채비율이 300%를 초과하게 된 것은 1970년대부터다. 기업 부채비율은 1977년 350.7%가 된다. 1987년에도 340.1%다.

표 5-2 한국 기업의 부채비율 추이(제조업 분야, 단위: %)

연도	1967	1977	1987	1997	2007
부채비율	151.2	350.7	340.1	396.3	97.8

외환위기가 발생한 1997년에는 396.3%였다. 외환위기 발생 10년이 지난 2007년에는 97.8%가 된다. 약 400%의 기업 부채비율이 불과 10년 만에 약 100% 수준으로 급감했다. 약 400%의 기업 부채비율이 10년 만에 약 100%로 줄어들면 무슨 일이 발생하게 될까? 이 지점이 핵심 질문이다.

한국의 경제성장은 부채주도 경제성장이었다. 박정희식 경제발전 전체가 부채주도 경제성장이었다. 특히 은행 부채가 중심이었다. 이는 일본, 한국, 대만을 포함한 동아시아 경제 기적을 이룩했던 나라들의 공통점이다. 부채주도 경제성장은 기업의 자본조달 방식과 연결된다. 기업의 자금조달 방법은 주식 발행과 은행 차입이 있다. 동아시아 발전국가의 경우 주식시장이 발전하지 않았다. 반면에 박정희 정부 시절 주요 은행은 국유화되어 있었다. 정부는 수출 중심 산업화와 중화학공업 육성 차원에서 대기업에게 파격적인 은행 차입을 지원했다. 한국 기업들은 1970년대 이후 350~400%에 달하는 높은 부채비율을 유지했다.

하지만 1997년 IMF 구제금융 신청으로 상황이 급변했다. IMF는 구제금융 조건으로 부채비율 축소를 요구했다. 한국 정부가 IMF

요구 조건을 수용한 결과, 30여 년 이상 유지하던 400% 수준의 부채비율을 불과 10년 만에 100% 수준까지 낮추게 된다. '부채비율의 급진적 축소'가 이뤄진다.

부채비율의 급진적 축소는 크게 4가지 영역에서 이뤄졌다. 첫째, 은행들은 건전성 관리의 차원에서 국제결제은행(BIS)이 요구하는 자기자본 8% 비율을 엄격하게 준수해야 했다. 은행의 자기자본 비율이 강화되자 은행의 기업 대출은 대폭 축소될 수밖에 없었다.

둘째, 재벌 대기업들은 그룹 계열사의 내부거래에서 결합재무재표를 도입해야 했다. 재벌총수들은 그룹 계열사의 자금을 쌈짓돈처럼 부당하게 사용하는 경우가 많았다. 재벌총수들은 특히 순환출자를 활용했다. 재벌총수가 A 회사에 대해 40% 지분을 가진 대주주라고 가정하자. 그룹의 계열사로 B~F가 있는 경우 A 회사 돈으로 B 회사 주식을 구입하고, 다시 B 회사 돈으로 C 회사 주식을 구입하는 식으로 A → B → C → D → E → F 회사 주식을 구입한다. 그리고 다시 F 회사 자금으로 A 회사 주식을 구입한다. 이 경우 재벌총수는 A 회사 주식 지분 40%를 활용해서 A~F 계열사 전체를 지배할 수 있게 된다. 재벌총수는 F 회사 단계에서는 1% 미만 극소량의 주식 지분만을 가지고도 계열사 전체에 대해 지배력을 행사할 수 있게 된다. IMF는 재벌 그룹 내부거래의 회계 투명성 강화를 요구했다. IMF 요구는 미국 투자자들의 이익을 대변한 것이었다. 하지만 동시에 한국 소액주주에게도 이익이 되는 요구였다. 한국의 진보세력 일부가 주장하는 것처럼, IMF 요구를 미국 투기자본의 음모이거나 반외세 민족주의 시각으로만 단정하기 어려운 이유다.

셋째, 개별 대기업들은 건전성 관리 차원에서 부채비율을 200% 이하로 줄여야 했다. 방만한 경영을 수익성 중심으로 재편해야 했다. 부채비율 재조정은 투자와 고용 모두에서 구조조정을 의미했다.

넷째, 원청-하청의 거래 관계에서 어음(bill) 사용이 금지됐다. 1997년 당시만 해도 기업 간 거래에서 어음 사용은 매우 광범위한 관행이었다. 어음은 당장 대금을 지불하는 것이 아니라 몇 개월 이후에 대금을 지불할 것이라는 약속 증서다.

은행의 BIS 8% 자기자본 비율 강화, 재벌 그룹의 내부거래에서 결합재무재표의 도입, 대기업들의 부채비율을 200% 이하로 줄이는 것, 원청과 하청의 거래에서 어음 폐지는 모두 은행의 자본 건전성을 강화하고 기업 회계의 투명성을 강화하고 협력업체의 재무 안정성을 강화하는 조치들이었다. 분명 미국 투자자들의 이익을 위한 제도이지만, 동시에 국내 투자자를 위해서도 바람직한 개혁 정책들이었다. IMF와 미국 투기자본의 음모였다고 일도양단(一刀兩斷)하기 어려운 이유다. 다만 정책 내용이 가지는 긍정성과 별개로 변화의 속도는 지나치게 빨랐다.

부채비율 400% 기업이 불과 10년 안에 부채비율 100% 기업으로 바뀌게 될 경우 무엇이 달라질까? 이 질문에 대해 우리가 살펴봐야 할 것은 3가지다. 첫째, 기업 고용구조의 변화다. 둘째, 기업 투자 행태의 변화다. 셋째, 기업 및 국가의 채무불이행(부도) 가능성이 달라진다. 하나씩 살펴보자.

첫째, 기업 고용구조의 변화다. [표 5-3]은 부채비율 400% 기업과 100% 기업의 경우, 대출, 총투자, 총고용의 변화를 보여준다. 자본금이 1억 원이라고 가정하자. 부채비율이 400%인 기업의 경우 4억 원만큼 대출을 받을 수 있다. 자본금 1억 원+대출금 4억 원을 합쳐서 총 5억 원만큼 투자하고 5억 원만큼 고용할 수 있다. 반면에 부채비율이 100% 기업인 경우, 1억 원만큼 대출을 받게 된다. 자본금 1억 원+대출금 1억 원을 합쳐서 총 2억 원만큼 투자하고, 2억 원만큼 고용하게 된다.

부채비율이 400%에서 100%로 바뀔 경우, 기업이 5억 원만큼 투자하고 5억 원만큼 고용하던 것을 2억 원만큼 투자하고 2억 원만큼 고용하는 것으로 바꿔야만 한다. 불과 10년의 기간 안에 투자와 고용 모두에서 40% 수준으로 감축해야 했다.

이 경우, 기업은 투자와 고용 모두에서 '선택과 집중'을 해야 한다. 투자의 경우, 기존의 방만한 경영에서 핵심 역량 중심으로 선택과 집중을 해야 한다. 고용 역시, 방만한 고용에서 선택과 집중을 해야만 한다. 기업이 고용에서 선택과 집중을 한다는 것은 무엇을 의미하는가? 핵심 역량은 내부화하고 비핵심 역량은 외부화(아웃소싱)하는 것을 의미한다. 이 경우, 회사 입장에서는 누구를 내부 역량으로 배치하고, 누구를 외부 역량으로 재배치하게 될까? 기준은 2가지다.

표 5-3 부채비율 400%와 100% 기업의 비교

	부채비율 400% 기업	부채비율 100% 기업	부채비율 400% ⇨ 100% 감축
자본금	1억 원	1억 원	-
대출금	4억 원	1억 원	-
총투자 가능	5억 원만큼 투자 가능	2억 원만큼 투자 가능	투자 감축 (5억 원 ⇨ 2억 원) (방만한 과잉 투자 ⇨ 투자, 선택과 집중)
총고용 가능	5억 원만큼 고용 가능	2억 원만큼 고용 가능	고용 감축 (5억 원 고용 ⇨ 2억 원 고용) (방만한 과잉 고용 ⇨ 고용, 선택과 집중)

첫째, 기업의 경쟁력 관점에서 핵심 역량을 내부화하고, 덜 중요한 비핵심 역량은 외부화하는 것이 바람직하다. 둘째, 노동조합의 저항이 강한 경우 내부 역량으로 남겨둔다. 상대적으로 노동조합의 저항이 약한 경우 외부 역량으로 재배치하게 된다. 400% 부채비율을 100%로 줄여야 했던 1997~2007년의 기간 동안 외주화가 급팽창하게 된 이유다. 내부·외부 역량의 재배치는 오늘날 한국의 노동문제에서 가장 중요하게 취급되는 '노동시장 이중구조'와 정확하게 같은 의미다.

1997년 외환위기 이후 부채비율의 급진적 축소와 관련해서 내부·외부 역량의 급진적 재편을 상징적으로 보여주는 사건이 있다. 1998년 현대자동차에서 정리해고 반대 투쟁이 벌어졌을 때 울산 현대자동차 노동조합이 식당 아주머니들의 해고를 동의해줬던 사건이다. 이는 이후 다큐멘터리 〈밥, 꽃, 양〉이라는 제목으로 제작되어 화제가 되기도 했다. 당시 현대자동차 노동조합은 회사 측의 압력에

못 이겨 '비정규직 30% 사용'을 합의한다. 현대자동차 노조의 합의로 인해 식당 아주머니들과 경비 아저씨들은 어제까지는 현대자동차의 정식 직원이었는데, 앞으로는 파견 회사 노동자들로 바뀌게된다.

둘째, 기업 투자 행태의 변화다. [표 5-4]에서는 1997년 외환위기 이전과 이후의 기업 투자 행태 변화와 파급효과를 정리했다. 1997년 외환위기를 전후해서 기업의 자금조달 방식은 크게 바뀌게된다. 기업의 자금조달 방식의 변화는 기업의 경영전략, 기업의 투자 행태, 기업의 고용방식, 기업의 성장률, 기업의 부도 가능성, 국가의 부도 가능성 모두에 대해 연쇄적인 변화를 초래하게 된다. 1997년 외환위기를 전후한 변화는 미시적인 차원에서는 기업의 자금조달 및 투자 패턴 변화다. 거시적인 차원에서는 한국의 경제구조와 성장 구조가 근본적으로 바뀌게 된다.

먼저 1997년 외환위기 이전을 살펴보자. 1997년 외환위기 이전에 기업 자금조달 방식의 가장 큰 특징은 은행 차입과 400% 수준에 달하는 높은 부채비율이었다. 이 경우, 기업 경영자는 성장 극대화 전략을 취하게 된다. 은행 차입 방식에서는 이자 납부 이후의 수익은 모두 경영자의 통제권 아래 놓이게 된다. 기업 경영자는 부채비율이 높을수록 공격적인 투자를 하게 된다. 즉, 은행 차입과 높은 부채비율인 경우 기업 경영자는 성장 극대화를 추구하게 된다. 기업행태와 경제적 작동 방식은, 높은 부채비율 → 높은 수준의 투자율(중

표 5-4 기업 투자 행태 변화와 파급효과: 1997년 외환위기 이전 대 이후

구분	외환위기 이전 (박정희식 발전국가)	외환위기 이후
부채비율 자금조달 방식	400%, 높은 부채비율 은행 차입	100%, 낮은 부채비율 주식 발행, 회사채 발행
자본주의 모델	은행 중심 자본주의	자본시장 중심 자본주의
기업의 경영전략	성장 극대화	수익 극대화
기업의 투자	높은 수준의 투자율 (중복과잉 투자)	낮은 수준의 투자율 (적정 투자)
기업의 고용	높은 수준의 고용 (과잉 고용)	낮은 수준의 고용 (적정 고용)
기업의 성장	높은 수준의 성장률	낮은 수준의 성장률
위험	높은 위험 (높은 수준의 부도 가능성)	낮은 위험 (낮은 수준의 부도 가능성)
부도 가능성	기업 및 국가의 부도 가능성 큼	기업 및 국가의 부도 가능성 작음

복과잉 투자) → 높은 수준의 고용(과잉 고용) → 높은 수준의 경제성장률 → 높은 수준의 부도 가능성으로 연결된다. 부채비율이 높은 기업의 결정적 약점은 불황기에 외부적 쇼크가 올 경우 자금 유동성 문제가 발생해서 채무불이행 가능성이 커진다는 점이다. 기업 차원에서는 기업부도 가능성이 커지고, 국가 차원에서는 국가부도 가능성이 커진다. 국가부도 가능성은 외환위기 형태로 나타난다. 이러한 시스템은 박정희식 발전국가 이후 한국 자본주의의 기본적인 작동 방식이었다.

이제 1997년 외환위기 이후를 살펴보자. 외환위기 이전 400% 수준의 높은 부채비율은 불과 10년 만에 100% 수준으로 낮아졌다.

자금조달 방식도 자본시장에서 주식 발행과 회사채 발행으로 변했다. 이 경우, 기업 경영자는 수익 극대화를 추구하게 된다. 기업 행태와 경제적 작동 방식은, 낮은 부채비율 → 낮은 수준의 투자율 → 낮은 수준의 고용(핵심 역량과 주변 역량의 재배치) → 낮은 수준의 경제성장률 → 낮은 수준의 부도 가능성으로 연결된다. 1997년 외환위기 이후, 한국 자본주의의 투자율이 낮아지고, 고용 증가폭이 낮아지고, 성장률이 낮아진 것은 자금조달 방식과 투자 행태의 변화가 작동했기 때문이다.

1997년 외환위기를 전후한 한국 자본주의의 구조 변화로 인해 적지 않은 진보 쪽 경제학자들도, 보수 쪽 경제학자들도 탄식하는 경우가 많다. 이들은 IMF와 미국 금융자본의 부당한 요구로 인해 한국 자본주의의 장점이 파괴됐다고 탄식한다.[5] 하지만 이런 입장은 박정희식 발전국가의 장점은 제대로 포착하고 있지만 결정적 약점에 대해서는 간과하고 있다.

셋째, 우리는 1997년 외환위기를 전후로 기업 및 국가의 부도(채무불이행) 가능성이 어떻게 달라졌는지 살펴볼 필요가 있다. 1997년 이전 한국 자본주의의 모델, 높은 부채비율에 기반한 차입의존형 자본주의는 지속 가능한 모델이 아니었다. 왜냐하면 이 모델은 '미·소 냉전 체제'라는 국제적 환경하에서만 가능했기 때문이다. 이 부분은 진보와 보수를 막론하고, 많은 경제학자들이 놓치고 있는 지점이다.

1997년 외환위기 이전, 높은 부채비율에 기반한 차입의존 경제

구조는 결정적 약점을 가지고 있었다. 경기불황기에 유동성 위기로 인한 채무불이행 가능성이었다. 채무불이행 가능성은 기업 부도와 국가부도 모두 포함된다. 기업 부도 가능성은 박정희·전두환 시절에 은행은 국유화되어 있었기에 '위험의 사회화'를 통해 해결했다. 기업 부도 위험에 대해 정부는 만기 연장, 채무 재조정, 자금 추가지원 등으로 해결했다. 기업의 부도 위험을 국민 모두의 자금으로 방어해줬다.

문제는 국가부도 가능성이었다. 국가부도는 외환위기 형태로 나타난다. 높은 부채비율에 기반한 차입의존 경제는 국가부도 가능성에 대해서는 해법이 없었다. 잦은 외환위기가 발생한 이유다. 많은 사람이 한국의 외환위기가 1997년에만 있었던 것으로 생각하는 경향이 강하다. 그것은 사실이 아니다. 해방 이후 한국경제사에서 외환위기는 총 4번 있었다. 1972년 외환위기, 1980년 외환위기, 1997년 외환위기, 2008년 외환위기였다. 2008년 외환위기는 1997년 외환위기 충격이 워낙 커서 높은 수준의 외환보유고를 유지했고, 조기에 한미 통화 스와프 협정을 체결해서 방어했다. 우리가 살펴봐야 하는 것은 1972년 외환위기, 1980년 외환위기, 1997년 외환위기다. 2008년을 포함한 한국의 외환위기는 모두 글로벌 차원의 경제위기가 한국에 영향을 미치면서 발생했다.

1972년 외환위기는 미국에서 닉슨 대통령이 달러와 금을 일정 비율로 교환해주던 금 태환을 정지하면서 발생했다. 닉슨의 금 태환

정지로 인해 세계금융은 급속히 불안정해졌다. 한국의 외환위기 가능성이 커졌다. 1972년 외환위기 가능성을 막기 위해서 박정희 정부가 취한 조치가 '8·3 사채동결 조치'였다. 당시 대기업들은 은행 차입 이외에도 명동 사채 시장을 통해 자금을 조달했다. 박정희 정부는 수출 중심 공업화 노선의 연장으로 수출에 적극적인 산업자본을 적극적으로 지원했다. 수출 대기업들이 외환 부채를 상환하지 못하는 부도 가능성에 직면하자 사채동결 조치를 취했다. 사채업자 입장에서는 폭력적인 방식의 불이익이었다.

1980년 외환위기는 1979년 이란의 이슬람 혁명으로 인한 제2차 석유파동과 1979~1980년에 미국의 연방준비제도 이사회(Fed) 의장이 된 폴 볼커(Paul A. Volcker)의 대규모 금리인상 때문에 발생했다. 미국은 1970년대 말 스태그플레이션에 시달렸다. 경기불황과 인플레이션이 함께 작동했다. 미국의 달러 가치는 약해졌다. Fed 의장인 폴 볼커는 물가안정과 달러 가치 안정을 위해 기준금리를 20% 초중반 수준으로 올린다. 미국 금리가 20% 초중반까지 올라가자 신흥국이었던 한국경제는 외환위기 가능성에 직면하게 된다. 1980년에 한국 기업의 부채비율은 500% 수준이었다. 1979년에 한국의 GDP 대비 대외부채비율은 무려 33% 수준이었다. 1980년 기준 GDP 대비 단기부채(1년 미만) 비율만 무려 15%였다. 1980년 기준 한국의 단기외채 규모는 외환보유고의 150% 수준이었다.[6]

1980년 한국경제는 외환위기가 발생하는 것이 오히려 정상적이었다. 하지만 그해 한국은 엄청난 규모의 대외부채와 단기부채비율, 그리고 허약한 외환보유고에도 불구하고 끝내 외환위기가 발생하지 않았다. 왜 그랬을까? 미국과 일본이 개입해서 한국 정부를 도와줬기 때문이다. 1980년 전두환은 군사 쿠데타와 광주 학살을 통해 집권한 이후에 일본 정부에게 차관을 요구했다. 그랬더니 실제로 1981년에 일본은 한국 정부에게 대규모 차관을 지원해줬다. 미국은 한국 부채에 대해 채무 재조정을 해줬다. 당시 전두환 정권이 일본 정부에게 차관 제공을 요구한 명분은 안보였다. 한국이 '공산주의 국가와 대치 상태'에 있기에, 일본은 한국 덕분에 안보 비용을 절약하고 있다는 주장이었다. 전두환 정권이 요청한 명분은 일본에 실제로 설득력을 발휘했고, 일본은 대규모 차관을 한국 정부에 제공한다.

당시 한국과 관련해, 미국 정부와 일본 정부가 가장 걱정하던 것은 한국이 '공산화'되는 것이었다. 당시는 미국과 소련이 치열하게 체제 경쟁을 하고 있었다. 미·소 냉전 체제였다. 당시 미국, 일본, IMF는 '한국이 망하지 않도록' 최대한의 지원을 했다. 이들 나라들은 한국 정부만큼이나 한국이 공산화되지 않기를 갈망했다. 미·소 냉전 체제 내내 한국이 망하지 않는 것은 한국 국민의 관심사이기도 했지만, 미국 정부와 일본 정부의 최대 관심사 중 하나였다.

1997년 외환위기 때는 상황이 달라졌다. 1991년 소련이 망해버렸기 때문이다. 미국과 소련의 냉전적 체제 경쟁이 끝났다. 소련은

망했고 미국이 승리했다. 한국이 공산화될 가능성은 사라졌다. 소련이 망하게 되자 미국과 일본은 1980년에 그랬던 것처럼 '한국이 망하지 않도록' 물심양면으로 도와줄 필요도 사라졌다.

우리는 1997년 외환위기가 발생했을 때 미국과 IMF가 유독 한국에게 가혹한 구제금융 조건을 제시했다고 생각했다. 하지만 실제 상황은 오히려 반대에 가깝다. 미·소 냉전기에 미국은 유독 한국에게 관대한 정책을 펼친 것으로 봐야 한다. 한국이 공산화되는 것을 막기 위해서였다.

높은 부채비율에 의존한 차입의존 경제는 높은 투자, 높은 고용, 높은 경제성장률과 연결된다. 이 지점은 장점이다. 하지만 결정적 약점이 있었다. 국가부도(외환위기) 가능성이 매우 큰 시스템이었다. 고부채, 고투자, 고고용, 고성장, 고부도 가능성은 서로 연동된 것이었다. 한국경제는 실제로 1972년, 1980년, 1997년 3번에 걸쳐 외환위기 사태가 발생했다. 1972년 외환위기는 8·3 사채동결이라는 폭력적인 방식으로 한국 정부가 해결했다. 1980년 외환위기는 미국 정부와 일본 정부가 '한국이 공산화될까 봐' 걱정했기에 차관 지원과 채무 재조정을 해줬다. 1997년 외환위기는 상황이 달라졌다. 미국과 일본 모두 차관 지원과 채무 재조정을 해줘야 할 이유도, 한국이 공산화될까 봐 걱정할 필요도 없어졌다. 1997년 한국의 외환위기 이후, IMF가 가혹한 구제금융 조건을 제시한 이유다.

김영삼 정부의 세계화 선언은 1995년에 있었다. 한국이 OECD

에 정식으로 가입한 것은 1996년이다. 세계화 선언 및 OECD 가입에 맞춰 김영삼 정부는 금융 자유화 조치를 단행했다. 국내 금융기관들은 해외 단기자금을 마구마구 빌렸다. 특히 당시 일본은 1990년 버블 붕괴 이후 극단적인 저금리 상태였다. 일본은 극단적인 저금리였고, 한국은 10%가 넘는 고금리였다. 일본에서 차입하고 한국에서 투자하면 엄청난 수익이 보장됐다.

김영삼 정부와 한국의 경제관료들이 간과한 것이 있었다. 그것은 '냉전 해체'라는 국제정치적인 정세변화가 높은 부채비율에 기반한 차입의존 한국경제의 특징과 어떻게 연결되는지였다. 냉전 해체는 미국 입장에서 한국의 공산화가 두려워서 한국을 더 이상 배려할 필요가 사라졌음을 의미했다. 높은 부채비율에 기반한 차입의존형 성장 방식은 더 이상 지속 가능하지 않음을 의미했다. 1997년 외환위기와 IMF의 가혹한 구제금융 조건이 '미국 금융자본의 음모'라고 주장하는 일부 경제학자들의 주장이 설득력을 갖기 어려운 이유다.[7]

1997년 외환위기 사태와 관련해 우리가 잊지 말아야 하는 것은 박정희식 발전국가 모델의 장점과 단점은 서로 연동되어 있다는 점이다. 박정희식 발전국가 모델의 최대 장점은 높은 투자, 높은 고용, 높은 성장이었다. 박정희식 발전국가 모델의 최대 약점은 높은 국가부도 가능성이었다. 단점을 버려야 한다면 장점도 같이 버려야만 한다. 둘은 연동되어 있다.

우리의 주된 관심사인 한국경제 불평등의 관점에서 보면,

1997년 외환위기 이후 가장 중요한 변화는 부채비율의 급진적 축소였다. 이는 내부 역량과 외부 역량의 이중화를 구조화시켰다. 오늘날 노동시장 이중구조의 기원이다. 외주화가 활성화되고 비핵심 역량의 경우 대기업의 비정규직 사용이 일상화된 이유다. 한국경제가 다시 냉전 체제에 기반한 박정희식 부채주도 경제성장 모델로 회귀하려고 하지 않는 이상, 우리는 1997년 이전의 경제체제로 다시 돌아갈 수 없다. 물론 다시 돌아가는 것이 바람직한 것도 아니다.

2001년 충격: 대기업의 수출 대박 충격

넷째, 2001년 WTO 충격이다. 중국은 2001년 12월에 WTO에 가입한다. 이후 중국경제는 연평균 10~15%에 달하는 경제성장을 한다. 중국의 연평균 수출 증가율은 약 25% 수준에 달했다. 2000년대 중국에 대한 한국의 수출 증가율은 연평균 30% 수준에 달했다. 중국에 대한 한국 수출은 대기업이 중심이었다. 수출·제조업·대기업에 종사하는 한국 노동자들은 소득상층 10%에 위치하는 사람들이다. 삼성전자, SK하이닉스, LG전자, 현대자동차, 삼성중공업, 대우조선, 현대중공업, 포항제철로 상징되는 사람들이다. 중국에 대한 수출 대박은 상층 10%에 해당하는 고임금노동자들의 급격한 소득 상승으로 연결됐다. 특히 수출 성과와 연동된 연말 상여금이 급증했다. 한국 대기업의 임금체계는 사실상 '수출연동형 임금체계'다. 한국의 대기업·중소기업의 기업 규모별 임금 불평등 연구에서 정액 급여보다 상여금이 큰 비중을 차지하는 것으로 나오는 이유다.

한국의 급격한 수출 대박은 2가지 결과를 야기하게 됐다. 하나는, 한국의 경제적 불평등을 크게 증가시켰다. 수출·대기업·제조업에 종사하는 상층 10% 노동자들의 소득이 급상승했기 때문이다. 다른 하나는, 한국의 GDP를 급상승시켰다. 한국의 1인당 GDP는 1977년 1,000달러 달성, 1989년 5,000달러 달성, 1995년 1만 달러 달성에 성공한다. 이후 2010년 2만 달러 달성에 성공하고, 2017년에 3만 달러에 도달한다. 1인당 GDP 기준 1,000달러에서 1만 달러가 되는 데 18년이 걸렸다. 1만 달러에서 2만 달러가 되는 데 15년이 걸렸다. 2만 달러에서 3만 달러는 불과 7년 만에 달성한다. 2021년 UN무역개발회의(UNCTAD)는 만장일치로 한국을 선진국으로 인정했다. 제2차 세계대전 이후 식민지 경험이 있는 나라 중에 선진국에 도달한 나라는 한국이 유일하다. 2021년 기준으로 한국의 국가 GDP 순위는 10위다. 이는 러시아, 브라질, 호주, 스페인을 앞선 수준이다. 한국 앞에는 캐나다(9위), 이탈리아(8위)가 있는데, 성장률 추세를 고려할 때 몇 년 이내로 제칠 가능성이 크다. 한국은 몇 년 안에 국가 GDP 순위 세계 8위가 될 가능성이 크다.

유의할 것은, 중국에 대한 한국의 수출 대박, 한국의 소득상층 10% 노동자들의 소득 급상승, 임금 불평등의 확대, 한국이 글로벌

G10 국가가 된 것, 한국이 선진국으로 인정된 것은 모두 중국경제의 급성장에 한국이 올라탔기 때문이다. 같은 원인에서 파생된 상이한 현상들이다. 2001년 이후, 한국경제 불평등은 '중국 수출 대박 불평등'이었다.

4개의 연쇄적 충격: 경제 불평등 확대의 입체적 재구성

한국경제 불평등은 왜 오랫동안 꾸준히 확대됐는가? 4가지 충격이 연쇄적으로 작동했기 때문이다. 1992년 충격과 2001년 충격은 국제적 환경 변화로 인한 충격이었다. '중국발 충격'이었다. 1987년과 1997년은 국내적 환경 변화로 인한 충격이었다.

1994~2008년은 불평등 확대기였다. 이때는 김영삼 정부, 김대중 정부, 노무현 정부 집권기였다. 이들 세 정부의 공통점은 '민주화운동을 했던' 사람이 대통령이 됐다는 점이다. 노무현 정부 시절, 민주노동당을 포함한 진보정당, 진보적 지식인, 진보적 시민단체, 진보언론은 "민주정부가 불평등을 확대시켰다"라며 노무현 정부를 공격했다. 하지만 이 시기 불평등이 확대된 것은 이들이 재벌 편향 정책, 신자유주의적 정책, 비정규직 남용 정책을 써서가 아니다.

이 시기에 불평등은 왜 증가했는가? 1987년 노동의 민주화,

표 5-5 1987~2008년 기간 동안 있었던 불평등 확대의 4가지 충격과 한국의 노동시장
이중구조 형성 과정

	1987년 충격	1992년 충격	1997년 충격	2001년 충격
환경 변화	국내적 환경 변화	국제적 환경 변화	국내적 환경 변화	국제적 환경 변화
충격의 본질	노동의 민주화	중국의 경제적 부상	부채비율의 급진적 축소	중국의 경제적 부상
사건·계기	6월 항쟁, 노동자 대투쟁 민주노조의 대규모 설립	덩샤오핑의 남순강화 한국·중국 수교	외환위기, 냉전 해체 IMF 구제금융 신청	중국의 WTO 가입 한국의 수출 대박
불평등 확대 작동 방식	대기업 노동자의 임금 인상	저기술·노동집약적· 제조업 일자리의 급감	내부·외부 역량의 이중구조화	상층 노동자의 소득 급상승
상중하 변동	상층의 임금 상승 중층 노동자 붕괴	중임금노동자 몰락	상층의 내부화 중하층의 외부화	상층의 소득 상승
불평등 영향	기업 규모 간 격차 확대 시작	중소득 일자리의 대규모 감소	노동시장 이중구조 심화	수출·제조업·대기업 상층 10%의 소득 급상승

1992년 한·중 수교 및 중국의 경제적 부상, 1997년 부채비율의 급
진적 축소, 2001년 중국의 WTO 가입과 중국에 대한 수출 대박이
결합됐기 때문이다.

[표 5-5]는 1987~2008년 기간 동안 있었던 불평등 확대의
4가지 충격과 노동시장 이중구조의 형성 과정을 정리한 것이다. 4가
지 연쇄적인 충격은 한국경제의 불평등 확대 및 공고화의 원인들이
다. 중심부·주변부의 노동시장 이중구조가 공고해졌다. 대기업·중
소기업의 이중구조가 공고해졌다. 수출·내수의 이중구조가 공고해
졌다. 제조업·서비스업의 이중구조가 공고해졌다. 좋은 일자리·나

뻔 일자리의 이중구조가 공고해졌다.

1987년 충격은 노동의 민주화였다. 노동의 민주화는 박정희·전두환 시절 '권위주의적 연대임금제'를 파괴했다. 군사독재가 강요한 임금 평등을 해체하고, 기업별 민주노조에 기반한 임금 불평등을 촉진했다. 오늘날 경제 불평등의 시작점은 1987년 민주화 그 자체다. 한국의 불평등은 직선제 쟁취 및 노동 3권 쟁취와 더불어 찾아왔다.

1992년 충격은 국제분업 구조의 재편이었다. 중국경제의 부상과 한·중 수교의 체결이 계기점이었다. 한국은 중국이 경제적으로 부상하는 초기 국면에 올라탔다. 노태우 정부의 선구적인 북방정책이 큰 역할을 했다. 한국과 중국의 역사문화적 친화성, 지리적 인접성, 산업구조의 유사성도 크게 작용했다. 1990년대 이후 한국경제에서 나쁜 일과 좋은 일은 중국경제와 크게 관련된다. 중국경제의 급진적 성장으로 인해 한국 불평등이 커졌다. 중국경제의 급진적 성장으로 한국은 높은 성장률과 높은 수준의 국가 GDP를 달성하게 됐다.

1997년 충격은 부채비율의 급진적 축소였다. IMF 외환위기의 발생은 미·소의 냉전 해체와 함께 찾아왔다. 박정희식 부채주도 경제성장은 구조적으로 외환위기(국가부도) 가능성이 매우 큰 체제였다. 한국경제는 몇 차례 외환위기 가능성이 있었다. 때로는 군사정부의 폭력적 방식으로, 때로는 한국의 공산화를 걱정했던 미국과 일본의 배려와 채무 재조정으로 외환위기를 피할 수 있었다.

하지만 1991년 소련이 망해버리고 냉전이 해체되자 미국은 한국을 배려할 이유가 없어졌다. 애초 한국의 경제발전은 냉전 체제라는 외교안보적 환경이 중요한 배경이었다. 냉전이 해체되면서, 높은 부채비율에 의존한 차입의존형 한국경제 모델은 더 이상 지속 가능한 모델이 아니었다. 1997년의 아픔은 크게 보면 피하기 어려운 진통이었다.

2001년 충격은 중국의 WTO 가입이 한국경제에 준 충격이었다. 핵심은 중국에 대한 수출 대박이었다. 수출 대박의 혜택은 수출·제조업·대기업에 종사하는 사람들이 상대적으로 더 많이 누렸다. 물론 그 덕택에 한국경제는 1인당 GDP의 급상승을 조기에 달성했다. 2021년 한국이 선진국이 되는 동력이 됐다.

우리는 1997년 이전의 평등했던 경제체제로 돌아갈 수 있는가? 1997년 이전처럼 외주화가 적고 정규직이 더 많던 경제체제로 돌아갈 수 있을까? 이런 시각을 가진 분들이 보기에는, 현재 한국의 노동 체제는 재벌 편향, 신자유주의 편향, 비정규직 남용 정책의 결과물이다. 이 경우, 해법이 선명하다. 재벌 개혁, 국가 개입 강화, 비정규직의 정규직화를 하면, '1997년 이전의, 평등한 노동 체제'를 만들 수 있다고 주장한다. 문재인 정부의 최저임금 1만 원, 공공부문 비정규직의 정규직화, 노동시간 단축(주52시간제), 노동 존중 사회, 소득주도성장은 모두 이런 문제의식의 연장이었다.

이런 입장은 아름다운 주장이지만, 복고적이며 낭만적이다. 현재와 같은 노동 체제는 '신자유주의적' 정책 때문이 아니다. '4가지 충격'으로 인한 환경 변화가 가장 주된 원인이었다.

한국의 노동시장 이중구조가 4가지 환경 변화로 발생했다는 분석은 노동시장 이중구조에 대한 기존의 원인 분석 및 해법에 대해서도 재검토를 요구한다. 여기서는 2가지만 언급하기로 한다. 첫째, 보수 언론이 집중적으로 제기하는 대기업 노조 책임론이다. 둘째, 연공급의 문제점과 직무급 이슈다. 하나씩 살펴보자.

첫째, 대기업 노조 책임론이다. 결론부터 말해, 한국의 노동시장 이중구조는 대기업 노조의 책임이 아니다. 한국 진보세력은 불평등 확대와 노동시장 이중구조 원인이 재벌, 신자유주의, 비정규직 확대의 3대 적폐 때문이라고 주장한다. 하지만 이러한 주장은 사실이 아니다. 보수 언론이 주도하는 대기업 노조 책임론은 '보수 버전의 적폐론'에 다름 아니다. 한국경제 불평등이 확대된 것은 재벌, 신자유주의, 비정규직 확대라는 3대 적폐 때문이 아니었다. 마찬가지 원리로, 대기업 노조 때문도 아니다. 거듭 강조하지만 한국경제 불평등 확대는 1987년 충격, 1992년 충격, 1997년 충격, 2001년 충격이 연쇄적으로 작동했던 4가지 환경 변화 때문이다.

대기업 노조에 소속된 조합원들이 소득 상층 5~10%에 속하는 것은 명백하다. 대기업 노조가 불평등 축소에 소홀하다는 비판도 정당하다. 하지만 그들이 불평등을 '만든 것'은 아니다. 그들이 노동시장 이중구조를 만든 것도 아니다. 물론 한국 노동조합운동이 태동하던 1987년에 이왕이면 기업별 노조가 아니라 산업별 노조였으면 더 좋았을 것이다. 그렇다고 해도 기업별 노조 자체가 나쁜 짓이었다고 평가할 수는 없다.

둘째, 연공급 임금체계와 직무급 이슈다. 연공급이란 나이가 많을수록 더 많은 임금을 받는 임금체계다. 연공급과 직무급 이슈의 공론화는 이철승 교수가 대표적이다. 이철승 교수의 경우 《불평등의 세대》와 《쌀 재난 국가》에서 연공급의 문제점과 직무급 전환의 필요성을 '불평등'의 관점에서 제기했다. 연공급의 문제점과 직무급 전환의 필요성은 불평등보다는 세대 간 공정성의 문제와 효율적 임금체계의 관점에서 접근해야 한다. 연공급 임금체계의 문제점을 거칠게 설명하면, 50세는 5,000만 원을 받고 20세는 2,000만 원을 받는 것과 같다. 이 경우 한 축으로는 세대 간 불공정 문제이며, 다른 한 축으로는 생산성과 괴리되는 임금체계로 인한 비효율성 문제다. 연공급 기울기는 완화되어야 하고, 특히 공공부문의 경우 직무급 전환을 촉진해야 한다. 하지만 연공급 기울기를 완화하고 직무급을 도입한다고 노동시장의 불평등과 노동시장의 이중구조가 완화될 개연성은 매우 낮다. 반복해서 강조하지만 노동시장의 이중구조 원인은 4가지 환경 변화 때문에 발생한 것이기 때문이다. 또한 노동시장 불평등은 수출·제조업·대기업의 고부가가치 노동자와 내수·서비스업·중소기업의 저부가가치 노동자 사이에서 발생하기 때문이다. 이와 달리 연공급 기울기와 직무급 임금체계는 '동일한 회사 내에서' 벌어지는 장년 노동자와 청년 노동자의 갈등 혹은 기존 노동자와 예비 노동자 사이의 갈등이다.

4개의 충격과 그 귀결: 소득 분위별 일자리 증가와 국가 GDP의 급상승

[그림 5-2]는 1993~2002년 기간 동안의 일자리 10분위별 증감 추이를 보여준다.[8] 4가지 환경 변화 충격이 일자리에서 어떤 결과를 야기했는지 한눈에 보여준다. 특징적인 내용은 2가지다.

첫째, 일자리 증가의 양극화 현상을 한눈에 알 수 있다. 1993~2002년 기간 동안 늘어난 일자리는 총 345.8만 개다. 늘어난 일자리 전체를 100%로 간주하면, 하층 30% 일자리는 34.3%(총 118.7만 개) 증가했다. 중위 40% 일자리는 7.7%(총 26.6만 개) 증가했다. 상층 30% 일자리는 58%(총 200.4만 개) 증가했다. 중임금 일자리에 해당하는 4~7분위의 일자리 증가가 가장 미미하다. 저숙련·저기술 분야의 일자리는 중국경제의 부상으로 인해 등장하기 어렵게 됐다. 다르게 표현하면, 한국의 일자리 증가 패턴은 국내적 요인에 의해 결정되지 않는다. 한국의 일자리는 글로벌 밸류체인의 변화와 연동되어 작동한다.

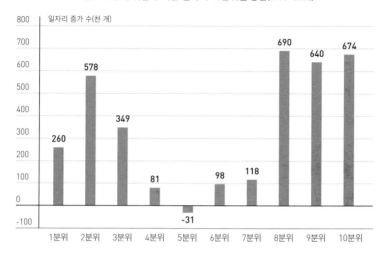

그림 5-2 전체 취업자 기준 일자리 10분위별 증감(1993~2002)

둘째, 상층 30% 일자리 증가가 전체 일자리 증가의 58%를 차지한다. 하층 30% 일자리는 34.3% 늘어났다. 하층 대비 상층 일자리의 증가폭은 약 2배에 달한다. 이는 곰곰이 생각해보면 당연하다. 고임금 일자리 증가와 한국의 1인당 GDP 상승은 같은 의미다. 저임금 일자리가 더 많이 늘어났다면, 1인당 GDP가 대폭 상승하는 일은 없었을 것이다.

[표 5-6]은 1990년 대비 2020년의 GDP 순위 변화다. 한국은 1990년대 이후 글로벌 자본주의의 격변으로 인해 가장 큰 혜택을 본 나라다. 1990년 기준으로 한국의 GDP는 2,830억 달러였다. 국가 순위는 16위였다. 2020년 기준, 한국 GDP는 1.6조 달러가 됐다. 1990~2020년 기간 동안 한국의 GDP는 5.7배 증가했다. 국가 순위

표 5-6 GDP 국가 순위 1990년 VS 2020년(출처: IMF)

1990년 GDP 순위			2020년 GDP 순위		
순위	국가	GDP(달러)	순위	국가	GDP(달러)
1	미국	6조	1	미국	21조
2	일본	3.1조	2	중국	15조
3	독일	1.6조	3	일본	4.9조
4	프랑스	1.3조	4	독일	3.8조
5	영국	1.2조	5	영국	2.6조
6	이탈리아	1.2조	6	인도	2.6조
7	캐나다	5,960억	7	프랑스	2.6조
8	이란	5,750억	8	이탈리아	1.8조
9	스페인	5,360억	9	캐나다	1.6조
10	브라질	4,550억	10	한국	1.6조
11	중국	3,970억	11	러시아	1.5조
12	인도	3,270억	12	브라질	1.4조
13	호주	3,230억	13	호주	1.3조
14	네덜란드	3,210억	14	스페인	1.2조
15	멕시코	2,900억	15	인도네시아	1.1조
16	한국	2,830억	16	멕시코	1조

는 10위가 됐다. 한국은 캐나다, 이탈리아와 비슷한 경제 수준이 됐다.

1990년 기준, 일본 GDP는 3.1조 달러였다. 한국 GDP는 2,830억 달러였다. 일본을 100%로 간주하면, 한국의 상대 비율은 9.1%에 불과했다. 2020년 기준, 일본 GDP는 4.9조 달러다. 한국 GDP는 1.6조 달러다. 일본 대비 한국의 상대 비율은 34.7%가 됐다. 일본 인구는 1억 3,000만 명, 한국 인구는 5,300만 명이다. 인구를 감안하면 일본의 1인당 GDP와 한국의 1인당 GDP는 거의 근접했다. 일본과 한국의 물가까지를 감안한 달러 표시 구매력평가 기준(PPP)의 경우, 한국은 2017년에 일본의 1인당 GDP를 앞질렀다.

1990년과 2020년을 비교할 때, 가장 드라마틱한 변화를 보여주는 나라는 중국이다. 중국은 1990년 GDP 규모 세계 11위에서 2020년에는 GDP 규모 2위 국가가 됐다. 1990년 기준, 중국의 GDP 규모는 일본과 비교하면 10분의 1 수준이었다. 중국 GDP는 2010년을 기점으로 일본을 제쳤다. 2020년에 중국 GDP는 15조 달러다. 일본은 4.9조 달러다. 중국 GDP가 일본에 비해 3배가 넘는다. 1990년대 이후 글로벌 자본주의 격변의 중심지는 중국이었다. 중국은 일본에 비해 10분의 1 수준의 경제 규모에서 3배 더 큰 경제 규모가 됐다. 중국의 압도적인 경제적 우위는 군사적 위협으로도 연결되기 쉽다. 일본은 물론 주변 국가들이 중국에 대해 '군사적 위협'을 느끼는 것은 충분히 이해되는 부분이다.

흥미롭게도, 4개의 충격으로 인한 환경 변화가 한국의 경제 불평등을 증가시켰다면, 최근의 국제적인 환경 변화는 불평등을 완화하는 방향으로 작동하고 있다. 우리는 앞서 3대 변곡점의 하나로 2015년 변곡점을 살펴본 바가 있다. 한국경제 불평등은 2015년 이후부터 최근까지 경향적으로 완화되는 중이다. 글로벌 교역의 상승폭이 줄어들고, 중국이 중간재의 국산화를 하고 있기 때문이다.

2018년 미국의 트럼프 대통령은 중국에 대해 관세 전쟁을 선포한다. 미국의 중국 견제가 본격화된 것이다. 미국의 중국 견제 흐름은 바이든 정부 출범 이후에도 지속되고 있다. 미국의 중국 견제, 중국의 중간재 국산화, 글로벌 밸류체인이 약화될 경우, 1990년대 중반~2010년대 중반까지 진행된 것과 반대 현상이 나타날 것이다. 반대 현상의 작동이란, 글로벌 교역이 축소될 것이라는 의미다. 수출 증가율도 과거보다 둔화할 것이다. 한국경제 불평등은 줄어들 것이다. 경제성장률도 과거보다 낮아질 것이다. 제조업 투자도 상대적으로 줄어들고, 제조업 기반이 강한 부산·울산·경남 지역의 제조업 일자리와 청년 일자리도 경향적으로 축소될 가능성이 크다. 이 모든 경향 역시 특정 정부가 무엇을 잘못해서가 아니라 국제경제의 환경 변화 때문이다. 2015년 이후 한국의 불평등 축소 경향은 성장, 수출, 고용 쇠퇴와 연동된 결과물이다.

13장 / 적폐의 경제학 VS 환경 변화의 경제학

한국경제 불평등에 관한 5가지 통념
: 모두 사실이 아니다

우리는 책의 1부에서 한국경제 불평등에 관한 5가지 통념을 살펴봤다. 한국경제 불평등에 관한 5가지 통념을 정리해보면, 시점, 원인, 정치권 책임, 불평등과 경제성장의 관계, 국내적 요인(일국적 분석)이다. 이를 정리하면 [표 5-7]이다. 이제 우리는 한국경제 불평등에 관한 5가지 통념을 평가할 수 있게 됐다. 결론을 말하자면, 5가지 통념 '모두' 사실이 아니다. 왜 모두 사실이 아닌지 각각 살펴보자.

첫째, 시점이다. 한국경제 불평등은 1997년 외환위기부터 시작되지 않았다. 거시적 지표를 기준으로 보면 1994년부터 시작된다. 이에 대해서는 3대 변곡점을 통해 자세히 살펴봤다. 한국경제 불평등은 미시적 지표를 기준으로 보면 1987년부터 시작된다.

둘째, 원인이다. 재벌, 신자유주의, 비정규직 남용의 3대 적폐론

표 5-7 내부 원인론 VS 외부 원인론: 5가지 통념에 대한 입장 차이

	적폐의 경제학 (내부 원인론)	환경 변화의 경제학 (외부 원인론)
시점	1997년부터	(거시적 지표 기준) 1994년부터 (미시적 지표 기준) 1987년부터
원인	3대 적폐 때문	4대 환경 변화 때문
해법	3대 적폐 타도 (재벌, 신자유주의, 비정규직)	4대 환경 변화 인정 & 재적응
책임 소재	신자유주의를 수용한 민주정부 10년+보수정부 10년의 잘못	잘못된 분석 & 잘못된 처방 한국 정책 생태계의 오류 때문
경제성장과 불평등의 관계	불평등은 무조건 경제성장에 해롭다 (불평등은 절대 악이다)	불평등은 경제성장과 링크되어 있다 (좋은 불평등이 섞여 있다)
분석의 단위	국내적 요인/일국적 분석 (국제사회와 단절된 폐쇄 모델)	글로벌 요인/글로벌 분석 (국제사회와 연결된 개방 모델)

은 한국경제 불평등의 주요 원인이 아니다. 물론 재벌, 신자유주의, 비정규직 남용은 그 자체로 중요한 개혁과제다. 그렇지만, 최소한 한국경제 불평등을 움직였던 주요 원인은 아니다. 한국경제 불평등은 1994~2008년 기간에 증가했다. 이 시기는 김영삼 정부, 김대중 정부, 노무현 정부였다. 한국경제 불평등은 2008~2010년 기간 줄어들고, 다시 2015년 이후 줄어들고 있다. 이 시기는 이명박 정부와 박근혜 정부다.

3대 적폐론에 근거하면, 김영삼·김대중·노무현 정부는 불평등을 확대하는 '적폐 정권'이다. 반면에 이명박·박근혜 정부는 불평등을 줄이는 '진보 정권'으로 해석해야만 한다. 이는 우리의 상식과도 배치되고 사실과도 다르다.

한국경제 불평등의 증가는 4대 환경 변화 때문이었다. 1987년 노동의 민주화, 1992년 한·중 수교 체결 이후 중국경제의 부상, 1997년 외환위기와 부채비율의 급진적 축소, 2001년 중국의 WTO 가입과 한국 대기업의 수출 대박이 불평등 확대의 원인이다.

셋째, 정치권 책임론이다. 1990년대 중반 이후 불평등 증가는 세계적인 현상이다. 사회민주당이 집권하던 스웨덴을 비롯한 북유럽 복지국가도 불평등이 증가했다. 독일, 프랑스 등 서유럽 복지국가들도 불평등이 증가했다. 그 이유는 유럽 정치권이 만장일치로 신자유주의 정책을 펼쳐서가 아니다. 공산권의 몰락, 공산주의 국가들의 자본주의적 산업화 대열 합류, 중국경제의 부상, ICT혁명의 진전, 국제분업 구조의 재편과 글로벌 밸류체인의 심화 등이 작용한 결과다.

오늘날 진보정당의 원형인 민주노동당은 2000년 1월에 창당했다. 민주노동당은 오늘날 정의당으로 이어졌다. 김대중 정부와 노무현 정부 시절, 한국의 진보정당과 진보적 시민사회 세력, 진보적 지식인들은 민주정부 10년의 정책적 과오 때문에 불평등이 증가했다고 주장했다. 문재인 대통령의 소득주도성장정책은 진보정당의 이러한 비판, 주장, 대안을 수용한 것이다. 최저임금 1만 원, 비정규직의 정규직화, 노동시간 단축(주52시간제) 등이 모두 그렇다.

하지만 진보적 열정과 별개로 불평등 발생에 관한 원인 분석이 맞지 않았다. 틀린 분석으로 옳은 처방이 나올 리 없다. 소득주도성장론의 원형은 임금주도성장론이다. 문재인 정부의 2018년 정책은 임금주도성장론에 가까웠다. 2018년 임금주도성장론에 가까운 정책이 투입되자 불평등이 증가하고 고용 상황이 나빠졌다. 좋은 열정이 곧 좋은 세상을 만드는 것은 아니다. 좋은 열정을 간직하되, 정확한 분석과 합당한 정책 처방이 더 중요하다.

넷째, 불평등과 경제성장의 관계다. 그동안의 통념은 불평등 확대는 경제성장에 해롭기에, 불평등을 줄이면 그 자체로 경제성장에 도움이 된다는 논리다. 불평등이라는 단어는 그 자체가 우리의 도덕 관념을 자극한다. 불평등은 윤리적으로 '나쁜 것'으로 사용되는 것이 일반적이다. 불평등은 나쁜 놈, 나쁜 것이기에 불평등을 때려잡는 것은 무조건 좋은 일이 된다. 불평등을 줄일수록 경제성장에 이롭다는 주장은 우리의 도덕 관념에 호소력을 발휘한다. 전체주의가 개념 그 자체로 나쁜 것처럼, 무찌르자 공산당처럼, 무찌르자 불평등의 관념이 자동적으로 형성된다. 하지만 불평등 확대가 경제성장에 해롭다는 주장 역시 사실이 아니다. 원론적으로는 그럴 수도 있고 아닐 수도 있다. 특히 1990년대 이후 한국경제 불평등의 경우 명확하게 사실이 아니다.

불평등에 대한 직관적 개념은 '하층 소득 대비 상층 소득의 격차'다. 불평등이 증가하는 논리적인 경우의 수는 3가지다. 상층 소득이 상승하는 경우, 하층 소득이 하락하는 경우, 중층 소득자 규모가 작아지는 경우다. 1990년대 이후 최근까지 한국경제 불평등이 출렁거렸던 역사적 시계열을 추적해보면, 상층, 중층, 하층의 변동은 각기 다른 이유에 의해 작동했다.

상층의 소득 상승은 1987년 민주노조 설립 열풍과 2001년 중국의 WTO 가입 이후 한국 제조업 분야 대기업의 수출 대박 때문이었다. 한국에서 상층으로 가장 큰 비중을 차지하는 집단은 예나 지금이나 대기업 노동자들이다.

중층 소득자의 규모가 작아진 이유는 1992년 8월 한·중 수교 체결과 중국경제의 부상 때문이었다. 저기술·노동집약적·제조업을 중심으로, 중국과 가성비 경쟁에서 밀린 한국의 중임금노동자가 큰 타격을 받았다.

하층의 경우 고령화가 가장 중요한 변수였다. 고령화는 매우 복합적인 요인들로 작동하는 인구 구조의 변동 때문이다. 고령화가 불평등과 연결되는 메커니즘의 핵심은 노동시장에서 밀려나기 때문이다. 고령화 → 비노동(미취업) → 소득 상실 → 빈곤의 상관관계가 매우 높기 때문이다. 다만, 한국의 역대 정부들은 보수와 진보를 막론하고 어르신과 빈곤자에 대한 소득 보장 정책을 강화해왔다. '국가의 개입 이후' 불평등을 보여주는 가처분소득은 경향적으로 줄어들고 있다.

다섯째, 국내적 요인(일국적) 분석이다. 그동안 한국의 진보세력은 불평등의 원인에 대해 일국적 분석에 과몰입했다. 문재인 정부가 추진한 소득주도성장 정책도 일국적 분석의 연장선에 있다. 하지만 한국경제 불평등은 일국적 요인에 의해 변동하지 않았다. 한국경제 불평등에 대한 글로벌 차원의 분석이 중요한 이유다.

한국경제 불평등에 대한 글로벌 차원의 분석은 단순히 해외 이론을 수입하거나 소개하는 것을 의미하지 않는다. 한국경제가 중국경제와 어떻게 관계 맺고 있는지, 한국경제와 세계경제의 관계는 어떠한지, 경제성장과 불평등의 관계는 어떠한지 입체적으로 분석하는 것을 의미한다.

한국경제 불평등을 상층, 중층, 하층으로 요인 분해하면, 상층의 불평등은 수출과 연동된 '중국발 불평등' 요인이 가장 크다. 수출이 잘되면 불평등이 커진다. 수출이 작살나면 불평등이 줄어든다. 하층의 불평등은 '고령화발 불평등' 요인이 가장 크다. 상층 소득은 글로벌 밸류체인의 변화와 연동해서 움직였고, 하층 소득은 고령화라는 인구구조 변화와 고령층에 대한 소득 보장 정책과 연동해서 움직였다.

한국경제 불평등에 영향을 미치는 가장 큰 2가지 변인(變因)을 꼽으라면, 상층 소득은 수출이고 하층 소득은 고령화다. 수출이 잘되면 불평등이 커진다. 수출이 작살나면 불평등이 줄어든다. 고령자가 늘어나면 불평등이 늘어난다. 노인 일자리를 늘리면 불평등이 줄어든다. 기초연금 인상 등 고령자에 대한 소득 보장 정책을 강화하면 불평등은 줄어든다.

이처럼 실제 한국경제 불평등에서 가장 중요한 변인은 수출과 고령화다. 그런데 왜 우리는 그동안 한국경제 불평등의 주요 원인을 재벌, 신자유주의, 비정규직이라는 3대 적폐로 알게 됐을까? 그것은 '한국 사회운동의 전략전술'과 밀접한 관련이 있다고 봐야 한다.

국내적 요인 분석, 재벌, 신자유주의, 비정규직이라는 3대 적폐론, 정치권 책임론은 모두 '정부를 비난하기에' 매우 적절한 프레임이다. 대정부 투쟁 관점에서 매우 유용한 논리구조다. 사회운동 관점에서 볼 때, 진보 정권이든 보수 정권이든 도깨비방망이처럼 사용할 수 있는 논리구조다. 하지만 한국경제 불평등의 실제 현실과는 별 관계가 없다. 원인 분석이 틀렸기에 어느 정부가 집권하든 좋은 결과를 만들어낼 리가 없다. 한국 진보세력의 주장은 애초에 '사회과학'의 논리가 아니라 '사회운동'의 논리에 가깝다.

한국경제 불평등에 관한 새로운 분석
: 적폐의 경제학 VS 환경 변화의 경제학

한국경제 불평등에 관한 5가지 통념은 '적폐의 경제학'이라고 표현할 수 있다. 적폐의 사전적 정의는 '오랫동안 쌓여 뿌리박힌 폐단'이다. 오히려 '구조적 모순' 개념에 가깝다. 적폐라는 단어가 한국 정치권에 전면적으로 등장한 것은 2014년 4월 16일 세월호 침몰 이후 박근혜 대통령에 의해서였다. 박근혜는 세월호 침몰로 정치적 위기에 몰리자, 책임을 덮어씌울 집단이 필요해졌다. 박근혜가 찾은 적폐는 관피아(관료+마피아)였다. 관료들을 희생양으로 삼으며 관피아 개혁을 표방했다. 박근혜가 사용한 적폐의 뉘앙스는 이중적이었다. 쌓일 적(積)이 아니라 원수 적(敵)에 가까웠다. 한자로 표기하면 적폐(敵弊)에 가까웠다. 누군가를 적으로 간주하며 그들을 폐단으로 지목하는 뉘앙스를 가졌다.

2016~2017년 최순실의 국정농단 사태로 인해 박근혜 대통령은 탄핵된다. 문재인 정부는 적폐청산을 국정 과제의 전면에 내건다. 이때 사용하는 적폐의 개념 역시 '오랫동안 쌓인, 구조적 모순'보다는 '무찔러야 할 원수'에 가까웠다. 구조개혁이 정책의 중심이 아니라, 누군가를 감옥 보내는 것이 중심이 됐다.

박근혜 정부와 문재인 정부의 의도가 무엇이든, 대중적으로 사용된 적폐 개념은 누군가를 적으로 상정하는 것이다. 한국의 진보적 사회운동, 진보정당, 진보적 지식인들이 주장하는 불평등에 관한 5가지 통념 역시 누군가를 적으로 상정하는 것이다. 불평등의 원인으로 재벌, 신자유주의, 비정규직 남용이라는 3대 적폐를 지목하고, 민주정부 10년을 포함한 정치권 책임론, 국내적 요인 분석이 모두 그렇다. '적폐의 경제학'이라는 표현이 적절한 이유다.

반면에 이 책 전체를 관통하는 나의 분석은 적폐의 경제학과 대립한다. 내 견해는 '환경 변화의 경제학'으로 표현할 수 있다. 적폐의 경제학과 환경 변화의 경제학은 쟁점별 입장이 대비된다. 쟁점별 차

표 5-8 적폐의 경제학 VS 환경 변화의 경제학: 쟁점에 대한 차이점

	적폐의 경제학 (내부 원인론)	환경 변화의 경제학 (외부 원인론)
분석의 단위	국내적 요인/일국적 분석	글로벌 요인/글로벌 분석
경제모델의 가정	국제경제와 단절된 폐쇄 모델	국제경제와 링크된 개방 모델
상층의 성공	상층의 성공은 '약탈'의 결과	상층의 성공은 '환경 적응'의 결과
상층 대책 (하층 대책)	상층의 자원을 '재약탈'해야 (상층의 재약탈 자원을 하층에게 재분배)	모든 계층의 상향 이동 지원 (특히 하층의 재적응 도와주기)
경쟁력 강화 필요성	경쟁력 강화 방안 불필요함	경쟁력 강화가 가장 중요함

이점을 정리한 것이 [표 5-8] 이다.

적폐의 경제학과 환경 변화 경제학은 5가지 분야에서 상이한 입장을 가진다. 분석의 단위, 경제 모델의 가정, 상층의 성공 원인, 상층·하층에 대한 대책, 경쟁력 강화 필요성이다. 이에 대해서 하나씩 살펴보자.

먼저 적폐의 경제학을 살펴보자. 적폐의 경제학과 환경 변화 경제학의 입장이 갈라지는 핵심 변별점은 '분석의 단위'다. 적폐의 경제학은 국내적(일국적) 요인을 분석 단위로 한다. 국제경제와의 연계망은 중시되지 않는다. 자연스레 국제경제와 단절된 폐쇄 모델이 가정된다. 일국적 분석을 기본으로 하되 상층의 성공 원인은 '약탈'의 결과로 해석된다. 부자 및 부유층은 약탈자로 간주된다. 상층의 성공은 궁극적으로 약탈의 결과이기에 불평등을 해결하기 위한 상층 대책은 명료하다. 재약탈이다. 부자의 것을 빼앗아 서민들에게 나눠

주는 억강부약(抑强扶弱)의 정의를 실현하는 것이 가장 중요해진다. 2002년 대선과 2004년 총선에서 민주노동당의 캐치프레이즈는 "부자에게 세금을, 서민에게 복지를"이었다. 이 캐치프레이즈는 "상층에게 재약탈을, 하층에게 재분배를"이라는 세계관을 훌륭하게 담아내면서도, 대중적으로 매우 호소력 있게 접근한 경우다.

적폐의 경제학은 본질적으로 로빈후드적 세계관에 기초해 있다. 또한 마르크스주의적 계급사관과 매우 강한 친화성을 가진다. 현재 한국 진보세력의 의식적 원형은 1980년대 형성됐다. 1980년대는 세계적으로는 냉전적 체제 대결, 국내적으로는 군부독재와 대결하던 시기였다. 전두환 군사독재정권을 미국이 후원하고 있다고 봤던 한국의 민주화운동 세력, 학생운동 세력은 반체제 이념으로 소련, 중국, 북한의 이론을 수용한다. 세계는 자본가 계급과 노동자 계급으로 구분되어 있고, 착취하는 계급과 착취당하는 계급으로 양분되어 있다는 세계관은 매우 강력한 정의 관념을 심어준다. 적폐의 경제학에서는 '경쟁력 강화 방안'이 불필요해진다. 현재 발생하는 불평등은 약탈하는 집단과 약탈당하는 집단의 계급적 관계에서 발생하기 때문이다. 진보세력의 정책과 공약 중에는 '경제적 경쟁력 강화' 방안이 현저하게 적은 이유도 이와 무관치 않다.

이제 환경 변화의 경제학을 살펴보자. 분석의 단위, 경제 모델의 가정, 상층의 성공 원인, 상층·하층에 대한 대책, 경쟁력 강화 필요성에 대해 하나씩 살펴보자.

환경 변화의 경제학은 불평등의 발생 원인에서 '글로벌 단위'의 분석을 중요시한다. 자연스럽게 경제 모델 역시 국제경제와 연결된 개방 모델을 가정한다. 상층의 성공 원인은 환경 변화에 대한 재적응의 결과로 본다. 예를 들면 한국경제에서 대기업의 성공 원인을 무엇으로 볼 것인지의 문제가 대표적이다. 적폐의 경제학에서는 한국 대기업의 성공 원인을 '약탈'의 결과로 본다. 이승만 정권 시절의 적산불하(敵産拂下), 박정희·전두환 정권 시절의 금융 및 세금 특혜가 성공 원인이다. 그리고 현재는 중소기업에 대한 기술약탈과 불공정을 성공의 원인으로 본다.

하지만 정경유착과 정권의 특혜, 협력업체에 대한 불공정 거래만으로는 삼성전자를 비롯한 한국 대기업들이 '글로벌 차원'에서 성공한 것을 설명할 수 없다. 한국 대기업의 발전 과정에서, 1950~1970년대에 정권의 특혜가 있었던 것은 명백한 사실이다. 하지만 1980년대 이후 한국 대기업들은 대규모 R&D 투자를 감행했다. 1990년대 이후 세계경제의 격변기에 세계화, 디지털화, 탈냉전, 중국의 부상에 올라타며 한국의 주력 산업에서 일본을 따라잡는 일이 벌어진다. 전자, 반도체, 조선, 해운, 철강, 석유화학에서 그랬다. 현재 GDP 대비 R&D 투자 비중으로 보면 한국은 세계에서 1~2위를 다툰다. 정부, 대기업, 중소기업 중에서도 R&D 투자를 가장 적극적으로 하는 곳은 대기업이다. 삼성전자와 SK하이닉스, 현대자동차로 상징되는 상위 몇 개의 대기업이 한국의 R&D 투자를 선도하고 있다. 오늘날 한국 대기업이 글로벌 대기업이 된 것은 정경유착 때문이거나 자영업자를 약탈해서가 아니다. 치열하게 전개되는 국제적 환경 변화를 주목하며 재적응에 성공했기 때문이다. 한국 대기업들은 기술탈취, 불공정하도급 관계, 단가 후려치기, 전속계약 강요 등의 불공정 거래 관행 역시 존재한다. 하지만 불공정 거래 관행만으로는 한국 대기업들의 '글로벌한' 성공을 설명할 수 없다.

　환경 변화의 경제학에서는 상층·하층에 대한 대책이 달라진다. 핵심은 상층이든 하층이든 '상향 이동'을 도와주는 것이다. 상층은 상층대로 더 경쟁력을 갖출 수 있도록 도와줘야 한다. 상층 대기업 역시 외국의 후발 기업으로부터 강력한 추격을 받고 있는 것이 일반적이다. 거의 모든 산업에서 진행되는 중국의 추격이 대표적이다. 1980년대 세계 최강의 점유율을 자랑하던 일본의 반도체 산업이 1990년대 중반 이후 삼성전자에게 추월당한 것처럼, 현재 한국의 주력 산업이 10년 이내에 중국에게 따라잡히지 않는다는 보장은 없다. 이미 중국은 전기차, 무인자동차, AI 기술, 안면인식 기술, 재생에너지 분야 등에서는 미국을 추월했거나, 미국에 근접하는 기술력을 보여주고 있다.

14장 / 불평등 축소
: 좋은 방법 VS 나쁜 방법

불평등이 증가하는 3가지 경우,
불평등이 축소되는 3가지 경우

불평등의 개념을 직관적으로 재정의하면, '하층 소득 대비 상층 소득의 격차'다. 불평등이 증가하는 경우는 3가지다. 상층 소득이 오르는 경우, 하층 소득이 떨어지는 경우, 중간층이 얇아지는 경우다. 불평등이 축소되는 경우도 3가지다. 상층 소득이 줄어드는 경우, 하층 소득이 오르는 경우, 중간층이 두터워지는 경우다. 불평등의 증감과 관련해 실천적으로 중요한 질문은 6가지다. 상층 소득자는 누구인가, 상층 소득자의 소득은 언제 증감하는가, 하층 소득자는 누구인가, 하층 소득자의 소득은 언제 증감하는가, 중간층은 누구인가, 중간층 규모는 언제 얇아지고 언제 두터워지는가. 이 중에서 앞의 4가지 논의에 집중하기로 하자.

이제 우리는 4가지 질문에 대한 해답을 알게 됐다.

첫째, 상층 소득자는 수출·제조업·대기업 노동자들이다.

둘째, 이들의 소득 증감과 상관관계가 가장 높은 것은 수출이다. 특히 중국 수출이다. 즉, 수출이 잘되면 불평등은 증가하고, 수출이 급감하면 불평등은 줄어든다. 2008년 2월 이명박 정부가 출범했다. 2008년 9월 글로벌 금융위기가 터졌다. 2008~2010년 기간 동안 불평등은 줄어들었다. 선진국발 경제위기로 인해 글로벌 교역량이 급감했기 때문이다. 선진국발 경제위기 → 글로벌 교역량 급감 → 한국의 수출 급감 → 수출 분야 대기업 노동자들의 소득 감소 → 불평등 감소의 경로가 작동했다. 2008년 변곡점이 작동했던 구조다. 2015년 변곡점은 중국이 중간재를 국산화하고 무역의존도를 줄이면서 한국 수출이 줄었다. 2015년 이후, 한국경제 불평등은 줄어들고 있다. 그 이유는 수출이 줄어서이고, 제조업이 위기를 겪는 이유와 같다.

셋째, 하층 소득자는 누구인가? 65세 이상 노인들이다.

넷째, 하층 소득이 떨어지는 경우는 언제인가? 고령화 그 자체다. 더 정확하게는, 고령화가 진행되면 근로소득에서 이탈하는 사람이 많아진다. 즉, 고령화는 노동시장 이탈층의 규모를 키우고, 하층 소득을 떨어뜨려 불평등을 키우게 된다.

종합해보면, 소득 불평등의 증감을 결정하는 요인은 크게 2가지다. 상층 소득의 경우 수출이다. 하층 소득의 경우 고령화다. 고령화의 소득 증감은 다시 둘로 나눌 수 있다. 노인들의 근로소득 증감,

노인들의 이전소득(移轉所得, transfer income) 증감이다. 이전소득은 사적 이전소득과 공적 이전소득으로 구분된다. 사적 이전소득은 자식들이 부모님에게 드리는 용돈이 대표적이다. 공적 이전소득은 국민연금, 기초연금처럼 국가 개입을 매개로 하는 사회복지 혜택이 대표적이다. 결국 소득 불평등이 증가하는 경우는 3가지다. 수출 증가, 노인들의 근로소득 축소, 노인들의 이전소득 축소다. 소득 불평등이 축소되는 경우도 3가지다. 수출 감소, 노인들의 근로소득 증가, 노인들의 이전소득 증가다.

수출과 고령화: 2018년, 2019년, 2015년 불평등 변동을 설명하기

통계청 발표 자료 중 불평등의 변동을 알 수 있는 대표적인 지표는 2가지다. 하나는 〈가계동향조사〉다. 〈가계동향조사〉는 1년에 4번 분기별로 발표된다. 다른 하나는 〈가계금융복지조사〉다. 다음 연도 연말에 1년에 한 번 발표된다. 분기별 변동을 보여주는 통계청의 〈가계동향조사〉를 보면, 수출 증감, 노인들의 근로소득 증감, 노인들에 대한 복지확대(공적 이전소득) 증감에 의해 소득 불평등이 오르락내리락했음을 알 수 있다.

　우리는 수출과 고령화라는 2가지 변수를 통해 2018년 불평등

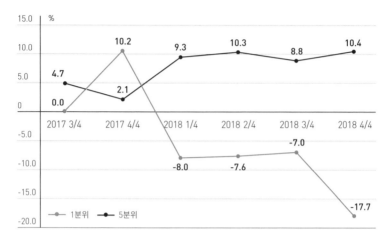

그림 5-3 2018년 하층 20% VS 상층 20% 소득 증감률

의 변동, 2019년 불평등의 변동, 2015년 불평등의 변동을 설명할 수 있다. 갈색으로 표시된 1분위는 하층 20%이고, 검은색으로 표시된 5분위는 상층 20%를 의미한다. 하나씩 살펴보자.

첫째, 2018년 불평등의 변동 요인을 살펴보자. [그림 5-3]은 2018년 하층 20% 가구와 상층 20% 가구의 소득 증감률이다. 문재인 정부는 2017년 5월에 취임한다. 2018년은 문재인 정부가 정책수단을 투입한 이후 맞이한 첫 번째 해다.

2018년 1분기부터 4분기까지 1년 내내 불평등은 증가했다. 하층 20% 가구소득은 전년 같은 기간과 비교해서 4분기 내내 감소했다. 1분기 8.0% 감소, 2분기 7.6% 감소, 3분기 7.0% 감소, 4분기 17.7% 감소했다. 반면에 상층 20%(5분위) 가구소득은 껑충 뛰었다.

표 5-9 〈가계동향조사〉: 2018년과 2019년 불평등 변동

구분	2018년 〈가계동향조사〉				2019년 〈가계동향조사〉			
	1분기	2분기	3분기	4분기	1분기	2분기	3분기	4분기
상층 20%	9.3	10.3	8.8	10.4	-2.2	3.2	0.7	1.4
하층 20%	-8.0	-7.6	-7.0	-17.7	-2.5	0	4.3	6.9
불평등 증감	불평등 증가 (하층 20% 증가 < 상층 20% 증가)				불평등 감소 (하층 20% 증가 > 상층 20% 증가)			

1분기 9.3% 증가, 2분기 10.3% 증가, 3분기 8.8% 증가, 4분기 10.4% 증가했다. 부유한 사람은 더 부유해졌고 가난한 사람은 더 가난해졌다. 왜 이런 일이 벌어졌을까?

하층 20%의 소득이 급감한 것은 고용 충격 때문이었다. 우리는 이에 대해 [표 4-3]을 통해 역대 정부 취업자 증감 비교를 통해 살펴본 바가 있다. 문재인 정부 경제정책팀의 '정책 미스' 때문이었다. 1~2분위에서 진행되는 저임금노동자층을 노동시장 바깥으로 퇴출시켰다. '나쁜 불평등'이었다([표 5-9] 참조).

그런데 상층 20%의 소득이 급상승한 것은 별개의 이유 때문이었다. 이 부분은 그동안 언론과 경제학계에서도 덜 주목한 부분이다. 2018년 상층 20%의 소득이 급상승한 것은 반도체 슈퍼 사이클로 인한 수출 호황 때문이었다. 수출 경기가 좋아져서 수출·제조업·대기업 노동자들(상층 20%)의 소득이 급상승했다. 반도체를 비롯한 분야에서의 '수출 대박'은 다음과 같은 메커니즘이 작동했다. 반도체 슈퍼 사이클 → 수출 대박 → 수출·제조업·대기업 노동자 소득 증가

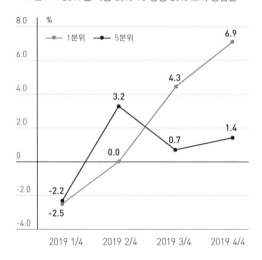

그림 5-4 2019년 하층 20% VS 상층 20% 소득 증감률

→ 상층 소득자 소득 대박 → 불평등 확대의 경로가 작동했다. 상층 20%의 소득 급상승은 문재인 정부의 정책적 잘못 때문이 아니다. 상층 20%의 소득 급상승은 '좋은 불평등'이었다.

둘째, 2019년의 불평등 변동 요인을 살펴보자. [그림 5-4]는 2019년 하층 20%와 상층 20%의 소득 증감률이다. 2019년에는 소득 불평등이 줄어들었다. 갈색으로 표시된 하층 20%의 소득은 늘어나기 시작했다. 1분기에는 2.5% 감소했다. 2분기에는 0%였다. 하지만 3분기부터 늘어났다. 3분기 4.3% 증가, 4분기 6.9% 증가했다. 반면에 검은색으로 표시된 상층 20%의 소득 증가폭은 전년에 비해 감소했다. 1분기 2.2% 감소, 2분기 3.2% 증가, 3분기 0.7% 증가, 4분기 1.4% 증가했다. 상층 20%의 경우, 2018년에는 9.3~10.4%

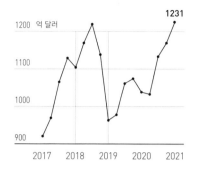

그림 5-5 2017~2021년, 세계 반도체 매출 추이

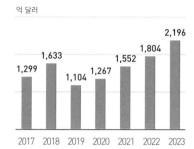

그림 5-6 2017~2023년 기간 동안의 글로벌 메모리 반도체 추이

수준에서 큰 폭으로 증가했는데, 2019년에는 0.7~3.2% 수준으로 소폭 증가했다([표 5-9] 참조).

하층 소득은 왜 늘어났고 상층 소득의 증가폭은 왜 감소했을까? 우리는 하층 20%의 소득 증가 이유를 앞에서 살펴본 바 있다. 2019년에 2가지 새로운 정책 수단을 투입했기 때문이다. 하나는 공공예산을 활용한 노인 일자리를 대폭 늘렸다. 다른 하나는 노인 중에서 하층 20% 노인에 한해 기초연금 10만 원을 추가 지급했다. 노인을 대상으로 정책을 투입하자 하층 20%의 소득이 올랐다. 그렇다면 상층 20%의 소득 증가폭은 왜 감소했을까? 그 이유는 반도체 슈퍼 사이클이 끝났기 때문이다.

[그림 5-5]는 2017~2021년 기간 동안의 세계 반도체 매출 추이이다.[9] [그림 5-6]은 2017~2023년 기간 동안의 글로벌 메모리 반도체 시장 추이이다.[10] 2017~2020년은 실제 시장 규모이고,

그림 5-7 2015년 하층 20% VS 상층 20% 소득 증감률

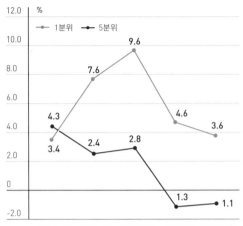

2022~2023년은 향후 전망 규모다. 전년도의 같은 기간과 비교해볼 때, 2018년은 반도체 매출의 급증 기간이었다. 반대로 2019년은 반도체 매출의 수축 기간이었다.

다시 말하자면, 〈2018년 가계동향조사〉에서 확인되는 상층 20%의 소득 증가는 반도체 수출 대박 때문이었다. 〈2019년 가계동향조사〉에서 확인되는 상층 20%의 소득 감소는 반도체 수출 급감 때문이었다. 2018년 상층 20%의 소득 증가는 '좋은 불평등'이었다. 그리고 2019년 상층 20%의 소득 감소는 '나쁜 평등'이었다. 2018년과 2019년, 상층 20%의 소득 증감은 모두 수출 변동으로 인해 발생했다.

셋째, 2015년의 불평등 변동 요인을 살펴보자. [그림 5-7]은

표 5-10 〈가계동향조사〉: 2015년 불평등 변동

	2015년 〈가계동향조사〉			
	1분기	2분기	3분기	4분기
상층 20%	2.4	2.8	-1.3	-1.1
하층 20%	7.6	9.6	4.6	3.6
불평등 증감	불평등 감소 (1분위 증가 > 5분위 증가)			

2015년 하층 20%(갈색)와 상층 20%(검은색)의 소득 증감률이다. 2015년은 박근혜 정부 기간이다. 2015년은 4분기 내내 하층 20%(1분위 가구)의 소득 증가가 상층 20%(5분위 가구)의 소득 증가보다 높았다. 하층 20%의 소득 증가율은 1분기 7.6% 증가, 2분기 9.6% 증가, 3분기 4.6% 증가, 4분기 3.6% 증가했다. 상층 20%의 소득 증가율은 1분기 2.4% 증가, 2분기 2.8% 증가, 3분기 1.3% 감소, 4분기 1.1% 감소했다([표 5-10] 참조).

박근혜 정부 시기였던 2015년에는 왜 불평등이 확 줄었던 것일까? 2015년에 불평등이 확 축소된 이유 역시 2가지 때문이었다. 상층 20%의 소득 감소는 수출 때문이었다. 하층 20%의 소득 증가는 노인들의 소득 증가 때문이었다.

먼저 상층 20%의 소득 감소를 살펴보자. 2015년이라는 연도를 기억할 필요가 있다. 2015년은 중국이 2014년 신창타이를 발표한 다음 해였다. 우리는 책의 1부와 3부를 통해 2015년 변곡점을 반복적으로 살펴봤다. 즉, 2015년은 수출이 급감한 시기였다. 2015년은 중국이 수출 비중을 줄이고 내수 비중을 키우던 시기다. 중간재를 국산화하고 무역의존도를 줄이던 시기다. 중국의 경제정책 변화로 한국의 수출 환경이 급격히 나빠지던 시점이다.

이제 하층 20%의 소득 증가를 살펴보자. 2015년은 박근혜 대통령의 대선 공약이었던 기초연금이 20만 원씩 지급된 시점이다. 국민연금은 사회보험 원리를 채택하고 있기에 '좋은 노동시장과 연결된' 제도라는 특성을 가진다. 자영업자, 영세 소규모 사업장 노동자들, 전업주부들은 국민연금의 사각지대를 이루게 된다. 한국의 노인 빈곤율이 OECD 평균에 비해 월등히 높은 이유다.

국민연금의 약점을 보완하기 위해 노무현 정부 때 도입된 제도가 기초노령연금이다. 국민연금과 대비되는 기초노령연금의 가장 큰 특징은 세금(재정)으로 지급한다는 점이다. 국민연금의 재원은 보험료다. 기초노령연금의 재원은 세금이다. 기초노령연금은 노무현 정부 시절인 2007년에 처음 도입됐다. 금액은 국민연금 가입자 평균소득의 5%에 해당하는 약 9만 원이었다. 노무현 정부 당시 국민연금 개혁과 연동해서 새로 만든 제도다.

한 가지 흥미로운 것은 기초노령연금제도는 제도 시행은 노무현 대통령이 했지만, 제도 도입을 요구한 사람은 당시 한나라당 대표였던 박근혜였다는 점이다. 즉, 박근혜 대표가 요구한 제도를 노무현 대통령이 수용해서 만들어진 합작품이다.

2007년 기초노령연금이 도입된 이후, 실제로 노인 빈곤율은 완화된다. 박근혜는 여기서 한발 더 나아간다. 2012년 대선에서 기초연금 20만 원 지급을 공약으로 내걸고 당선된다. 2013년 2월에 박근혜 정부가 출범하고, 2014년에 법안을 통과시키고, 2015년에 기초연금 20만 원 지급이 시작된다.

노무현 정부의 기초노령연금은 약 9만 원이 지급됐다. 박근혜 정부는 기초노령연금에서 기초연금으로 명칭을 바꿨다. 금액도 9만 원에서 20만 원으로 상향했다. 대상자는 둘 다 하층 70%였다. 국책 연구소인 한국보건사회연구원은 기초연금의 빈곤율 감소 효과를 분석했다. 〈기초연금 도입의 사회·경제적 영향〉 보고서는 기초연금의 빈곤율 감소 효과에 대해 다음과 같이 평가한다.

> 기초연금제도가 빈곤율에 미친 영향을 살펴보면, 제도 도입 이전의 빈곤율은 0.1645(16.45%)였으나 기초연금제도가 시행되면서 빈곤율은 0.1217(12.17%)로 낮아졌다. 결과적으로 제도가 시행되면서 빈곤율은 -0.043p(4.3%p)만큼 낮아졌는데, 변화율로는 -26%에 해당하며 기초연금제도의 빈곤 완화 효과가 상당함을 알 수 있다.[11]

역대 어느 정부나 공과가 있기 마련이다. 한국 정치사에서 정치인 박근혜의 최대 업적을 꼽으라면, '불평등의 하층'인 노인에 대해 가장 지대한 관심을, 가장 일관되게 견지한 정치인이었다. 박근혜는 노무현 정부 시절 국민연금 개혁과정에서 당시 진보 쪽 사회복지학

그림 5-8 가처분소득 기준 상대적 빈곤율 추이

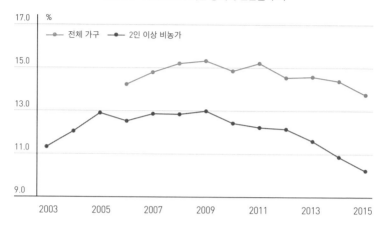

자들에게는 다소 낯설었던 '기초노령연금 이슈'를 제기해서 관철했다. 당시 대통령은 노무현, 보건복지부 장관은 유시민이었다. 2007년 9만 원 규모의 기초노령연금제도가 처음으로 도입됐다. 2012년 대선에서는 기초연금 20만 원 지급을 공약했다. 2015년부터 기초연금 20만 원이 지급되기 시작했다. 기초노령연금과 기초연금이 도입되는 시기를 분기점으로 빈곤율이 축소되기 시작했다.

[그림 5-8]은 가처분소득 기준 상대적 빈곤율의 추이이다.[12] 상대적 빈곤율의 개념은 '중간소득(중위소득)의 50% 미만자'를 의미한다. 예를 들면 중간소득이 200만 원이면 100만 원 미만 소득자가 해당한다. 전체 가구를 기준으로, 상대 빈곤율은 2009~2011년 시기를 정점으로 한다. 이후 빈곤율은 경향적으로 축소되고 있다. 한국에서는 빈곤=하층 20%=65세 이상 노인이 가장 큰 비중을 차지한다. 기

초노령연금과 기초연금 지급은 (노인) 빈곤율 축소 정책이자, 동시에 불평등 축소 정책으로 작동한다.

1987년 민주화 이후, '빈곤 축소'에 가장 큰 영향을 미친 정책을 꼽으라면, 크게 5가지를 꼽을 수 있다. 첫 번째는 김대중 정부 시절 '국민 기초생활 보장법'의 도입, 두 번째는 2004년 노무현 정부 시절 '저출산 고령사회 기본법' 제정으로 공공예산 투입을 통한 노인 일자리 사업의 도입, 세 번째는 2007년 노무현 정부 시절 기초노령연금의 도입, 네 번째는 2015년 박근혜 정부의 기초연금 20만 원 지급, 다섯 번째는 2019년 문재인 정부의 기초연금 10만 원 추가 지급(30만 원으로 지급)이다. 김대중·노무현·박근혜·문재인 정부로 이어지는 5가지 빈곤 축소 정책의 공통점이 있다. '노인'이 주요 타깃인 정책이라는 점이다. 노인을 주요 타깃으로 하는 소득 보장 정책은 불평등을 줄였다. 저임금노동자를 주요 타깃으로 하는 정책은 고용 효과가 어떤지에 따라 불평등을 늘릴 수도 있고 줄일 수도 있다.

불평등 축소
: 좋은 방법과 나쁜 방법

우리는 불평등의 증가·감소, 좋은 경우·나쁜 경우라는 2×2 조합을 통해 4분면 개념도를 만들 수 있다. 이를 개념도로 정리하면 [표

표 5-11 불평등 축소: 좋은 경우와 나쁜 경우

	좋은 경우 (소득 증가 & 일자리 확대)	나쁜 경우 (소득 후퇴 & 일자리 후퇴)
불평등 증가	① 불평등 확대가 좋은 경우	③ 불평등 확대가 나쁜 경우
불평등 감소	② 불평등 축소가 좋은 경우	④ 불평등 축소가 나쁜 경우

표 5-12 불평등 축소: 좋은 경우와 나쁜 경우의 정책 및 사례

	좋은 경우 (소득 증가 & 일자리 확대)	나쁜 경우 (소득 후퇴 & 일자리 후퇴)
불평등 증가	① 불평등 확대가 좋은 경우 ·대기업 수출 확대	③ 불평등 확대가 나쁜 경우 ·노인 빈곤 확대 ·과도한 최저임금 인상
불평등 감소	② 불평등 축소가 좋은 경우 ·국민기초생활보장법 급여 확대 ·노인 일자리 확대 ·기초연금 상향 지급 ·점진적 최저임금 인상 ·중소기입 수출 확대	④ 불평등 축소가 나쁜 경우 ·제조업 수출 축소 ·수출 전면 금지법 ·최고임금법/살찐 고양이법

5-11]이다. ① 불평등 확대가 좋은 경우다. 불평등 증가+소득 증가가 결합하는 경우다. ② 불평등 축소가 좋은 경우다. 불평등 감소+소득 증가가 결합하는 경우다. ③ 불평등 확대가 나쁜 경우다. 불평등 확대+소득 감소가 결합하는 경우다. ④ 불평등 축소가 나쁜 경우다. 불평등 축소+소득 감소가 결합하는 경우다.

[표 5-12]는 4분면의 개념도에 정책 및 사례들을 추가했다. 하나씩 살펴보자. ①은 불평등 확대가 좋은 경우다. 불평등 확대+소득 증가가 결합하는 경우다. 가장 대표적인 경우는 대기업의 수출 확대

다. 한국경제사에서는 2001년 12월 중국의 WTO 가입 이후 중국 수출이 급증하고, 한국 수출이 덩달아 급증한 노무현 정부 시절이 대표적이다. 문재인 정부의 출범 다음 해인 2018년, 반도체 슈퍼 사이클로 인해 상층 20%의 소득이 급상승했던 경우도 '좋은 불평등'이었다.

②는 불평등 축소가 좋은 경우다. 불평등 축소+소득 증가가 결합하는 경우다. 하층 20%와 하층 40%의 소득이 올라가는 경우가 해당한다. 빈곤층의 소득 보장 정책이 해당한다. 김대중 정부가 도입한 국민기초생활보장법 도입이 해당한다. 공공예산을 통한 노인 일자리 확대는 내용적으로 '비정규직 노인 일자리 확대'에 해당했다. 역시 취업률과 소득을 증가시켜 불평등 축소가 바람직한 경우다. 기초연금 상향 지급도 불평등 축소가 좋은 경우다. 문재인 정부의 2019년 '노인주도성장' 정책이 대표적이다. 2019년 문재인 정부는 공공예산 투입을 통한 노인 일자리 확대, 노인 중 하층 20% 노인에게 우선적으로 10만 원 추가 지급 정책을 시행했다.

노무현·박근혜·문재인 정부로 이어지는 일련의 기초연금 지급 강화로 노인 빈곤율은 감소 추세로 바뀌었다. 점진적 최저임금 인상도 불평등 축소의 좋은 경우다. 여기서 '점진적'의 의미는 경제성장률+소비자물가상승률의 합계를 감안할 때, 크게 초과하지 않는 경우다. 중소기업의 수출 확대 역시 불평등 축소가 좋은 경우다.

③은 불평등 확대가 나쁜 경우다. 불평등 확대+소득 감소가 결

합하는 경우다. 노인 빈곤 확대가 대표적이다. 고령화 그 자체가 가구소득 불평등 확대의 주요 원인이다. 고령화가 되는 이유는 건강수명이 늘어났기 때문이다. 하지만 노동시장과 연결되어 있는 사회제도는 잘 바뀌지 않는 경향이 강하다. 노동시장과 사회복지제도의 변경이 실제로 이뤄지려면 다양한 사회경제주체의 복잡한 사회적 합의가 필요하다. 제도 변화가 더딘 이유다. 과도한 최저임금 인상도 불평등 확대의 나쁜 경우다. 여기서 '과도한'의 의미는 경제성장률+소비자물가상승률을 지나치게 상회하는 경우다. 2018년 최저임금의 급진적 인상이 대표적인 사례다.

④는 불평등 축소가 나쁜 경우다. 불평등 축소+소득 감소가 결합하는 경우다. 2014년 중국이 신창타이 노선을 본격화한 이후, 2015년 한국 제조업의 수출 충격이 대표적이다. 이 시기에 중국은 중간재의 국산화, 내수 비중 확대, 무역의존도 축소 정책을 추진한다. 중국경제의 수출 비중이 줄었고 중국에 대한 한국의 수출 비중도 덩달아 줄었다.

2019년 반도체 슈퍼 사이클이 끝나면서 상층 20%의 소득 증가폭이 대폭 감소한 경우도 해당한다. 한국 제조업의 수출 축소는 불평등을 감소시킨다. 대신 투자 축소, 성장률 축소, 일자리 축소도 동반하게 된다. 부산·울산·경남 지역의 제조업 위기는 이 시기에 본격화됐다. 불평등을 줄이는 것 자체가 가장 중요한 정책 과제라면 '수출 전면 금지법'을 만들면 된다. 아마도 불평등이 절반 가까이 줄어들게 될 것이다. 다만 한국경제도 같이 초토화될 것이다. 수출이 작살나면 수출과 연동되어 있는 투자, 고용, 성장률도 같이 큰 타격을 입게 된다.

불평등 축소가 나쁜 대표적인 정책 사례는 정의당 심상정 의원이 20대 국회(2016~2020)에 법안으로 발의한 '최고임금법안'이 해당한다. 일명 '살찐 고양이법'으로 불린다. 심상정 의원은 2022년 3월 9일에 대선 출마를 선언하면서 최고임금법을 다시 한 번 강조했다. 최고임금법의 주요 내용은 법정 최저임금을 기준으로 국회의원은 5배 이내, 공공부문 임원은 10배 이내, 민간기업 임원은 30배 이내로 제한하는 것이다.

최고임금법은 삼성전자 몰락촉진법이자
시진핑 미소촉진법

[표 5-13]은 2021년 기준, 법정 최저임금, 삼성전자 직원 평균 급여, 임원 평균 급여를 비교했다. 기업분석전문 한국CXO연구소는 〈2002~2021년 삼성전자 등기 사내이사 및 임직원 간 보수 격차〉를 분석한 자료를 발표했다. 삼성전자 임원 및 직원의 평균 급여를 추산했다. 2021년 삼성전자 직원의 1인당 평균 연봉은 1억 4,000만 원, 임원의 평균 연봉은 1인당 62억 8,200만 원으로 추산했다.[13]

표 5-13 법정 최저임금, 삼성전자 직원 평균 급여, 임원 평균 급여(2021년 기준)

	법정 최저임금 (월급 환산)	직원 평균 급여 (연봉 환산)	임원 평균 급여
금액	(연봉) 2186만 9,760원 (월급) 182만 2,480원	(연봉) 1억 4,000만 원 (월급) 1166만 6,667원	(연봉) 62억 8,000만 원 (월급) 5억 2,333만 원
법정 최저임금 대비 배율	1배	6.4배	287.2배
법정 최저임금의 30배 금액	(연봉 기준) 6억 5,609만원		

2021년 법정 최저임금은 시급 기준 8,720원, 월급으로 환산하면 182만 2,480원(주40시간 기준), 연봉으로 환산하면 2186만 9,760원이다. 심상정 의원의 최고임금법에 의하면 민간기업 임원은 법정 최저임금의 30배 이내로 급여가 제한된다. 연봉으로 환산한 법정 최저임금의 30배는 6억 5609만 원이다. 법정 최저임금을 기준으로 삼성전자 직원 1인당 평균 연봉은 6.4배다. 법정 최저임금을 기준으로 삼성전자 임원 1인당 평균 연봉은 287.2배다.

심상정 의원이 발의한 최고임금법안이 실제로 통과되면 삼성전자에서는 어떤 일이 벌어질까? 삼성전자 임원 대부분이 퇴사하게 될 것이다. 삼성전자 임원의 연봉은 법정 최저임금 대비 287.2배를 받고 있기 때문이다. 결과적으로 심상정 의원의 최고임금법은 '삼성전자 몰락촉진법' 혹은 '시진핑 미소촉진법'으로 작동하게 될 것이다.

시진핑 미소촉진법이라는 표현에 대해서는 미국과 중국의 반도체 기술패권 경쟁을 이해할 필요가 있다. 미국은 중국 견제의 차원에서 반도체 기술 봉쇄를 진행하고 있다. 중국은 〈중국 제조 2025〉에서도 반도체 기술 독립의 중요성을 강조했다. 중국은 석유보다 반도체를 더 많이 수입하는 나라다.

반도체는 정보의 처리와 저장을 담당하는 기술의 핵심이다. 경제적 중요성뿐만 아니라 군사 분야에서도 전략적인 중요성을 가진다. 중국의 최대 관심사 중 하나는 글로벌 반도체 시장에서 경쟁력을 가지고 있는 삼성전자와 SK하이닉스의 임원을 빼오는 것이다. 중국은 인재 영입을 위한 '1,000인 계획' 등을 통해 해외 고급 인재를 파격적인 연봉을 주고 유치했다. 독일, 네덜란드, 영국 등 첨단 기술을 보유한 기업과의 인수합병을 적극적으로 시도하고 있다. 심상정 의원의 최고임금법이 실제로 통과되면 중국 시진핑 국가주석이 가장 기뻐할 것이다.

심상정 의원의 최고임금법에 담겨 있는 세계관은 '부자의 것을 빼앗아 서민에게 나눠주자'는 것이다. 전형적인 로빈후드적 세계관과 '자본가·기업가는 나쁜 사람들'이라는 마르크스주의적 계급사관이 담겨 있다.

우리는 앞서 [표 5-8]을 통해 '적폐의 경제학'과 '환경 변화의 경제학'이 분석의 단위, 경제 모델의 가정, 상층의 성공에 대한 입장, 상층·하층 대책, 경쟁력 강화 필요성에 대해 어떻게 입장이 다른지를 살펴본 적이 있다.

심상정 의원의 최고임금법은 '나쁜 방법에 의한 불평등 축소'의 교과서적 사례다. 적폐의 경제학과 어떻게 연결되는지 사례분석 차원에서 적용해보자. 최고임금법은 ① 국내적 분석을 전제하고 있으며, ② 경제 모델은 국제경제와 단절된 폐쇄 모델이다. ③ 상층의 성공은 약탈의 결과로 보기에 임원의 급여는 입법을 통해 제한해야 한다고 생각한다. ④ 상층·하층에 대한 대책의 핵심은 상층의 것을 재약탈해서, 하층에게 재분배하는 것이다. ⑤ 경쟁력 강화 방안을 고민할 필요가 없다. 실제로 법안이 통과되어서 삼성전자가 망하든 말든, 삼성전자 임원이 그만두든 말든, 중국이 한국 임원들 빼가기를 하든 말든 고민할 필요가 없다.

한 가지 오해하지 말아야 할 것은 '재분배' 정책 자체가 나쁜 것은 아니라는 점이다. 재분배는 필요하다. 상층 소득자가 세금을 더 많이 부담하는 것 역시 필요한 일이다.

하지만 로빈후드적 세계관에 기초한 재분배 철학과 공동체의 지속 가능성과 사회연대에 기반한 재분배 철학은 구분할 필요가 있다. 부자와 상층, 자본가 및 기업가가 약탈자 혹은 적폐이기 때문에 세금을 더 많이 내야 하는 것이 아니다. 우리의 사회경제적 성공이 어느 정도는 운에 의해서 결정되고, 공동체의 도움을 받았기 때문에 공동체의 통합과 지속 가능성을 위해서 우리 모두 세금을 부담해야 한다.

다음 장에서는 대안적 정책 방향을 본격적으로 살펴볼 것이다.

환경 변화의 경제학에서 가장 중요한 것은 '환경 변화'의 실체를 있는 그대로 파악하는 것이다. 경쟁력 강화방안, 계층 사다리, 불평등 완화의 3가지 방향으로 정책 대안을 살펴볼 것이다.

6부

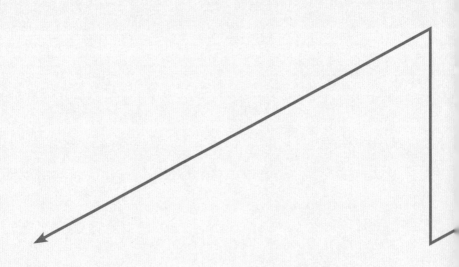

글로벌
자본주의 변동,
지난 70년,
앞으로 30년

15장 / 겨울에 반팔, 반바지를 입으면 추위에 떨게 된다

환경 변화를 강조하는 입장에 대해 운명론 혹은 숙명론으로 오해할 수 있다. 하지만 그렇지 않다. 환경 변화를 주목해야 하는 이유는 운명론이나 숙명론을 주장하기 위함이 아니다. 오히려 그 반대다. 예를 들어보자. A라는 사람과 B라는 사람이 있다. 계절은 겨울이다. A는 추위에 떨고 있다. B는 매우 따뜻하다. 이들의 옷차림을 보니 A는 반팔과 반바지를 입고 있다. B는 두껍고 비싼 오리털 파카를 입고 있다.

"내가 추운 것은 옆사람이 비싼
오리털 파카를 입었기 때문이 아니다"

A는 왜 추운 것일까? A는 생각한다. B가 오리털 파카를 입고 있어서 내가 추운 것이라고. 만일 자원이 제한된 사회라면, A가 따뜻해질 수

있는 방법은 B의 옷을 뺏는 것이다. 그런데 A가 추운 근본 이유는 추운 겨울에 반팔과 반바지를 입고 있기 때문이다. A가 추운 이유는 여름에 입을 옷을 겨울에도 계속 입고 있기 때문이다.

A는 문득 생각이 났다. 집에 있는 A의 옷장에는 긴팔과 긴바지 옷이 있다는 것을. A의 옷장에는 내복도 있고 잠바도 있다는 것을. A는 B의 옷을 빼앗을 이유가 없어졌다. 옷장 안에 있는 긴팔과 긴바지를 꺼내 입으면 된다. 내복도 입고 잠바도 꺼내 입으면 된다.

A가 추웠던 것은 B가 오리털 파카를 입고 있었기 때문이 아니다. B가 따뜻하기 때문에 A가 추웠던 것이 아니다. A가 추웠던 근본 이유는 계절 변화와 환경 변화에 둔감했기 때문이다.

불평등과 격차 확대에 대한 우리 사회의 통념이 A와 같다. A가 추운 이유에 대해 그간의 주류적 통념은 B가 오리털 파카를 입고 있기 때문이라고 봤다. 특히 한국 진보세력에게 이런 세계관이 강력하다. 적폐의 경제학이다. 자본가·노동자 관계에서는 자본가가 나쁜 집단이고, 부자·서민의 관계에서는 부자가 나쁜 집단이고, 갑·을 관계에서는 갑이 나쁜 집단이다. 재벌, 대기업, 기업가, 자본가는 나쁜 집단이고, 비정규직을 사용하는 기업가들은 전부 나쁜 사람들이다. B가 오리털 파카를 입고 있어서 A가 추웠던 것이 아니듯 자본가, 기업가, 부자, 갑이 나쁜 사람들이고, 이들이 '약탈과 착취'를 해서 노동자, 서민, 을들의 삶이 고달팠던 것은 아니다. 한국 진보세력은 로빈후드적 세계관, 마르크스주의적 계급사관 정서를 두텁게 공유하고 있다. 적폐의 경제학은 사실이 아니다. 올바른 사회과학이 아니다.

국가 GDP를 기준으로 대한민국의 경제력은 세계 10위다. 1년에 생산하는 총 부가가치는 2,000조 원이 넘는다. 2021년 기준, 1인당 GDP는 3만 5,000달러 수준이다. 정부 예산은 약 700조 원에 달한다. 대한민국은 자원이 부족한 사회가 아니다. B의 오리털 파카를 빼앗아야만 A의 추위를 겨우 피할 수 있는 가난한 나라가 아니다.

2018년 소득주도성장론은 왜 일자리 쇼크와 불평등 확대로 귀결됐는가? 하나의 정책은 원인 분석 → 정책 처방 → 정치적 집행의 3단계 과정을 거친다. 소득주도성장정책이 작동하지 않은 이유는 정치적 집행의 이전 단계인 원인 분석과 정책 처방이 틀렸기 때문이다. 대통령은 학자가 아니다. 정치인이다. 정치인은 정치적 집행의 최전선에 있는 존재다. 정치적 집행의 이전 단계인 원인 분석과 정책 처방은 크게 보면 학자들과 정책 전문가들의 몫이다. 학자나 전문가들의 주장이 옳은지 그른지를 필터링해주는 것은 언론의 몫이다. 정책은 생산, 유통, 소비의 과정을 거쳐 실현된다. 정책의 생산, 유통, 소비에 관여하는 플레이어 일체를 우리는 '정책생태계'라고 표현할 수 있다. 소득주도성장 정책이 작동하지 않은 이유는 한국 진보의 정책생태계 전체가 오작동했기 때문이다. 한국 진보의 집단지성이 집단오류를 일으켰기 때문이다.

추위에 떨고 있는 A에게 연민을 느끼고 A가 따뜻해지기를 바라는 마음은 아름다운 것이다. 약자에 대한 연민은 진보적 감수성의 본질에 해당한다. 또한 A가 추위에 떨고 있는 구조적 원인을 찾으려는 것도 바람직한 일이다. 하지만 A가 추위에 떨고 있는 것은 B가 오리털 파카를 입고 있어서가 아니다. 로빈후드적 세계관과 마르크스주의적 계급사관에 입각한 분석은 실체적 진실과 거리가 멀다. 잘못된 원인 분석이다. 원인 분석이 틀렸기에, 처방도 틀릴 수밖에 없었다.

추위에 떨고 있는 A에게 우리가 해야 할 일은 긴팔과 긴바지를 건네주는 것이다. 내복도 챙겨주고 잠바도 챙겨 입도록 도와주는 것이다. 다르게 표현하면, 사회경제적 약자를 포함한 사회 구성원 대부분이 '환경 변화'에 적응할 수 있도록 정치, 정책, 국가가 제 역할을 해야만 한다.

한국이 선진국이 된 이유

2021년 UN무역개발회의는 만장일치로 한국을 선진국으로 인정했다. 제2차 세계대전 이후 식민지 경험이 있는 나라 중에 선진국에 도달한 나라는 한국이 유일하다. 한국은 어쩌다 선진국이 됐을까? 한국이 선진국이 된 비결은 여러 가지가 있지만, 그중 하나를 꼽으라면 '국제적 환경 변화'에 적응하기 위해 가장 치열하게 고군분투한 나라였기 때문이다.

앞서 살펴봤던 [그림 2-7]은 1960~2019년 기간 동안, 세계

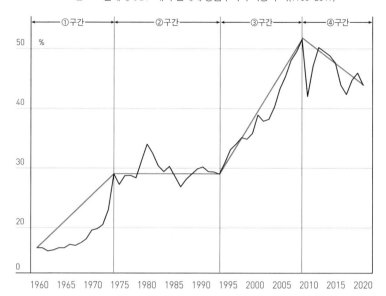

그림 2-7 전세계 GDP 대비 전세계 상품무역의 비중 추이(1960~2019)

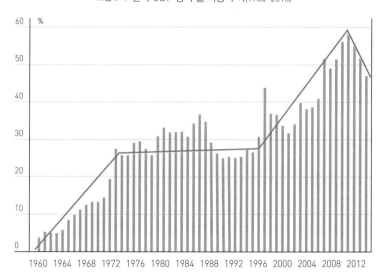

그림 6-1 한국 GDP 중 수출 비중 추이(1960~2015)

GDP 대비 상품무역 비중 추이다. 1960년 이후 세계경제에서 상품 교역 비중이 어떻게 변화했는지를 압축적으로 보여준다. [그림 6-1]은 1960~2015년 기간 동안, 한국 GDP에서 수출 비중 추이를 보여준다.[1]

위쪽 그래프인 [그림 2-7]은 세계경제의 교역 추이를 보여주고, 아래쪽 그래프인 [그림 6-1]은 한국경제의 교역 추이를 보여준다. 2개의 그래프는 놀랄 만한 수준에서 유사하다. 이는 자연스럽게 그냥 된 것이 아니다. 한국의 주요 경제주체들이 세계경제 변화에 도태되지 않기 위해 치열하게 노력했기 때문이다. 가장 중요하게는 수출 경제의 최일선에 있는 한국 대기업들이 '글로벌 환경 변화'에 뒤처지지 않기 위해 치열하게 고군분투했기 때문이다.

한국 대기업들이 글로벌 환경 변화에 적응하기 위해 고군분투했던 것은 크게 2가지 지표로 확인된다. 첫째, 수출 비중에서 기술 수준의 상향 이동이다. 둘째, 고용 비중에서 기술 수준의 상향 이동이다. 하나씩 살펴보자. [표 6-1]은 한국 수출에서 기술 수준별 비중 변화 추이다.[2] 1990년과 2002년을 비교하고 있다. 1990년은 중국이 개혁개방을 본격화하기 이전이고 2002년은 중국이 WTO를 가입한 이후다.

기술 수준을 4단계로 나누었다. 저기술 산업, 중저기술 산업, 중고기술 산업, 고기술 산업이다. 산업별 비중을 보면, 1990년의 경우 저기술 산업 33.3%, 중저기술 산업 38.6%였다. 저기술과 중저기술

표 6-1 한국 수출에서 기술 수준별 비중 변화 추이

기술 수준	1990년	2002년	증감
고기술 산업	5%	11.7%	6.8%p
중고기술 산업	23.1%	52.5%	29.3%p
중저기술 산업	38.6%	20.2%	-18.4%p
저기술 산업	33.3%	15.6%	-17.7%p
제조업 전체	100%	100%	0

의 합계는 71.9%였다. 2002년의 경우 저기술(15.6%)과 중저기술 (20.2%)의 합계는 35.8%가 된다. 합계 기준으로 36.1%p가 줄어들었 다. 반면에 1990년에 비해 2002년에는 고기술 산업과 중고기술 산 업의 수출 비중이 증가했다. 1990년에는 중고기술 산업 23.1%, 고 기술 산업 5%였다. 둘의 합계는 28.1%에 불과했다. 2002년에는 중 고기술(52.5%), 고기술(11.7%)로 둘의 합계는 64.2%가 된다. 중고기술 +고기술의 합계는 1990년에 비해 2002년에 36.1%p 증가했다. 2배 이상 증가했다. 기술 수준이 낮은 산업의 수출 비중은 줄고, 기술 수 준이 높은 산업의 수출 비중은 늘었다.

둘째, 기술 수준과 고용 비중의 관계다. [그림 6-2]는 1980~2001년 기간 동안 제조업에서의 기술 수준별 고용 비중 추이다.[3] 기술 수준 을 크게 3개로 구분했다. 저기술 제조업, 중저기술 제조업, 중고기 술 및 고기술 제조업이다. 1980년과 2001년 2개 연도를 비교해보자. 1980년에 저기술 제조업 고용 비중은 13%에서 2001년에는 6% 수

그림 **6-2** 제조업에서의 기술 수준별 고용 비중 추이(1980~2001)

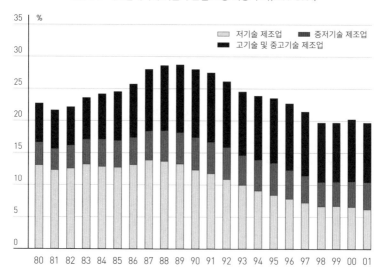

준으로 줄었다. 반면에 중고기술 및 고기술 제조업의 고용 비중은 1980년 6% 수준에서 2001년에는 11% 수준으로 늘어났다.

[표 6-1]과 [그림 6-2]를 통해 우리가 알게 되는 것은 3가지다. 첫째, 저기술과 중저기술 산업은 수출과 고용 모두 줄어들었다. 둘째, 중고기술과 고기술 산업은 수출과 고용 모두 늘어났다. 셋째, 수출과 고용은 서로 연동되어 작동하고 있다.

표 6-2 제2차 세계대전 이후 세계 질서의 3단계 국면

구분	1기	2기	3기
제국의 질서 (국제 정치)	미·소 냉전	탈냉전 미국 유일 패권	멀티 제국의 시대
세계화 양상 (국제 경제)	미국과 유럽끼리만 자본주의 세계화	공산주의 블록의 자본주의 세계화 합류	블록화된 재(再)세계화
기술의 변화 (국제 기술)	2차 산업혁명 (전자기 혁명, 내연기관, 중화학공업)	3차 산업혁명 (ICT혁명, 디지털화)	5대 전략산업 4차 산업혁명
시기	1945~1991년	1991~2010년대	2010~최근

세계질서와 글로벌 자본주의의 변동
: 지난 70년

우리는 책 전체를 통해 불평등 나쁜 놈, 경제성장 좋은 놈이라는 일차원적 접근이 사실이 아님을 살펴봤다. 불평등 줄이기를 위해서든, 경제성장을 위해서든, 좋은 일자리를 위해서든, 좋은 정책대안 만들기는 환경 변화에 대한 분석에서 시작해야 한다. 동시에 환경 변화를 추동했던 메가 트렌드가 무엇인지 도출해야 한다. '원인의 원인'을 찾기 위한 작업이다.

제2차 세계대전 이후부터 최근까지 세계 질서를 움직인 동력은 크게 3가지다. 제국의 질서, 세계화 양상, 기술의 변화다. 세계 질서를 변동시킨 3대 메가 트렌드는 서로 맞물려서 작동했다. [표 6-2]는 지난 70년과 앞으로 30년의 세계 질서를 3단계 국면으로 정리한

것이다.

첫째, 세계 질서 1기다. 시기적으로 보면, 제2차 세계대전이 끝난 1945년 이후부터 1991년 소련 붕괴까지다. 관전 포인트는 3가지다. 제국의 질서, 세계화 양상, 기술의 변화다.

먼저, 제국의 질서다. 미·소 냉전기였다. 여기서 '제국'은 국제정치 차원에서 규칙 제정자(rule setter) 역할을 한다. 일국적 차원에서는 국가가 규칙 제정자 역할을 한다. 글로벌 단위에서는 제국이 규칙 제정자 역할을 한다. 자본주의 세계 체제가 등장한 이후 국가, 산업, 기업의 발달은 모두 제국의 질서가 만들어내는 자기장 안에서 작동했다. 단순하게 보면, 제국은 세계에서 가장 강력한 패권 국가를 의미한다. 이 시기 제국의 질서는 미·소 냉전기였다.

그다음은, 세계화 양상이다. 세계화 양상의 가장 큰 특징은, '미국과 유럽끼리만 자본주의 세계화'였다는 점이다. 이 시기 글로벌경제체제는 크게 3개의 덩어리로 구분된다. 미국과 유럽 중심의 자본주의 경제블록, 소련 패권의 공산주의 경제블록, 민족경제론 노선을 추구한 제3세계 경제블록이다. 소련 영향권의 공산주의 블록은 중앙집중 계획경제와 국유화가 경제 운영의 근간이었다. 공산주의 경제이론은 상품, 시장, 화폐, 개인적 소유는 가급적 폐지의 대상으로 봤다. 식민지 경험을 간직한 제3세계 국가들은 선진국과의 무역은 '경제적 종속'을 낳을 것으로 우려했다. 식민지 경험이 있는 제3세계 국가들은 민족경제론을 지향했다. 글로벌 경제와의 연결을 의도적으로 거부했다. 다른 표현으로 내포적 공업화론 혹은 수입대체 산업화를 추구했다. 이 시기에는 미국과 유럽끼리만 자본주의 세계화 블록을 구성한다. 자본주의 국가끼리의 글로벌 무역이 급팽창한다. 전세계 GDP에서 글로벌 교역 비중은 1960년대 초반 17%에서 1970년대 중반 30% 수준까지 증가한다.

글로벌 교역의 팽창은 미국이 주도한 IMF-GATT 체제가 중요한 토대가 됐다. 예컨대, GATT(관세 및 무역에 관한 일반협정)의 성장은 눈부시다. GATT의 첫 회의였던 1947년 제네바 라운드에서는 회원국이 19개 국가였다. 1986년 우루과이 라운드에서는 회원국이 125개 국가로 확대됐다.

관세 인하에 대한 합의 역시 꾸준히 확대됐다. 1947년 제네바 라운드에서는 26%의 관세 인하, 1963년 케네디 라운드에서는 37%의 관세 인하, 도쿄 라운드에서는 33%의 관세 인하를 이끌어냈다. 개발도상국의 참여도 확대됐다. 제네바 라운드에서는 개발도상국이 7개국이었는데, 우루과이 라운드에서는 88개 국가로 확대됐다. 전체 회원국은 4.4배 증가했고, 개발도상국은 7.1배 증가했다.

마지막으로는, 기술의 변화다. 전쟁은 국가의 존립이 걸려 있기에 총동원 체제를 갖추게 된다. 전쟁이 끝나면 기술력과 생산력이 증가하고, 공동체의 결집력이 강화되는 것이 일반적이다. 경제사적으로 제1차 산업혁명은 1760년대에 시작된다. 제2차 산업혁명은 19세기 후반에 시작된다. 2차 산업혁명 기술들이 상업적으로 확산하는 것은 제2차 세계대전 이후다. 이 시기 산업적 변화의 핵심은 중화학공업, 내연기관, 전자기 혁명이다. 기술로 표현하면, 철도, 철강, 조선, 항공, 자동차, 전신, 전화, 전자제품, 반도체 산업 등이 발달한다.

둘째, 세계 질서 2기다. 시기적으로, 1991년 소련 붕괴 이후부터 최근까지다. 먼저, 제국의 질서다. 세계 질서 2기의 특징은 소련 붕괴 이후, 미국 유일 패권기라는 점이다. '미국이 주도한 세계 질서'가 공산권 국가까지 작동하게 됐음을 의미한다. 진정한 의미에서 팍스 아메리카나(미국에 의한 평화)의 시기였다.

다음으로, 세계화 양상이다. 세계화 양상에서 가장 큰 특징은, 공산주의 붕괴 이후 몰락한 공산주의 국가들이 자본주의적 세계화에 합류한다는 점이다. 특히 10억 인구에 달하는 중국의 참여는 세계 경제에 큰 영향을 주게 된다. 불과 10년 만에 전 세계 노동 공급이 15억 명에서 30억 명으로 늘어난다. 무역량도 급증한다. 경제성장률과 비교해 무역 증가량이 더 빠르게 증가해서 교역 탄성치는 2.0을 초과한다. 글로벌 차원에서 경제성장률이 증가한다.

중국, 러시아, 동유럽 국가들 모두 미국 및 유럽의 기술과 자본을 유치하려고 노력하던 시대다. '안보 위협 없이' 경제적 효율성의 극대화가 가능해졌다. 글로벌 밸류체인의 전성기였다. 전 세계를 무대로 하는 효율적 자원배분에 의해 글로벌 차원의 저물가 체제가 형성된다.

중국과 동유럽의 가성비 좋은 노동력은 선진국 제조업 분야의 중임금노동시장을 초토화시킨다. 한국도 겪었던 일이고, 미국과 유럽의 주요 국가 모두가 겪게 된다. 유의할 점은 한국과 선진국은 중임금노동자의 몰락 시점이 다르다. 한국의 경우, 1987년 노동자 대투쟁으로 인한 임금 폭등과 1992년 한·중 수교의 2단계 충격이 중임금노동자의 몰락으로 연결됐다. 저기술·노동집약적·수출·제조업에서 특히 몰락한다. 신발산업, 섬유산업, 의류산업, 가죽산업의 몰락이 대표적이다. 반면, 미국을 비롯한 선진국들은 중국이 WTO에 가입하는 2001년 12월 이후 중임금노동자의 몰락이 본격화된다. 예컨대, 1990년대 후반에 미국 제조업 일자리는 약 1,800만 개였다. 2010년경에 미국 제조업 일자리는 1,100만 개로 줄어든다. 약 10년 만에 무려 700만 개의 제조업 일자리가 사라진다.[4] 당시 중국의 WTO 가입을 적극적으로 지원한 사람은 미국 민주당의 빌 클린턴(Bill Clinton) 대통령이었다. 이후 트럼프가 미국의 고용 상황에 대해 미국 민주당을 비난하는 이유다. 또한 미국의 러스트 벨트(전통 제조업지대) 백인 노동자들이 트럼프에게 몰표를 몰아줬던 배경이다.

마지막으로, 기술의 변화다. 1990년대 이후 미국과 유럽의 제조업 공장이 중국을 비롯한 신흥공업국으로 이전할 수 있게 된 것은 기술적 변화 때문이다. 가장 중요한 것은 ICT혁명이다. 소위 '3차 산업혁명'이다. 컴퓨터, 반도체, 인터넷, 운송업, 항공업의 ICT가 비약적으로 성장한다. ICT혁명으로 인해 정보량은 많아지고, 정보전달 비용은 급격히 낮아진다. 《그레이트 컨버전스》의 저자 리처드 볼드 윈은 이를 '생각의 이동'이 용이해졌다고 표현한다.

기업은 생산과정을 국가를 초월한 지역 단위로 재배치할 수 있게 됐다. 설계는 미국에서, 디자인은 프랑스에서, 소재는 일본에서, 반도체 조달은 한국과 대만에서, 제품 가공은 중국에서, 조립은 베트남과 인도네시아에서, AS는 인도에서 진행하는 것이 가능해졌다. 전 세계를 무대로 생산의 효율적 배치가 가능해졌다. 예를 들면 미국 애플의 〈2019년 공급자 책임 보고서〉에 의하면, 2018년 기준으로 애플의 공급망 밸류체인에 관련된 국가는 총 45개국, 1,049개 기업이 참여하고 있다. 대만 46개, 중국 41개, 일본 38개, 미국 37개, 한국 13개 순서다. 생산 공장은 총 809개다. 중국(380), 일본(126), 미국(65), 대만(54), 한국(35) 순이다. 아이폰 X의 소매가격 1,200달러 중에서 부품 비용은 370달러다. 부품 중 단일 비용으로 가장 큰 것은 액정화면인데, 삼성디스플레이가 제작하는 액정화면이 110달러다. 그 다음 부품 비용으로 큰 몫은 일본 기업들이다. 최종 조립은 대만에 있는 팍스콘에서 이뤄진다. 조립 비용은 제조 비용의 6%를 차지하고, 제품 가격의 2%를 차지한다.[5]

생산은 특정 지역을 중심으로 발달한다. 정보전달 비용의 급감으로 가난한 나라의 가난한 지역도 글로벌 밸류체인에 연결되는 것이 가능해졌다. 이는 가난한 나라의 소득 상승으로 이어졌고, 부자 나라와 가난한 나라의 격차를 줄였다. 국가 사이의 글로벌 불평등은 오히려 줄어든다. 반대급부로 도시와 도시의 격차, 지역과 지역의 격차는 더욱 확대됐다. 현재 우리가 경험하는 서울 집중 문제 역시 이와 무관치 않다. 서울이 글로벌 메가시티 위상을 가지게 된 것은 글로벌 밸류체인에 효과적으로 연결되어 있기 때문이다.

문명사적으로 보면, 유럽과 아시아의 격차가 줄어든다. 경제사학에서는 1760년대 산업혁명 이후 유럽이 아시아와 격차를 벌린 것을 대분기(Great Divergence)라고 표현한다. 1990년대 이후 유럽과 아시아의 격차가 다시 좁혀지는 것을 대수렴(Great Convergence)이라고 표현한다. 유럽에 대한 아시아의 재추격이다.[6]

유럽 복지국가의 위기가 본격화된다. 유럽식 복지국가는 아시아에 대한 유럽의 경제적 초격차를 전제로 작동했다. 유럽의 경제적 초격차가 붕괴하고, 아시아의 경제적 재추격이 이뤄지면서 복지국가의 경제적 토대가 취약해지고 있다. 복지국가 작동의 전제는 국가 경쟁력이었다. 동유럽, 중동, 북아프리카 난민의 유입으로 인해 사회 통합도 약화되고 있다. 유럽의 복지국가 자체가 큰 위기에 봉착했다. 유럽의 극우파 정당과 극좌파 정당은 복지국가 반대 세력이 아니다. '우리끼리' 복지국가를 하자는 것이다. '우리'는 백인, 기독교 문명을 공유하는 사람들이 중심이다. 2000년대 이후 유럽이 겪고 있는 복지국가의 위기는 경제력이 취약해지면 복지국가의 사회정치적 동의기반 역시 취약해진다는 것을 보여준다.[7]

세계질서와 글로벌 자본주의의 변동
: 앞으로 30년

셋째, 세계 질서 3기다. 시기적으로 보면, 2008~2011년 글로벌 금융위기가 발생한 이후 2010년대부터 최근까지 진행 중이다. 이 시기에 있었던 중요한 변화는 3가지다. 하나는, 2008~2011년 글로벌 금융위기다. 다른 하나는, 2010년 국가 GDP를 기준으로 중국이 일본을 제치고 G2가 된 것이다. 마지막으로, 미국 유일 헤게모니가 쇠퇴한 것이다. 미국과 유럽의 경제적 위상은 하락하고, 중국의 경제적 지위는 상승했다. 앞서 이야기한 제국의 질서, 세계화 양상, 기술의 변화를 중심으로 하나씩 살펴보자.

먼저, ① 제국의 질서다. 가장 중요한 변화는 '멀티 제국의 시대'가 본격화되는 것이다. 미국은 상대적으로 쇠퇴하고, 중국은 부상했다. 2022년 2월 러시아의 우크라이나 침공은 비서구권 국가가 서구권 국가의 주권을 노골적으로 침해한 사건이다. 침공 이후 각국의 대응을 보면, UN총회에서 러시아 규탄에 대한 동참 여부, 규탄에는 동참했지만 제재 동참 여부에 따라 복잡하게 갈라진다.

제2차 세계대전 이후 글로벌 차원의 안보 체제는 미국과 소련의 체제 경쟁을 한 축으로 했고, 미국이 유럽과 동북아시아의 안보 비용을 부담하며 독일과 일본의 군비 확장을 억제했다. 해당 지역에서 가장 위협적인 팽창주의적 국가가 독일과 일본이었기 때문이다.

유럽 나토 체제의 핵심 역시 미국이다. 동북아시아에서 군사적 억지력의 핵심 역시 미국이었다. 미국은 동북아와 유럽 모두의 안보를 커버할 정도로 강력한 군사력과 경제력, 핵무장 능력을 갖추고 있었기 때문에 가능했다. 한때 미국은 전 세계 경제규모의 약 40% 비중을 점유했다. 현재는 약 23% 비중을 차지한다.

러시아의 우크라이나 침공 이후, 미국은 군사적 개입에 대해 부담스러워하고 있다. 국내의 정치적 통일성도 약화됐다. 러시아의 위협에 맞서 유럽 안보를 책임지기 위해 독일이 재무장을 선언했다. 중국의 군사적 위협에 맞서 일본 역시 재무장 필요성을 역설 중이다. 각 지역의 중견 규모 패권국가들 역시 '냉전 체제의 질서'로는 설명할 수 없는 독자적 입지를 강화하고 있다. 세계질서가 과거 미·소 냉전의 양극체제, 미국 중심의 일극체제에서 '멀티 제국의 시대'로 진입하고 있음을 보여주는 조짐들이다.

향후 국제 질서는 미국과 중국 같은 세계적 규모의 강대국과 러시아, 독일, 일본, 인도, 터키, 이스라엘, 이란, 사우디아라비아 등 지역 내 패권국가들의 다층적 합종연횡이 전개될 가능성이 크다. 한편으로는 멀티 제국의 시대이며, 다른 한편으로는 각자도생의 시대이며, 또 다른 한편으로는 합종연횡의 시대가 될 것이다.

아시아 지역에 국한해서 볼 때, 가장 중요한 흐름은 미국의 상대적 쇠퇴와 중국의 부상이다. 미국의 중국 견제가 본격화된다. 미국의 중국 견제는 본질적으로 체제 경쟁의 성격을 지닌다. 한 나라의 국력을 좌우하는 요소는 경제력·군사력·정치적 통합력, 소프트 파워다. 경제력이 커지면 군사력도 커지는 것이 일반적이다. 2020년 기준으로 중국의 국가 GDP 규모는 미국의 약 70% 수준까지 올라왔다.

세계 질서는 제국이 주도하고, 어떤 나라가 제국의 패권을 차지하는지에 따라 주변국도 심대한 영향을 받는다. 제2차 세계대전 이후, 소련의 영향권에서는 '소련을 닮은 체제'가 만들어졌다. 미국의 영향권에서는 '미국을 닮은 체제'가 만들어졌다. 가장 극적인 대비가 북한과 남한이다. 소련을 닮은 체제가 조선민주주의인민공화국이었고, 미국을 닮은 체제가 대한민국이다.

미국과 중국의 패권 경쟁에서 누가 승리할지는 아직 알 수 없다. 중국경제성장률은 미국경제성장률보다 높다. 중국경제성장률은 5%대, 미국은 2%대다. 미국 브루킹스연구소는 2028년이면 중국의 국가 GDP가 미국을 추월할 것으로 전망한다.[8] 일본 노무라 증권도 2028년을 미국과 중국 GDP의 역전 시점으로 전망한다.

2020년 기준으로 중국의 1인당 GDP는 1만 달러다. 미국의 1인당 GDP는 6만 4,000달러다. 중국 인구는 14억 명이고, 미국 인구는 3억 3,000만 명이다. 국가 GDP가 역전되어도 1인당 GDP는 미국이 여전히 3~4배 높다. 하지만 국력 관점에서 보면 국가 GDP 자체가 중요하다. 2028년을 전후해서 중국 GDP가 미국을 추월할 가능성이 크다. 당분간 더 미국 패권은 유지되겠지만, 중국의 경제적 부상은 외교적·안보적 측면에서도 매우 위협적이다.

향후 미국과 중국의 패권에서 중국이 우위를 차지할 경우 '중국을 닮은 체제'가 전 세계적으로 급속히 확산될 것이다. 한반도의 정치체제 역시 '중국과 닮은 체제'로 바뀔 가능성이 크다. 지난 수십 년간 한국 국민이 투쟁으로 만들어낸 자유민주주의 체제와 민간기업의 자율성도 지금 상황과는 판이하게 달라질 것이다.

다음으로 ② 세계화 양상이다. 세계화는 '블록화된 재세계화'가 될 가능성이 크다. 중국 상무부는 2020년 9월 '불신기관 목록' 규정을 만들었다. 미국의 중국 기업 제재에 동조하는 제3국 기업에 대해 중국과의 수입·수출, 중국 내 투자, 관련자들의 중국 입국을 금지하고 벌금을 부과하는 내용이다. 2021년 1월에는 제3국 기업이 미국의 방침에 따라 중국 기업과 거래를 중단할 경우, 제3국 기업에 대해 손해배상을 청구할 수 있는 규정을 공포했다. 제3국 기업 입장에서는 결국 미국과 중국 중에 양자택일을 강요받게 된다.[9] 세계화의 양상은 디커플링(탈동조화), 블록화, 재세계화가 동시에 진행될 것이다.

국가 간 패권은 경제력, 군사력, 소프트 파워가 다 중요하지만 중장기적 관점에서 보면 가장 중요한 것은 기술 패권이다. 1840년 아편전쟁에서 영국이 중국을 군사적으로 압도했던 것은 증기기관과 철강 생산이었다. 영국은 증기기관을 통해 에너지 동원력이 달라졌다. 에너지 동력원이 달라지자 철강 생산이 가능해졌고 군사력의 수준이 달라졌다. 시진핑 국가주석은 2015년에 〈중국 제조 2025〉를 발표한다. 2045년까지 미국을 제치고 세계 최고의 제조업 강국이 되겠다는 포부를 담았다. 〈중국 제조 2025〉에 담긴 기술들은 민간 기술이자 동시에 군용 기술이다. 민군 겸용 기술이다. 결과적으로 〈중국 제조 2025〉는 중국이 2045년까지 세계 최고의 군사 강국이 되겠다는 포부를 담고 있다.

미국은 〈중국 제조 2025〉에 나오는 첨단기술에 대한 중국 접근을 견제하고 있다. 세계경제에서 중국 비중은 약 17%다. 중국의 세계경제 비중이 워낙 크기에 한꺼번에 중국경제와 디커플링하는 것은 불가능하다. 미국은 저기술과 중기술 분야는 중국과의 교역을 지속하되, 첨단기술에 대해서는 봉쇄를 강화하고 있다. 대표적인 분야가 반도체다. 중국은 석유보다 반도체를 더 많이 수입한다. 중국의 수입 품목 1위는 반도체다. 반도체는 정보의 처리와 저장을 위해 필요하다. 정보 처리를 담당하는 것이 시스템 반도체이고, 정보 저장을 담당하는 것이 메모리 반도체다. 반도체 역시 민군 겸용 기술이다.

세계 반도체 시장에서 미국은 특히 장비 분야에서 기술 우위를 확보하고 있다. 반도체 장비 사용을 지렛대로 중국을 압박하고 있다. 트럼프 정부 시절에는 미국 기업과 한국, 대만 기업을 포함하여 5나노 이하 반도체 기술에 대해 중국 수출을 막았다. 2019년에는 통신장비 회사 화웨이와 반도체를 만드는 화웨이의 자회사 하이실리콘에 대한 기술 제공도 전면 금지했다. 미국은 자율주행차에 사용되는 16나노 이하의 반도체에 대해서도 추가 규제를 검토 중이다. 중국에 대한 견제는 미국 민주당과 공화당 모두 이견이 없다. 미국의 중국에 대한 첨단기술 봉쇄는 향후 수십 년간 더 지속될 것이다.

일부에서는 탈세계화(deglobalization)를 전망한다. 하지만 탈세계화의 가능성은 희박하다. 1990년대 이후 세계화의 확대는 소련 붕괴, 미국의 유일 패권, 중국의 개혁개방과 더불어 ICT혁명이라는 기술적 기반이 가능해졌기 때문이다. 1990년대 이후 중국은 세계의 공장이 됐다. 선진국들 입장에서 중국이 담당하던 제조업 생산품의 일부는 '탈중국화'할 것이다. 일부는 자국 내에서 생산하고, 일부는 우방국과 생산을 분담하고, 일부는 중국의 대체생산 시장을 찾을 것이다. 하지만 중국의 경제적 비중이 크고, 중국 제조업에 대한 의존성이 심해서 탈중국화 역시 제한적인 범위에서만 작동될 것이다. 예컨대, 고급 첨단기술에 한해서 작동될 것이다.

미국과 독일은 중국에 있던 공장의 본국 회귀를 독려하고 있다. 이를 리쇼어링(reshoring, 제조업의 본국 회귀) 정책이라고 한다. 미국과 독일의 경우, 리쇼어링 정책이 실제로 효과를 보고 있다. 리쇼어링 정책의 부분적 성공은 4가지 요인 때문이다. 첫째, 미국과 독일은 세계경제 비중이 크다. 최종소비시장과 가까워지는 메리트가 있다. 둘째, 중국 인건비가 올랐다. 셋째, 스마트 팩토리(첨단 공장자동화)의 발달로 국내 생산의 인건비가 저렴해졌다. 넷째, 법인세 인하 등 정부가 세제 혜택을 준다. 특히 미국과 독일이 거대 소비시장이라는 것이 결정적이다. 한국과 같은 소규모 개방경제에서는 리쇼어링 정책이 효과를 보기 어렵다.

조 바이든(Joe Biden) 미국 대통령은 삼성전자에게 미국 내 반도체 생산을 압박했다. 반도체 공정은 크게 설계(팹리스), 위탁생산(파운드리), 후공정(패키징 및 검사)으로 구분된다. 미국 반도체 산업은 설계 분야에서 비교우위를 갖는다. 위탁생산은 한국과 대만 비중이 압도적이다. 미국은 자국 내 반도체 생산 기반이 취약하다. 한국과 대만에 의존하는 반도체 위탁생산의 안보 리스크를 줄이기 위해 자국 내에서 생산 공장을 만들도록 압박하고 있다.

최근 인도와 동남아시아의 경제적 비중이 커지고 있다. 중국의 대체생산 지역으로 각광받고 있기 때문이다. 인도, 베트남, 인도네시아가 특히 주목받고 있다. 인도는 14억 명의 인구 대국이라는 점, 영어를 쓰는 국민이 많다는 점이 가장 큰 장점이다. 베트남은 젊고 교육받은 노동력의 가성비가 좋다. 인도네시아 역시 제조업 역량을 갖추고 있다. 인도 인구는 14억 명, 베트남은 1억 명, 인도네시아는 2억 8,000만 명이다. 인도네시아는 세계 4위의 인구 대국이다. 1인당 GDP를 살펴보면, 인도는 약 2,000달러, 베트남은 약 3,000달러, 인도네시아는 약 4,000달러다. 참고로, 한국의 1인당 GDP가 1,000달러가 된 시점은 1977년이다. 5,000달러가 된 시점은 1989년이다. 1만 달러가 된 시점은 1995년이다. 인도, 베트남, 인도네시아는 한국 경제사로 보면 1977~1989년의 시기 어딘가에 있다.

다음으로, ③ 기술의 변화다. 바이든은 2021년 2월 대통령 취임 직후 경제 안보상 중요한 4가지 핵심품목에 대한 검토 보고서를 100일 이내 작성하라고 지시했다. 바이든이 지정한 4대 품목은 반도체, 대용량 배터리, 희토류(희귀광물), 의약품이었다. 이후 중간보고서가 공개됐다. 바이든은 6개 품목을 추가했다. 군수, 보건제약, ICT, 에너지, 운송, 농식품이다. 10개 핵심 품목은 경제 안보를 위해 전략적으로 중요하다고 판단한 것이다.

한국은 바이든이 처음에 지정한 4개의 핵심 품목 중 3개 분야에서 세계 최고의 제조역량을 가지고 있다. 반도체, 대용량 배터리, 의약품 분야다. 2021년 5월 바이든 대통령과 문재인 대통령의 정상회담은 공급망 재편, 경제 안보, 바이오 협력 등에서 전략적 동맹 관계를 표방했다. 바이든은 2022년 5월 윤석열 대통령과의 정상회담을 위해 한국에 방문했다. 바이든이 한국에 온 이후 첫 방문지는 삼성전자였고 마지막 방문지는 현대자동차였다. 삼성전자와 현대자동차는 미국 대통령이 처음과 끝을 방문할 만큼 '전략적으로' 중요한 기업이 됐다.

[표 6-3]은 미국의 10대 핵심 품목과 중국의 10대 전략산업을 비교한 것이다. 미국의 경우, 바이든 대통령이 경제 안보를 위해 중요하다고 지정한 10대 핵심 품목이다. 중국의 경우, 〈중국 제조 2025〉에 담겨 있는 10대 전략산업이다. 미국과 중국이 공통적으로 중시하는 산업을 추려보면, 반도체, 차세대 IT 기술, 정보통신, 항공

표 6-3 미국의 10대 핵심 품목 및 〈중국 제조 2025〉의 10대 전략산업

바이든 대통령 10대 핵심 품목	〈중국 제조 2025〉 10대 전략산업
① 반도체	① 차세대 IT 기술
② 대용량 배터리	② 고정밀 수치제어 및 로봇
③ 희토류(희귀광물)	③ 항공우주 장비
④ 의약품	④ 해양 장비 및 첨단기술 선박
⑤ 군수	⑤ 선진 궤도교통설비
⑥ 보건제약	⑥ 에너지 절약 및 신에너지 자동차
⑦ 정보통신기술	⑦ 전력 설비
⑧ 에너지	⑧ 농업기계장비
⑨ 운송	⑨ 신소재
⑩ 농식품	⑩ 바이오 의약 및 고성능 의료기기

우주 장비, 군수산업, 에너지, 희토류 및 신소재, 의약품·바이오산업이다. 이 기술들은 공통적으로 경제 안보 산업이자 동시에 민군 겸용 산업이다.

한 가지 흥미로운 것은 미국과 중국 역시 '에너지산업'의 중요성에 많은 비중을 두고 있다는 점이다. 탄소중립 에너지 전환에 대한 세계적인 관심 증가로 인해 재생에너지산업 역시 갈수록 중요해지고 있다. 탄소중립 에너지 전환에 대해서는 원전 활용론과 원전 비판론이 대립하고 있다. 한국에서도 그렇고 유럽에서도 그렇다. 원전 활용론을 인정하더라도, 재생에너지산업의 역할과 비중이 지금보다 커질 것이라는 점은 대체적인 합의다. 재생에너지산업의 발전역시 '전략적' 중요성을 지닌다.

그 밖에 중요한 기술 변화는 4차 산업혁명과 유사한 의미를 갖는 ABCD 산업이다. ABCD 산업은, 인공지능(AI, artificial intelligence), 블

록체인(blockchain), 클라우드(cloud), 데이터(data)에서 앞글자를 합친 줄임말이다. ABCD 산업은 앞서 언급한 반도체, 차세대 IT 기술, 정보통신, 항공우주 장비, 군수산업과 겹치는 영역이기도 하다.

16장 / 3가지 정책 방향
: 경쟁력, 계층 사다리, 불평등 완화

경쟁력 강화가 중요하다

불평등, 경제성장, 고용, 수출, 투자를 모두 중시하는 통합적 관점을 견지할 경우, 우리에게 중요한 경제정책 방향은 크게 3가지다. 첫째, 경쟁력 강화다. 둘째, 계층 사다리를 통한 역동성 회복이다. 셋째, 사회경제적 약자의 처우개선을 통한 불평등 축소다. 이에 대해 하나씩 살펴보자.

첫째는 경쟁력 강화다. 경쟁력 강화는 왜 중요한가? '국가 간 경쟁'이 우리가 살고 있는 현실세계의 본원적 조건이기 때문이다. 150년 전 조선의 몰락은 본질적으로 서구 열강 및 메이지유신 이후 서구제도를 수용한 일본과 경쟁력 격차가 너무 커졌기 때문이다.

환경주의적 시각을 가진 진보 일부에서 '제로 성장'을 주장하는 분들이 있다. 이분들은 경제성장에 아주 비판적인 분들이다. 한국이 선진국이 되고 북한의 남침 위협으로부터 조금 더 안전해진 것은 한국의 경제력이 과거보다 강해졌기 때문이다. 현재 중국의 부상이 미국이 주도했던 자유주의적 국제질서를 위협한다고 보는 근본 이유도 중국의 경제력 강화가 중국의 군사력 강화로 직결되기 때문이다.

경쟁력 강화를 위해서는 3가지가 중요하다. 하나, 전통 안보와 경제 안보가 중요해졌다. 러시아의 우크라이나 침공에서 보듯, 향후 세계 질서는 중국과 러시아가 권위주의 국제연대를 강화하고, 미국과 유럽연합을 중심으로 자유주의 국제연대가 강화될 것이다.

외교안보적 대응은 자주국방 강화, 한·미동맹, 다층적 군사협력 3가지 모두가 중요해졌다. 한국전쟁 이후 한국 안보의 중심축은 한·미동맹이었다. 하지만 한·미동맹에는 결정적 약점이 있다. 미국 측에서 먼저 한·미동맹을 약화시킬 가능성이 존재한다. 《워싱턴포스트》 소속의 캐럴 리어닉(Carol Leonnig)과 필립 러커(Philip Rucker) 기자는 트럼프 전 대통령이 재선에 성공하면, 나토(NATO)를 탈퇴하고 한·미동맹을 날려버리겠다는 발언을 수시로 했다고 밝히고 있다.[10] 트럼프 대통령의 존 볼턴(John R. Bolton) 백악관 국가안보보좌관 역시 회고록에서 트럼프 대통령이 나토 탈퇴와 한·미동맹 파기를 주장했다고 밝혔다.[11] 차기 미국 대선에서 트럼프는 당선 가능성이 큰 유력 후보다. 트럼프가 미국의 차기 대통령에 당선될 경우, 매우 강도 높은 주한미군 부담금을 요구하고 여의치 않을 경우 주한미군이 전면 철수할 가능성을 배제할 수 없다. 한·미동맹 파기 가능성도 배제할 수 없다.

미국 외교는 역사적으로 자국 우선주의와 개입주의를 반복해왔다. 1960년대 베트남 반전 시위 이후 1969년 닉슨 독트린은 자국 우선주의의 대표 사례다. 미국의 자국 우선주의로 인해 1960년대 후반~1970년대 중반에 한국은 안보위기를 겪는다. 최근 미국의 자국 우선주의 강화는 트럼프 대통령 개인의 캐릭터도 중요한 요인이다. 하지만 미국의 경제적 쇠퇴와 미국 내 정치적 통합력의 이완도 같이 작용하고 있다.

한국은 한·미동맹을 강화하고 중시하되 한·미동맹만 믿고 있으면 자칫 '달걀을 한 바구니에 담는' 오류를 범할 수 있다. 한국은 일본, 호주, 유럽 주요 국가를 포함해 자유민주주의적 가치를 공유하는 국가들과 다양한 층위에서 군사협력을 강화해야 한다. 핵심은 한·미동맹과 다층적 군사협력을 동시에 강화하는 것이다.

둘, 국제적인 공급망 재편에 대응하는 것이 중요하다. 정부는 대기업과의 유기적 대응체계를 갖춰야 한다. 한국 대기업은 글로벌 대기업으로 독자적인 글로벌 네트워크를 가지고 있기도 하고, 공급망 재편으로 가장 영향을 받는 집단이다. 공동 대응이 중요하다. 세계 질서 2기에 중국은 '세계의 공장'이었다. 미국이 추진하는 공급망 재편의 핵심은 탈중국화 혹은 중국과의 디커플링이다. 산업연구원 보고서에 의하면 한국의 대중국 수입 품목 중 전략적 취약성이 관측된 품목은 총 1,088개다. 이 중 604개가 중간재에 해당한다.[12] 바이든 대통령은 2021년 2월에 공급망 조사를 지시했고 EU는 2021년 공급망 보고서를 채택했다. 한국 역시 공급망 취약성을 점검하고 대책을 수립해야 한다. 정부와 기업의 공동대응 채널을 가동하고, 산업별 대응전략을 수립하고, 국제 공조를 통해 공급망 다각화를 추진해야 한다. 정부는 '공급망 관리 기본법' 제정을 추진해야 한다.

셋, '기술력의 상향 이동'이 중요하다. 우리는 앞서 수출과 기술 수준, 고용과 기술 수준의 비중 변화를 살펴봤다. 소득이 상승한다는 것은 글로벌 밸류체인에서 기술 수준이 상승한다는 것을 의미한다. 기업 기술력이 상향 이동하기 위해서는 고급인재 육성과 R&D 투자가 가장 중요하다. 고급인재 육성은 학사, 석사, 박사과정의 내실화를 통해 가능하다. 결국 대학 교육의 고급화가 핵심이다. 한국 대기업이 글로벌 경쟁력을 가진다는 것은 한국 대학에서 배출되는 인재들이 세계적인 대학들인 메사추세츠공과대, 스탠퍼드대학, 조지아공과대, 북경대, 칭화대와의 경쟁에서 뒤지지 않는다는 것과 같다.

현재 대학의 등록금 동결은 매우 잘못된 정책이다. 대학 등록금 동결은 2011년 진보세력이 압박하고 이명박 정부가 수용해서 실시됐다. 2011년부터 2022년까지 대학 등록금은 동결되어 있다. 질 좋은 대학교육을 위해서는 돈이 들어간다. 기업의 R&D 투자가 많을 때 혁신이 되는 것처럼, 대학 교육에 돈이 많이 투자될 때 유능한 인재 육성이 가능해진다. 현재 대학등록금 동결은 대학교육의 핵심 목표가 '학생의 역량 강화 지원'이 아니라, 학생들을 '싼 맛에 졸업시키는' 것이 됐음을 의미한다. 대학 등록금 동결정책은 대학 교육의 수준을 떨어뜨리고, 사회진출을 위해 학생들에게 필요한 교육 공급을 불가능하게 만들고 있다. 대학의 등록금 동결 정책은 시정되어야 한다. 등록금 동결은 해지하되, 저소득 학생의 경우 장학금 지원을 강화하면 된다.

현재 대학 교육은 기업이 원하는 인재를 공급하지 못하고 있다. 교육 공급자 집단은 현재에 안주하려는 경향이 있다. 예를 들면 대학 교수의 경우, 과거에 배운 것을 현재 가르치는 존재다. 반면에 교육 수요자 집단은 '미래'에 대응하려는 욕구를 갖는다. 예를 들면 학생은 미래 적응 능력을 현재 배우고 싶은 존재다. 교육 공급자 집단은 학교재단, 교수, 교사 들이다. 교육 수요자 집단은 학생과 청년이다. 그런데 교육의 공급자이며 동시에 교육 수요자인 집단이 있다. 바로 기업이다. 글로벌 경쟁에 노출된 대기업일수록 존재 조건 자체가 '외부 환경의 변화'를 적극 인지하고, 선도해야 할 절박한 이해 관계를 가진다.

교육부 공무원, 대학 교수, 재단 이사장, 기업, 학생 중 대학 교육에 한해서 환경 변화와 미래에 가장 관심 있는 행위자는 누구일까? 정답은 기업과 학생이다. 기업과 학생은 교육 수요자다. 반면에 교육 공급자인 교육부 공무원, 대학 교수, 재단 이사장은 상대적으로 환경 변화와 미래에 대해 둔감하다. 경우에 따라 환경 변화와 미래에 대한 저항 세력일 때도 있다.

고급 인재 육성에 가장 절박한 이해 관계를 가진 집단은 글로벌 대기업과 기술기반 중기업들이다. 고급 인재 육성의 핵심은 대학 경쟁력 강화 정책이다. 대학 경쟁력 강화의 핵심은 기업과 학생의 욕구, 발언권, 의사결정권을 교육 과정에서 대폭 강화하는 것이다.

기업이 원하는 대학의 인재 육성을 위해, 채용조건형 계약학과를 운영하는 경우가 있다.[13] 하지만 양적으로, 질적으로 많은 제약이 있다. 기업이 대학의 투자 및 운영 주체가 되는 '기업대학'을 적극 검토할 필요가 있다. 기업대학은 기업-산업-인재 육성을 통합적으로 연계하는 방식이다. 예를 들면 삼성 반도체 공대, 현대 미래차 공대, SK 정보통신 공대, 네이버 웹툰 대학 등이다.

계층 사다리를 통한
사회적 역동성 회복이 중요하다

둘째, 계층 사다리를 통한 사회적 역동성의 회복이다. 불평등을 축소하는 것과 계층 사다리를 통해 역동성을 살리는 것은 다른 의미다. 불평등은 격차 축소 그 자체를 의미한다. 그런데 불평등은 좋은 불평등도 있고 나쁜 불평등도 있다. 계층 사다리 정책은 격차 축소 그 자체를 목표로 하지 않는다. 중층과 하층의 상향 이동과 계층의 역동적 이동을 정책 목표로 한다.

계층 사다리 정책은 어떻게 구현 가능한가? 가난한 노동자 계급의 자녀들도 외부 환경 변화에 연결될 수 있도록 국가가 적극적으로 돕는 것이 핵심이다. 외부 환경 변화의 실체는 제국의 질서, 세계화 양상, 기술의 변화다.

세계 질서 1기와 2기에 누가 경쟁 우위 혹은 승자가 됐을까? 제국의 질서와 연결되는 경우 경쟁 우위, 승자가 됐다. 세계화에 연결되는 경우 경쟁 우위, 승자가 됐다. 기술의 변화와 연결되는 경우 경쟁 우위, 승자가 됐다. 이들은 누구일까? 고학력, 고숙련, 대기업, 수출, 제조업, 다국어 사용자다. 이 중에서 'or 조건'으로 무엇이라도 연결되는 경우 경쟁 우위가 될 수 있었다. 예를 들면 설령 대학교 졸업자가 아니어도 고숙련+다국어 사용자인 경우 해외시장에 진출하며 부가가치를 올릴 수 있었다.

반대로 질문을 던져보자. 세계 질서 1기와 2기에 누가 경쟁 열위 혹은 패자가 됐을까? 제국의 질서와 단절된 경우 경쟁 열위, 패자가 됐다. 세계화와 단절된 경우 경쟁 열위, 패자가 됐다. 기술의 변화와 단절될 경우 경쟁 열위, 패자가 됐다. 이들은 누구인가? 저학력, 저숙련, 소기업, 내수, 서비스업, 내국어만 사용하는 사람들이다. 'and 조건'으로 모두 해당할 때 특히 경쟁 열위가 됐다. 이를 정리하면 [표 6-4]다.

분배는 1차 분배와 2차 분배로 구분된다. 분배(1차 분배), 재분배(2차 분배)라고 표현하기도 한다. 1차 분배는 '국가 개입 이전' 단계의

표 6-4 자본주의 세계 질서에서 성공과 실패의 3대 요인 및 계층 사다리 정책

경쟁 우위가 되는 경우 (고학력, 고숙련, 대기업, 수출, 다국어)	경쟁 열위가 되는 경우 (저학력, 저숙련, 소기업, 내수, 내국어)	계층 사다리 정책의 본질
① 제국의 질서와 연결되는 경우	① 제국의 질서와 단절된 경우	제국의 변화와 연결되도록 도와줘야
② 세계화와 연결되는 경우	② 세계화와 단절된 경우	세계화와 연결되도록 도와줘야
③ 기술의 변화와 연결되는 경우	③ 기술의 변화와 단절된 경우	기술의 변화와 연결되도록 도와줘야

분배다. 시장에서 이뤄지는 분배다. 근로소득과 사업소득이 대표적이다. 2차 분배는 '국가 개입 이후' 단계의 분배다. 세금을 걷고 복지를 제공한다. 공적 이전소득이 대표적이다. 2018년 4분기 기준 통계청의 〈가계동향조사〉에 의하면, 전체 가구소득에서 근로소득 비중은 68%다. 사업소득 비중은 20%다. 이전소득 비중은 11%다. 근로소득과 사업소득의 합계는 88%다. 다시 말해, 시장에서 이뤄지는 1차 분배가 88%, 2차 분배가 11%다. 비율로 환산하면, 2차 분배보다 1차 분배가 8배 더 중요하다.

그런데 정부가 1차 분배에 개입하는 것은 한계가 명확하다. 1차 분배의 개념 자체가 '시장'에서 결정되는 것이기 때문이다. 문재인 정부 경제정책팀은 1차 분배에 개입하기 위해 법정 최저임금을 대폭 인상했다. 시장이 감당할 수 없는 최저임금의 과도한 인상은 고용 충격이 발생하기 마련이다. 그렇다면 시장의 부작용이 발생하지 않는 1차 분배 개입 방법은 무엇일까? 그것은 국가가 '시장 이전' 단계

에 개입하는 것이다. 개인의 역량 강화에 적극적으로 개입하는 것이다. 개인의 역량 강화에 개입하는 것, 그것은 바로 교육 정책이다. 복지 정책이 2차 분배이고 노동 정책이 1차 분배라면 교육 정책은 0차 분배다. 한국 진보세력 일부에서 주장하는 기본소득과 기본자산은 모두 2차 분배에 개입하는 것이다. 반면, 교육 정책을 통해 0차 분배에 개입하는 것은 '기본 역량'을 돕는 것이다. 국가가 고기를 잡아주는 것이 아니라, 고기 잡는 법을 도와주는 것이다.

한국 현대사에서 계층 사다리와 경제성장의 숨겨진 비밀 중 하나는 '교육혁명'이었다. 한국 현대사는 교육 정책을 통해 계층 사다리의 역동성을 살렸던 경험을 최소한 2차례 가지고 있다. 첫 번째 교육혁명은 초등학교를 의무교육으로 규정한 것이다. 1948년 정부 수립 당시 국민의 문맹률은 약 40%로 추정한다.[14] 이승만 정부는 1949년 12월에 교육법을 제정한다. 이 법은 6년의 초등교육을 의무교육으로 규정했다. 모든 국민은 자녀가 만 6세가 되면 6년 학제인 초등(국민)학교에 취학시킬 '의무'가 부여됐다.[15] 자녀를 초등학교에 보내지 않는 부모는 '법 위반자'가 된다.

초등교육의 의무교육과 별개로 성인 문맹을 위한 공민학교(公民學校)를 운영했다. 교육법 140조는 1910년 이후 출생한 자로서 한글을 읽지 못하는 자에게는 공민학교 성인반의 교육 의무를 부여했다. 그에 따라 시·읍·면장은 관내에 거주하는 공민학교 취학 의무자를 조사해 취학 30일 전에 통지해야 한다. 공민학교 성인반의 교과과정

은 초등학교에 준하며, 연간 70일을 넘지 않는 범위에서 문자 해독을 중심으로 교육했다.[16]

적령기 아동의 취학률은 일제강점기인 1943년 47%였다. 초등교육의 의무교육화에 힘입어 1960년에는 99.8%가 된다. 문맹률에 대한 공식적인 통계는 1955년 말에 처음 잡힌다. 1955년 문맹률은 총 2,072만 명 중 727만 명으로 35.1%였다. 남자는 29.4%, 여자는 40.6%였다. 초등학교와 공민학교의 보급에 힘입어 1959년 말에는 문맹률이 10.3%로 낮아진다.[17]

두 번째 교육혁명은 박정희 정부의 숙련공 양성정책이었다. 박정희 정부가 수출 중심 공업화 노선을 본격화한 시점은 1964년이다. 중화학 공업화를 선언한 시점은 1973년이다. 박정희 정부는 제2차 경제개발 5개년 계획(1967~1971)부터 숙련공 양성정책을 본격적으로 추진한다. 박정희 정부가 추진한 정책의 핵심은 공업고등학교와 직업훈련의 대폭 확대였다.

제2차 경제개발 5개년 계획이 시작되기 이전, 1966년에 공업고등학교는 46개였다. 박정희 정부의 마지막 해였던 1979년에는 96개로 증가한다. 2배 이상 증가했다. 새로 신설된 공업고등학교 중 19개교는 박정희의 특별지시로 만들어진 '기계공업' 고등학교였다. 기계공고는 정밀 가공사 양성을 목적으로 했다. 박정희는 1979년까지 기계공고 육성에 126억 원이라는 거액을 투자했다. 학생들에게는 장학금과 기숙사 특혜가 주어졌다. 졸업과 동시에 전원 2급 기능사

자격증을 취득했고, 중공업 부문의 대기업에 취직했다. 일정 기간을 근무하면 병역 면제도 받았다.[18]

박정희 정부는 제2차 경제개발 5개년 계획이 추진되던 1967년에 직업훈련법을 제정한다. 직업훈련소의 주요 대상자는 당시 저학력인 '중학교 졸업자'였다. 박정희 대통령의 기능공 양성정책은 공업화에 필요한 숙련노동을 확보하는 산업정책의 의미를 지닌다. 동시에 당시 상대적으로 가난했던 농어촌 청년들에게 '계층 상승의 기회'를 제공하는 사회정책의 취지도 담고 있었다. 박정희 정부의 산업정책을 연구했던 김형아 박사는 기능공 양성정책에 대해 "당시 사회의 중하층 계층, 특히 농어촌 계층에게 새롭고 전도가 유망한 직장에 진입할 수 있는 기회를 제공하는 매우 역동적인 교육정책"이었다고 평가한다.[19]

제2차 경제개발 5개년 계획부터 제5차 경제개발 5개년 계획이 있던 1986년까지 직업훈련기관에서 배출한 기능사는 총 118만 명이었다. 다르게 표현하면, 최소한 118만 명에게 '계층 상승 사다리'가 제공됐다.[20]

지금의 변화된 환경을 고려할 때, 2022년 현재 계층 사다리의 역동성을 위해 대한민국 정부가 해야 할 교육혁명은 무엇일까? 가장 중요한 것은 가난한 노동자 계급의 자녀들도 제국의 질서와 연결되도록 도와주고, 세계화와 연결되도록 도와주고, 기술의 변화와 연결되도록 도와주는 것이다.

구체적인 정책 내용은, 하나는 어린이 및 청소년 정책, 다른 하나는 청년 및 성인 정책으로 구분할 수 있다. 어린이 및 청소년의 경우 학교 교육의 내실화가 가장 중요하다. 기초학력 국가책임제, 저소득층 자녀들이 외국어 실력을 충분히 갖추도록 지원하는 영어 무상교육, 국어·영어·수학 방과 후 나머지 교육, 코딩 및 데이터 교육 등이 중요하다. 현재 교육계에서 기초학력 국가책임제를 둘러싼 논란이 있다. 기초학력에 대한 평가는 실시되어야 한다. 내실있는 기초학력 평가가 되려면 과목별 평가, 절대 평가, 재교육이 결합되어야 한다. 중요한 것은 학생들이 '역량'을 갖추도록 체크하고 부족한 부분은 보충할 수 있도록 지원하는 것이다.

초등 및 중등교육에서도 교육 공급자는 현재에 안주하는 경향이 있을 수 있다. 반면, 교육 수요자는 '미래'에 적응하려는 욕구를 가진다. 교육의 우선적 주체는 학생들이다. 학생들의 미래 대응능력 함양을 교육 정책의 최우선 원칙으로 놓고, 교사의 참여, 교사의 역량지원, 교원확충이 결합되어야 한다.

다음으로, 청년 및 성인의 경우 외국어 교육과 기술 교육이 특히 중요하다. 제국의 언어, 사용 빈도가 많은 언어, 새로 부상하는 국가의 언어를 배워야 한다. 제국의 언어는 영어와 중국어가 대표적이다. 사용빈도가 많은 언어는 스페인어, 프랑스어, 아랍어가 대표적이다. 스페인어는 남미, 프랑스어는 아프리카, 아랍어는 중동에서 사용 빈도가 높다. 새로 부상하는 국가의 언어는 힌두어, 베트남어, 인도네시아어 등이 해당한다. 기술 교육은 '기업이 필요로 하는' 기술을 배우는 것이 가장 중요하다. 제도권 학교 교육의 내실화를 기본 방향으로 하되, 서울시, 경기도처럼 광역자치단체가 중심이 되어 기업과 연계해 '청년 기술학교'를 대규모로 운영하는 방법도 병행할 필요가 있다. 서울시와 경기도 같은 광역자치단체는 자체적인 예산 규모가 가능하다. 서울시와 경기도가 선도적으로 청년 기술학교를 운용할 경우, 전국 지자체에게 아주 좋은 영향을 미치게 될 것이다.

이승만 정부 시절에는 초등학교 의무화를 했다. 문맹률을 낮추는 데 큰 기여를 했다. 박정희 정부 시절에는 기능공 육성을 했다. 계층 사다리와 사회적 역동성에 큰 기여를 했다. 당시는 한국경제의 발전 단계가 '따라잡기 경제'일 때였다. 지금 한국경제는 선진국 수준에 있다. 한국경제의 발전 단계는 '개척자'가 되어야 한다. 그러려면 기업과 교육 수요자(청년), 정부의 팀플레이가 중요하다. 가장 중요한 것은 '기업이 필요로 하는' 교육 내용과 교육 수준이 실시되어야 한다. 교육 수요자가 주도하도록 돕는 것이 가장 중요하다. 중앙정부와 지방정부는 기업 및 청년의 요구를 지원하는 역할을 해야 한다. 단, 계층 사다리의 역동성이 효과적으로 작동하려면 이미 사회에 진출한 고등학교 졸업자와 전문대 졸업자의 참여를 대폭 확대하는 방식으로 사업이 추진되어야 한다.

불평등 축소의 핵심은 초고령화 대책이다

대한민국 역대 대통령 중 불평등 해소에 가장 강력한 의지를 가진 사람은 문재인 대통령이었다. 하지만 의욕만큼 성과를 거두지는 못했다. 그 이유는 불평등에 대한 원인 분석이 정확하지 않았기 때문이다. 2018년 소득주도성장 정책은 사실상 '임금주도성장'이었다. 정책 타깃은 저임금노동자의 최저임금 인상이었다. 하지만 결과는 매우 부정적이었다. 고용은 역대 평균의 4분의 1 수준으로 줄었고, 불평등은 오히려 더 커졌다. 2019년 소득주도성장 정책은 사실상 '노인주도성장'이었다. 정책 타깃은 노인으로 바뀌었다. 효과에 대한 각종 논란은 있으나, 불평등은 소폭 줄었다.

애초부터 한국 불평등 문제의 핵심은 저임금노동자가 아니라 노인 문제였다. 불평등 문제=노인 문제=노인 빈곤 문제=노인 소득 보장 문제는 동일한 실체였다. 문재인 정부 경제정책팀이 노동운동 중심 담론에 과도하게 경도됐고, 진보성향 정당의 입장에서 노인들은 '표'가 되지 않는다는 인식이 작용해 '노동자조차도 되지 못하는' 진짜 하층, 진짜 민중을 발견하지 못한 것이다.

2010년 초중반부터 한국의 불평등은 꾸준히 줄어들고 있다. 임금 지니계수도 줄어들고 있고, 가처분소득 지니계수도 줄어들고 있다. 상층에 위치하는 수출·제조업·대기업 노동자의 소득 상승폭이 줄어서이기도 하고, 하층에 위치하는 노인들의 소득이 올라서이기도 하다.

노인 소득의 경향적 상승 추세는 1987년 민주화 이후 역대 정부의 노력이 집합적으로 나타나는 것이다. 노태우 정부는 1988년에 10인 이상 사업장의 노동자에게도 국민연금을 도입했다. 이후 국민연금 적용 사업장은 꾸준히 확대됐다. 노무현 정부 때인 2006년에 모든 사업장으로 확대됐다. 이때 국민연금 대상이 됐던 분들이 퇴직 이후 최근 국민연금 수급자로 등장하고 있다. 김대중 정부는 국민기초생활보장제도를 도입했다. 참여연대를 비롯한 시민단체가 요구한 정책이다. 빈곤자의 소득 보장에 큰 도움이 됐다. 노무현 정부는 〈저출산 고령사회 기본법〉을 제정했다. 노인 공공 일자리 정책의 법률적 기반을 마련했다. 국민연금 개혁을 통해 세대 간 형평성을 개선하고, 기초노령연금을 도입했다. 이때부터 노인 빈곤율 지표가 줄어들기 시작한다. 박근혜 정부는 소득하층 70% 노인들에게 기초연금을 20만 원 지급하는 정책을 도입했다. 문재인 정부는 기초연금을 10만 원 인상하고, 어르신 공공 일자리 예산을 대폭 확대했다. 이러한 정책들은 모두 노인, 빈곤자, 하층의 소득 저하를 막는 효과를 발휘했다. 한국적 현실에서, 불평등 대책의 핵심은 원래부터 노인 빈곤 대책이었다.

사실 초고령화 문제는 불평등을 뛰어넘는 포괄적 중요성을 가진다. 급격한 초고령화는 증세 압박으로 연결된다. 과도한 연금지급 상승은 재정 건전성을 위협하게 된다. 일본이 대표적 사례다. 초고령화 문제에 대한 지혜로운 대응은 사회경제체제의 지속 가능성, 경제성장의 지속 가능성, 국가 경쟁력의 지속 가능성, 세대 간 갈등에도 영향을 미치게 된다. 고령화 문제는 불평등 문제와 직결되지만, 동시에 불평등 문제에 국한해서 접근하면 안 되는 이유다.

초고령화 정책의 한국적 특수성 ①
: 세계에서 가장 빠른 초고령화 속도

한국 지식인들은 보수 쪽은 일본과 미국 정책을 모방하고, 진보 쪽은 유럽 정책을 모방하는 경향이 강하다. 선진국 제도를 모방하려는 자세는 원칙적으로 바람직하다. 다만 제도는 해당 국가의 역사적·문화적 특수성을 고려해야 한다. 초고령화 정책을 설계할 때는 '한국적 특수성' 3가지를 유의해야 한다.

첫째, 한국의 초고령화 속도는 세계에서 가장 빠르다. [표 6-5]는 유럽 대륙국가, 영미권 국가, 동아시아 4개국의 초고령화 속도를 비교한 것이다.[21] 전체 인구에서 65세 인구 비중을 기준으로, 고령화사회(7%), 고령사회(14%), 초고령사회(20%)로 구분한다. 고령화사회에서 초고령사회로 진입하는 데 걸린 이행 기간을 기준으로 비교했다.

유럽 대륙국가인 프랑스는 155년, 스웨덴은 124년, 독일은 79년이 걸렸다. 영미권 국가인 영국은 95년, 미국은 87년 걸렸다. 동아시아 발전국가의 원조인 일본은 이들보다 약 3배 빠른 35년이 걸

표 6-5 유럽 대륙국가와 영미권 국가, 동아시아 4개국의 초고령화 진입 속도 비교

구분		고령화사회	⇨	고령사회	⇨	초고령사회	고령화 ⇨ 초고령 이행 기간
유럽 대륙국가	프랑스	1864년	115년	1979년	40년	2019년	155년
	스웨덴	1887년	85년	1972년	39년	2011년	124년
	독일	1932년	40년	1972년	38년	2010년	78년
영미권 국가	영국	1929년	46년	1975년	49년	2024년	95년
	미국	1942년	71년	2013년	16년	2029년	87년
동아시아 발전국가	일본	1970년	24년	1994년	11년	2005년	35년
	중국	2001년	24년	2025년	10년	2035년	34년
	대만	1993년	25년	2018년	7년	2025년	32년
	한국	2000년	18년	2018년	7년	2025년	25년

렸다. 일본은 세계 최초의 초고령화 국가다. 그런데 한국은 일본보다 10년 빠른 25년이 걸린다. 동아시아 발전국가 노선을 걸었던 중국(34년), 대만(32년) 역시 초고령화 속도가 빠르다. 일본, 중국, 대만, 한국의 공통점은 장기간에 걸쳐 압축 고도성장을 했다는 것이다. 세계 경제사를 통틀어 30년 동안 5% 이상의 경제성장률을 기록한 나라는 이들 4개 나라밖에 없다.

한국은 세계에서 초고령화 속도가 가장 빠른 나라다. 프랑스보다 6.2배, 스웨덴보다 4.96배, 독일보다 3.12배 더 빠르다. 초고령화 속도는 증세 속도와 연결된다. 고령화사회에서 초고령화사회가 된다는 것은 부양할 노인이 7명에서 20명으로 늘어나는 것이다. 부양비가 약 3배 늘어난다. 너무 짧은 기간에, 너무 큰 폭의 증세는 정치

적·사회적·경제적으로 많은 갈등과 부작용을 일으키게 된다. 예컨대, 유럽 초고령화 대책의 핵심은 '높은 세금과 높은 연금'이다. 한국의 진보 지식인들은 한국도 유럽처럼 높은 수준의 공적연금이 실현되기를 소망한다. 유럽의 점진적 초고령화는 점진적 증세를 의미한다. 한국의 급진적 초고령화는 급진적 증세를 의미하게 된다. 한국은 세계 최고의 초고령화 속도로 인해 유럽 수준의 세금과 연금이 불가능하다. 정치적으로도 불가능하고 경제적으로도 큰 충격을 받게 될 것이다. 불가능할 뿐만 아니라 바람직하지도 않다. 유럽 정책 베끼기를 경계하고, 한국적 대안이 중요한 이유다.

초고령화 정책의 한국적 특수성 ②
: 소득 보장과 생존의 4가지 결합

둘째, 소득 보장과 생존의 4가지 결합을 고려한 정책 대안이 수립되어야 한다. 초고령화 종합대책은 크게 네 덩어리로 볼 수 있다. 노후소득 보장, 노후 의료, 노후 돌봄, 노후 커뮤니티 정책이다. 이 중에서 노후소득 보장 정책에 국한해서 살펴보자. 노후소득 보장과 생존의 결합은 4가지가 있다. 가족 복지, 사회복지, 일자리 복지, 빈곤에 의한 자살이다. 이를 벗어나는 경우는 없다.

개념부터 정리하고 논의를 시작하자. 가족 복지는 자식들에게

의존하는 경우다. 자식에게 용돈을 받는 경우다. 사적 이전(私的移轉)에 해당한다. 가족이 돌봐주는 경우다. 사회복지는 국민연금과 기초연금과 같은 공적연금 시스템을 의미한다. 사회가 돌봐주는 경우다. 일자리 복지는 노인 스스로 일하며 돈을 버는 경우다. 스스로 돌보는 경우다. 이 3가지 모두가 마땅치 않을 경우, 노인들이 마주하게 되는 선택은 빈곤에 의한 자살이다.

1990년대 이후 한국에서 가족 복지는 빠른 속도로 해체되고 있다. 1인 가족이 급증하고 있다. 사회복지는 제도 정비가 늦었다. 특히 연금제도 발달이 늦어졌다. 한국의 노인(65세 이상) 경제활동 참가율은 세계에서 가장 높다. 왜 한국은 세계에서 노인 경제활동 참가율이 가장 높을까? 가족 복지는 해체되는데 사회복지는 덜 정비된 과도기적 상황에 있기 때문이다. 한국은 노인의 빈곤율과 자살률 역시 세계에서 가장 높다.

정리하면, 가족 복지, 사회복지, 일자리 복지, 빈곤에 의한 자살은 노후소득과 생존의 4가지 결합 방식이다. 4가지 결합은 서로 상충하고 보완하면서 합계가 100이 된다. 한국은 가족 복지와 사회복지에서 공백이 크다. 그래서 노인들의 경제활동 참가율이 높고, 노인 빈곤율과 노인 자살률이 세계에서 가장 높게 됐다.

[표 6-6]은 노인들의 소득 보장과 생존의 4가지 결합 방식으로 한국과 유럽을 비교했다. 한국은 가족 복지와 사회복지가 취약하다. 반대급부로 일자리 복지 비중이 높고, 빈곤율과 자살률이 높다. 유럽

표 6-6 노인 소득 보장과 생존의 4가지 결합 방식: 한국과 유럽의 비교

구분	소득 보장의 방법	한국 고령자	유럽 고령자
①	가족 복지	급진적 해체	점진적 해체
②	사회복지 (높은 세금+높은 연금)	저부담·저복지	고부담·고복지
③	일자리 복지	높은 경제활동 참가율	낮은 경제활동 참가율
④	빈곤 및 자살	노인 빈곤율 매우 높음 노인 자살률 매우 높음	노인 빈곤율 매우 낮음 노인 자살률 매우 낮음
총합		①과 ②: 낮은 비중 ③과 ④: 높은 비중	①과 ②: 높은 비중 ③과 ④: 낮은 비중

은 다르다. 가족 복지와 사회복지 수준이 높다. 반대급부로 노인 경제활동 참가율 및 빈곤율과 자살률이 낮다. [표 6-6]이 우리에게 전하는 정책적 시사점은 2가지다. 하나, 정책의 우선순위를 분명히 해야 한다. 노인 빈곤율과 노인 자살률을 낮추는 것이 가장 중요하다. 둘, 정책 수단은 나머지 3가지를 모두 활용해야 한다. 가족 복지, 사회복지, 일자리 복지에 관한 정책 모두를 종합적으로 활용해야 한다.

[표 6-7]은 노인 유형별 정책 수단과 정책 효과다. 중산층 노인, 근로 능력 있는 노인, 근로 능력 없는 노인을 구분해서 살펴보자. ① 중산층 노인부터 살펴보자. 가족 복지 강화를 위해 불효자방지법을 만들어야 한다. 19대 국회(2012~2016) 때 민병두 의원이 법안을 대표 발의한 바 있다. 민법 증여 조항을 개정하는 것이다. 우리나라에서 민법의 권위자인 서울대 윤진수 교수님의 평소 주장을 법제화한 것이다. 법안의 개요는 자식이 부양 의무를 이행하지 않거나 부모에

게 상해·폭행 등 학대 및 학대에 준하는 행위를 할 경우, 증여받은 것을 토해내도록(증여를 해제하도록) 민법 조문을 개정하는 것이다. 독일 민법, 프랑스 민법, 오스트리아 민법 등에 이러한 조문이 담겨있다. 다만, 한국의 경우 사회적 무관심으로 인해 1958년 대한민국 민법이 처음 만들어진 이후 한 번도 개정되지 않았다. 현재 한국의 실상은 자식이 부모의 재산을 증여받게 되면, 오히려 자식이 부모를 학대하는 일이 벌어진다. 불효자방지법을 국회에서 처음으로 쟁점화했던 즈음인 2014년 보건복지부 자료에 의하면, 노인 학대는 1년에 총 5,772건 발생했다. 노인 학대의 유형을 보면 ▲ 정서적 학대(2,169건, 37.6%), ▲ 신체적 학대(1,426건, 24.7%), ▲ 방임(983건, 17%), ▲ 경제적 학대(521건, 9%) 등의 순서다. 학대 행위를 한 이들은 아들이 1,504명(38.8%)으로 가장 많고, 배우자(588명, 15.2%)와 딸(476명, 12.3%)이 뒤를 이었다.

당시 민병두 의원실에서 노인학대 사례를 조사하면서 알게 된 슬픈 사실은 부모에게 학대를 하게 되는 '시점'이다. 그 시점은 '재산을 물려받은 이후'가 많다. 부모 재산을 물려받게 되면, 다시 말해 부모 재산을 꿀꺽하게 되면 그때부터 부모에게 함부로 대하기 시작한다. 현행 민법의 증여조항은 사실상 '배은망덕 조장법'이다.[22] 불효자방지법에 대해 2015년 12월에 MBN·리얼미터가 실시한 여론조사에 의하면, 찬성 여론이 67.6%였다. 흥미로운 것은 입법화를 찬성하는 세대별 반응이다. 지지여론이 가장 높은 세대는 50대(79.1%)였

표 6-7 노인 유형별 정책 수단과 정책 효과

구분		소득 분위	연령	정책 수단	정책 효과
중산층 노인		4~5분위	65세 이상	불효자방지법 (민법 증여조항 개정)	부양의무 이행 ⇨ 가족 복지 강화
근로능력 있는 노인	공공 일자리	2~3분위	65~74세	재정투입 공공 일자리	근로소득 상승 ⇨ 노인 빈곤 축소
	민간 일자리	2~3분위	70~79세	70세 이상 최저임금 감액 적용	고용 증대 ⇨ 근로소득 증대
근로능력 없는 노인		1~2분위	75세 이상	기초연금+보충연금	노인 빈곤 축소

다. 40대(76.0%), 60대 이상(73.5%)였다. 30대(64.7%), 20대(40.2%)였다.[23] '노후를 앞두고 있는' 50대가 입법화 필요성을 가장 크게 공감했다.

② '근로 능력 있는' 노인의 경우, 사용 가능한 정책은 2가지다. 하나는, 재정투입을 통한 공공 일자리다. 문재인 정부가 2019년부터 대폭 확대한 정책이다. 실제로 노인 빈곤율이 줄었다. 공공 일자리의 경우 '세금'을 투입하는 일자리다. 통상적으로 1인당 27만 원의 금액을 지급한다. 금액이 너무 적다. 하지만 예산 규모와 연동되어 있어 대상자 확대가 제한적이다.

다른 방법은, 민간 분야에서 노인 일자리를 만드는 경우다. 정부가 민간 일자리 확대를 장려할 방법은 매우 제한적이다. 그런데 법정 최저임금을 지렛대로 활용하면 가능하다. 민간 분야에서 노인 일자리를 창출하는 가장 효과적인 방법은 70세 이상 어르신에 한해 법정 최저임금을 20~40% 감액하는 것이다. 최저임금의 연령별 차등화다. 예컨대 법정 최저임금이 시간당 1만 원인 경우, 70세 이상 노인에 한해 법정 최저임금을 30% 감액 적용한다.[24] 이 경우, 시간당 최저임금은 7,000원이 된다. 고용 증대 효과를 발휘하게 된다. 통계청이 2020년에 조사한 〈경제활동인구조사 고령층 부가조사 결과〉에 의하면, 70~74세 노인들 스스로가 원하는 '근로 희망연령'은 78세다. 70~74세 연령 중 63.4%는 '시간제 일자리'를 원한다. 한국의 노동운동은 그동안 시간제 일자리를 비정규직으로 비난했다. 하지만 노인들의 시간제 일자리 확대는 '노인 빈곤을 축소하는' 매우 효과적인 방법이기도 하다. 노인들의 빈곤과 자살을 방치하는 것보다, 노인들의 시간제 일자리를 확대해서 빈곤과 자살을 축소하는 것이 훨씬 진보적인 정책이다. 참고로, 2017년을 기준으로, 65~69세 노인의 경제활동 참가율은 46.9%다. 70세 이상의 경제활동 참가율은 24.4%다.

세계적으로 최저임금의 차등 적용은 크게 3가지 유형이 있다. ▲ 업종별 차등, ▲ 지역별 차등, ▲ 연령별 차등이다. 연령별 차등에 국한해서 살펴보면, 영국, 프랑스, 칠레가 대표적이다. 영국의 경우 25세 미만 청년 및 견습 인력에 대해 최저임금을 차등 적용한다. 프랑스는 18세 미만 노동자에 대해 감액 적용한다. 칠레는 18세 미만과 65세 이상 노동자에 대한 감액 적용한다. 영국, 프랑스, 칠레가 최저임금에 대해 '연령별 차등'을 적용하는 이유는 2가지다. 하나는 고용촉진이다. 다른 하나는, 18세 미만과 65세 이상의 경우 숙련 수준이 낮기 때문이다.

최저임금의 연령별 차등화를 할 경우, 70세 이상 노인 고용률은 증가할 것이다. 노인 빈곤율과 노인 자살률도 줄어들 것이다. 제도 개혁의 방법도 비교적 간단하다. 현재 최저임금은 노동측 대표, 회사측 대표, 공익위원으로 구성된 최저임금위원회에서 결정한다. 다만, 이렇게 결정된 법정 최저임금에 대해, 70세 이상 노인에 한해 20~40% 수준으로 감액되도록 최저임금법을 개정하면 된다.

70세 이상 노인에 한해 최저임금을 감액 적용할 경우 예상되는 효과는 분명하다. 70세 이상 노인에게 최저임금 감액 적용 → 70세 이상 노인들의 고용 증가 → 70세 이상 노인들의 근로소득 증가 → 노인 빈곤율 저하 → 노인 자살률 저하 → 가구소득 불평등의 개선 경로가 작동하게 될 것이다. 이 방법은 2019년 문재인 정부가 '노인 공공 일자리' 확대를 통해 실천적으로 입증한 것이기도 하다. 불평등의 최하단은 '노동시장 바깥에 있는' 노인들이기 때문에, 노인들을 노동시장으로 끌어들이는 정책은 불평등 개선으로 연결된다. 동시에 비정규직 비율은 높아지되, 노인 빈곤율과 노인 자살률을 낮추게 된다.

다만, 하지 않던 제도를 처음 도입하는 것이기에, 일부의 우려를 존중해서 일몰제(日沒制) 형태가 바람직하다. 일몰제 방법이란, 시간이 지나면 해가 지듯이, 법률 및 각종 규제의 효력 역시 일정 기간이 지나면 자동적으로 없어지도록 설계하는 방식이다. 쉽게 말해, '한시적으로 적용하고' 제도적 성과를 보면서 연장 여부를 다시 결정하는 방식이다. 일몰제 방식을 취하는 대표적인 제도는 조세감면법이다. 일몰제 방법을 사용할 경우, 국회는 법률의 효력이 종료되는 시점이 됐을 때, 일몰 기간을 연장할 것인지, 종료할 것인지, 상설법으로 격상할 것인지를 결정하면 된다.

③ '근로 능력 없는' 노인의 경우, 75세 이상의 후기 노인들이 주요 대상이다. 이분들의 경우, 고령자여서 건강상 문제가 있고 의료 및 돌봄 대상인 경우가 많다. 현재 존재하는 소득 보장 정책은 기초연금 30만 원 지급이다. 75세 이상 노인들은 일제강점기 말기와 해방 직후에 태어난 분들이다. 한국 현대사에서 전쟁의 시대와 가난의 시대를 살았던 분들이다. 1931년 일본의 만주 침략, 1937년 중일전쟁, 1941년 태평양전쟁의 개시, 1950~1953년 한국전쟁의 기간에 유소년기를 보냈다. 이 세대의 경우, 무학(無學)과 초등학교 졸업이 특히 많다. 같은 노인이어도 75세 이하 노인들은 중학교 졸업과 고등학교 졸업이 많다. 노인 빈곤과 노인 자살 역시 75세 이상 노인에게 많이 몰려 있다. 우리나라는 현재 보충연금제도는 없다. 이분들을 위해 보충연금제도를 도입해야 한다. 추가적으로 지급되는 보충연금 금액은 20~40만 원 수준이어도 큰 도움이 된다.

초고령화 정책의 한국적 특수성 ③
: 기초연금과 국민연금의 균형

셋째, 기초연금과 국민연금의 균형이 중요하다. 기초연금과 국민연금의 균형을 위해서는 전기(前期) 노인과 후기(後期) 노인의 특성별 차이를 이해해야 한다. 75세를 기준으로 75세 이하는 전기 노인, 75세 이상은 후기 노인으로 구분한다.

후기 노인의 경우, 무학과 초졸이 많고, 국민연금 가입율이 낮아 공적연금 사각지대가 많고, 노인 빈곤율이 매우 높다. 반면에 전기 노인의 경우, 고졸이 많고, 국민연금 가입율이 상대적으로 높다. 노인 빈곤율도 상대적으로 낮다. 예를 들면 2020년 기준으로, 66~75세의 노인 빈곤율은 35.5%다. 76세 이상의 노인 빈곤율은 55.9%다.[25] 한국의 빈곤은 노인 빈곤이며, 노인 빈곤 중에서도 후기 노인의 빈곤이다.

빈곤과 공적연금 모두에서 후기 노인과 전기 노인의 특성과 차이점은 후기 노인을 타깃팅한 '일시적인' 정책 투입 필요성을 암시한다. 기초연금, 보충연금, 최저임금 감액 적용의 일몰제 적용이 모두 그렇다. 특히 기초연금 금액의 확대는 한번 확대한 복지비 지출은 이후에 줄이기가 어려운 '복지의 하방 경직성'을 고려할 때, 신중하고 종합적인 검토가 필요하다.

노후소득 보장제도의 기본축은 국민연금이다. 하지만 한국은 세계에서 가장 빠른 인구 팽창, 가장 빠른 초고령화 속도에 비해, 국민연금제도는 뒤늦게 도입됐다. 사회보장제도 자체가 좋은 노동시장과 연결된 특성으로 인해 사각지대가 매우 넓다. 한국 노동시장은 OECD 국가 중에서도 고용 기간이 짧고 저부가가치 사업장이 많다. 국민연금의 광범위한 사각지대는 한국의 노인 빈곤율이 50%가 넘게 된 가장 중요한 원인 중 하나다.

한국의 복지제도 발전의 역사에서 국민연금의 구조적 사각지대를 메운 획기적인 제도는 기초연금의 도입이다. 국민연금과 기초연금의 가장 중요한 차이점은 기초연금은 '세금·재정'에 의해 지급된다는 점이다. 기초연금 도입에는 박근혜 대통령의 공이 매우 컸다. 노무현 대통령은 재임 시절 국민연금 개혁을 추진했다. 당시 박근혜 한나라당 대표는 국민연금 개혁을 동의하되 기초노령연금 도입을 요구했다. 정치권 용어로 '바터(barter)'를 한 경우다. 기초노령연금이 도입될 때, 대통령은 노무현, 한나라당 대표는 박근혜, 보건복지부 장관은 유시민이었다. 3명 모두 기초노령연금 도입에 중요한 역할을 했다. 최초 도입될 때 기초노령연금은 10만 원 규모였다. 이후 노인 빈곤율은 줄어들기 시작했고, 가구소득 기준 불평등 역시 줄어들기 시작했다. 기초연금은 한국의 불평등을 줄인 획기적인 복지제도였다. 이후 박근혜 대통령은 2013년 취임 이후 기초연금을 20만 원으로 상향했다. 대상자는 70%로 법제화됐다. 역시 노인 빈곤율이 줄고, 가구소득 기준 불평등 역시 줄었다. 문재인 대통령은 기초연금 10만 원 추가 지급을 했다. 현재 기초연금은 30만 원이다. 윤석열 대통령은 대선후보 시절 기초연금 10만 원 인상을 공약했다. 국정 과제에도 반영됐다. 윤석열 정부의 기초연금 10만 원 인상이 제도화될 경우 '세금·재정'으로 지급되는 기초연금 지급액은 40만 원이 된다.

문제는 국민연금과의 관계 설정이다. 2020년 기준, 점유 비중 순서대로 국민연금의 평균 급여액을 살펴보면, 20만 원 미만(18.9%), 20~40만 원(44.3%), 40~60만 원(17.8%), 60~80만 원(7.9%), 80~100만 원(4.6%), 100~130만 원(4.1%), 130만 원 이상(2.3%) 순이다. 현재 국민연금은 40만 원 미만 수급자가 총 63.2%이고, 40만 원 이상 수급자는 총 36.9%다.[26] 내 돈으로 보험료를 내는 국민연금 급여액도 40만 원 미만자가 대부분인데, 내가 직접적으로 보험료를 내지 않는 기초연금도 40만 원을 받게 된다. 국민연금 가입자 입장에서 불만을 품게 되거나 국민연금 가입에 소극적인 태도를 보일 수 있다.

1988년 제도 도입 이후에 국민연금에 가입한 1차 베이비부머 세대가 기초연금 수급자로 들어오고 있다. 현재 기초연금은 하층 70%에게 지급되며, 정률제 방식을 취하고 있다. 문제는 하층 70%의 소득 선정 기준이 현저하게 상향되어 있다는 점이다. 2022년 기준으로 하층 70%의 기준점을 살펴보면, 단독 가구는 180만 원이고 부부 가구는 288만 원이다. 처지가 괜찮은 노인들도 기초연금 수급자가 되고 있다.

표 6-8 기초노령연금 선정 기준금액의 변화 추이(단위: 월)

연도	단독 가구	부부 가구
2022	180만 원	288만 원
2021	169만 원	270만 4,000원
2020	148만 원	236만 8,000원
2019	137만 원	219만 2,000원
2018	131만 원	209만 6,000원
2017	119만 원	190만 4,000원
2016	100만 원	160만 원
2015	93만 원	148만 8,000원
2014	87만 원	139만 2,000원
2013	83만 원	132만 8,000원
2012	78만 원	124만 8,000원
2011	74만 원	118만 4,000원
2010	70만 원	112만 원
2009	68만 원	108만 8,000원
2008	40만 원	64만 원

[표 6-8]은 기초노령연금 선정 기준금액의 변화 추이다. 2022년 현재 부부 가구 기준금액은 288만 원이다. 10년 전인 2012년의 경우, 부부 가구 기준금액은 124만 8,000원이었다. 2008년의 경우, 64만 원이었다. 2022년 기준금액은 2012년과 비교하면 약 2배 인상됐다. 2008년과 비교하면 약 4.5배 인상됐다.

현재 65~70세의 경우, 국민연금 가입률이 55~60% 수준이다. 제1차 베이비부머의 약 60%는 국민연금 수급자. 국민연금과 기초연금의 균형 차원에서 바람직한 대안은 기초연금 지급 기준을 현행과 같은 하층 70% 방식이 아니라 '정액제'로 동결하는 것이다. 2022년 지급액인 288만 원을 기준으로 지급대상을 동결하고, 다음 연도에는 물가상승분만큼을 반영하는 것이다.

　이 경우, 기초연금 대상자는 점진적으로 축소될 것이다. 기초연금 지급 대상자를 하층 70%로 하지 않고, 월 288만 원+물가상승분만큼으로 대상자를 동결할 경우 발생하는 최대 이익은 재정 절감이다. 복지비 지출은 하방 경직성이 강하게 작동하는 분야다. 한번 확대된 복지비 지출을 다시 줄이는 것은 정치적·사회적으로 매우 힘들다. 대규모 예산이 투입되는 복지제도 설계를 신중하게 접근해야 하는 이유다. 절감된 예산은 75세 이상 저소득층 노인에 한해 보충연금을 도입해서 추가 지급을 해야 한다. 보충연금 역시 일정 기간 동안만 제도를 운영하는 일몰제 방식이 바람직하다. 왜냐하면 특히 노인 빈곤율이 심각한 세대는 75세 이상 후기(後期) 노인에 집중되어 있기 때문이다. 75세 이상 어르신들은 한국 현대사에서도 가장 힘들었던 시대를 살았던 분들이고, 가장 고생을 많이 한 분들이고, 가장 가난하고, 가장 외롭고, 가장 자살을 많이 하는 세대다.

　한국 사회에서 불평등을 줄인다는 것의 실천적 의미는, 기존의 진보·보수세력이 가지고 있는 일체의 이념적 편견에서 탈출해, 한국 현대사에서 가장 힘든 시대를 살았던 분들에 대한 존경과 연대 그리고 연민을 실천하는 것이다.

미주

1부 보수의 불평등 이론, 진보의 불평등 이론

1 홍민기, 〈최상위 임금 비중의 장기 추세(1958~2013)〉, 《산업노동연구》, 한국산업노동학회, 제21권, 1호, 2015.

2 이정우·이창곤 외, 《불평등 한국, 복지국가를 꿈꾸다》, 후마니타스, 2015, 44쪽.

3 같은 책, 46쪽.

4 같은 책, 74쪽.

5 같은 책, 126쪽.

6 이정전, 《주적은 불평등이다》, 개마고원, 2017, 28쪽.

7 같은 책, 111쪽.

8 같은 책, 120~121쪽.

9 한신대학교 공공정책연구소, 《다중격차, 한국 사회 불평등 구조》, 페이퍼로드, 2016, 101~102쪽.

10 고용노동부, 〈임금구조기본통계조사〉 및 〈고용 형태별 근로실태조사〉 원자료. 국제노동기구 사무국, 《2020 KLI 노동통계》, 한국노동연구원, 2020, 64쪽 재인용.

2부 한국경제 불평등의 진짜 기원

1 배규식 외, 《87년 이후 노동조합과 노동운동》, 한국노동연구원. 2008년, 46쪽.

2 같은 책, 247쪽.

3 같은 책, 96쪽.

4 한국경제 60년사 편찬위원회, 《한국경제 60년사 Ⅱ》, 한국개발연구원, 2010, 276쪽.

5 성균관대학교 성균중국연구소 엮음, 《한중수교 25년사》, 성균관대학교 출판부, 2017, 101쪽.

6 안상훈, 《생산의 국제화와 산업구조 및 생산성의 변화》, 한국개발연구원, 2006, 31쪽.

7 안상훈 외, 《생산의 국제화와 고용구조의 변화》, 한국개발연구원, 2013, 121~123쪽.

8 같은 책, 37쪽.

9 윤희숙, 〈한국의 소득불평등 추이와 논의, 그리고 4차 산업혁명 등 미래 변화의 대비〉, 《응용경제》, 제19권, 4호, 한국응용경제학회, 2017.

10 안현호, 《한·중·일 경제 삼국지》, 나남출판, 2013, 144쪽.

11 같은 책.

12 윤희숙, 〈복지 부문 발전 과정과 이슈〉, KDI, 2015 재인용.

13 리처드 볼드윈,《그레이트 컨버전스》, 엄창호 옮김, 세종연구원, 2019, 87쪽 재인용.

14 양승훈,《중공업 가족의 유토피아》, 오월의봄, 2019, 278~286쪽.

15 기획재정부,《한국 중장기 정책과제》, 2013, 31쪽 재인용, 자료: Angus Maddison(2008년 10월), Statistics on World Population, GDP and per Capita, 1 - 2006 AD.

16 이재우,〈대외경제환경 변화와 한국 경제의 과제〉, '급변하는 대외환경과 한국경제의 대응방안', 한국경제학회-소득주도성장특별위원회 공동토론회, 한국수출입은행 해외경제연구소, 2019.

17 리처드 볼드윈, 앞의 책, 10쪽.

18 같은 책, 175쪽.

19 브랑코 밀라노비치,《홀로 선 자본주의》, 정승욱 옮김, 세종서적, 2020, 30쪽.

20 브랑코 밀라노비치,《왜 우리는 불평등해졌는가》, 서정아 옮김, 21세기북스, 2017, 28쪽.

21 앞의 책, 35~36쪽.

22 고용노동부, 앞의 글. 국제노동기구 사무국, 앞의 책, 같은 곳.

23 최낙균 외,《세계 무역둔화의 구조적 요인 분석과 정책 시사점》, 대외경제정책연구원, 2017, 41쪽.

24 여기에서 사용한 지니계수는 [그림 1 - 4]에서 사용한 임금 지니계수와 같은 자료다. 고용노동부의〈임금구조기본통계조사〉와〈고용 형태별 근로실태조사〉를 활용했다.

25 통계청·관세청,〈2019년 기업특성별 무역통계 결과〉 보도자료, 2020.

26 〈과장 성과급이 3,000만 원… 1등 삼성 만든 이건희의 '발명품'〉,《머니투데이》, 2020년 12월 24일.

3부 한국경제 불평등은 중국발 불평등

1   여기에서 사용한 지니계수는 [그림 1 - 4]에서 사용한 임금 지니계수와 같은 자료다. 고용노동부의〈임금구조기본통계조사〉와〈고용 형태별 근로실태조사〉를 활용했다.

2   배리 노턴,《중국경제》, 한광석 옮김, 한티에듀, 2020, 72~73쪽.

3   양평섭 외,《중국의 대외개방정책 40년 평가와 전망》, 대외경제정책연구원, 2018, 39쪽.

4   같은 책, 56~62쪽.

5   한국생산성본부,《2015 기업 규모별·업종별 노동생산성 분석》, 한국생산성본부, 2015, 55쪽.

6   이영훈,《한국경제사 2》, 일조각, 2016, 531쪽.

7   대외경제정책연구원 북경사무소,《중국 공업발전 40년의 성과와 과제》, Vol. 20, No. 2, 대외경제정책연구원, 2019.

8   같은 책.

9   박재곤,《중국산업경제 브리프》, 2020년 7월호, 산업연구원, 2020.

10   〈중국 코로나로 미국과 GDP 격차 좁혀… '2028년 추월' 관측도〉,《연합뉴스》, 2021년 1월 18일.

11   앞의 책.

12   출처: 한국은행, 관세청

13   이수행, 〈중국 신창타이경제의 등장과 시사점〉, 경기연구원, 2016.

14   브랑코 밀라노비치,《홀로 선 자본주의》, 201쪽.

15   박재곤, 앞의 책.

16   이철용, 〈'신창타이' 중국경제〉, LG경제연구원, 2014.

17   같은 글.

18   〈美 전방위 견제 속 유럽 빨아들이며 '차이나 벨트' 확장하는 中〉,《서울신문》, 2019년 5월 13일자 재인용.

19   한국은행 조사국,《국제경제리뷰》, 2018-25호, 한국은행, 2018 재구성.

20   무역협회 국제무역연구원, 〈중국 제조 2025 추진성과와 시사점〉, 2019.

21   공저로 쓴《축적의 시간》, 이정동 교수의 단독 저서인《축적의 길》이 있다.

22   무역협회 국제무역연구원, 앞의 글.

23   글로벌 과학기술정책정보 서비스, 〈중국, 2020년 R&D 투자현황〉,《주요통계》, 201호, 과학기술정보통신부, 2021.

24   한국은행 조사국,《국제경제리뷰》, 2016-17호, 한국은행, 2016.

25   저기술에 해당하는 것은 음식품, 섬유와 의류, 가구 등이다. 중저기술에 해당하는 것은 석유 및 석탄 제품, 비금속광물 제품 등이다. 중고기술에 해당하는 것은 화학제품, 일반기계, 자동차 등이다. 고기술에 해당하는 것은 우주항공, 의약, 전자부품, 정보통신 등이다.

26   강내영 외, 〈글로벌 밸류체인 구조 내 서비스업의 위상 변화 및 시사점〉, 국제무역연구원, 2020.

27   강성은, 〈중국의 수입구조 변화 및 시사점〉, 국제무역연구원, 2019.

28   한국은행 조사국,《국제경제리뷰》, 2019-6호, 2019.

29   2008~2011년의 기간이 제외된 이유는, 2008~2009년 기간에는 미국발 금융위기가 있었고 2010~2011년 기간 동안에는 유럽발 재정위기가 있었기 때문이다.

30   한국은행 조사국, 앞의 책.

31   안상훈,《생산의 국제화와 고용구조의 변화》, 한국개발연구원, 2013, 40~42쪽.

32   출처: 한국은행.

33   강내영 외, 〈글로벌 가치사슬의 패러다임 변화와 한국 무역의 미래〉, 국제무역연구원, 2020.

34   같은 글.

35   통계청, 〈고용 형태별 근로실태조사〉.

4부 진보의 불평등 기획은 왜 실패했는가

1   https://www.facebook.com/permalink.php?story_fbid=1256235124404004&id=100000525857011

2   〈韓 저임금노동자 비율 23.7퍼센트… 미국·아일랜드 이어 OECD 3위〉,《연합뉴스》, 2018년 3월 18일.

3   〈"최저임금 1만 원" 최초 주장한 '알바연대' 대변인 권문석을 아시나요?〉,《경향신문》, 2017년 5월 28일.

4   통계청, 〈경제활동인구조사〉.

5   〈하위 20퍼센트 가구소득 18퍼센트 급감… 분배 개선 노력에도 더 커진 소득격차〉,《한겨레》온라인판, 2019년 2월 21일.

6   같은 글.

7   〈SOC 예산 오락가락… 정책 일관성 도마에〉,《헤럴드경제》, 2019년 12월 12일.

8   〈내년 SOC 예산 30퍼센트 역대 최대 삭감〉,《동아일보》온라인판, 2017년 8월 22일.

9   김혜련, 〈사회간접자본(SOC) 투자의 경제적 효과분석: 산업연관 분석을 중심으로〉, 통계개발원 경제통계실, 2009.

10   〈1인 자영업자 감소폭 '건설업 〉 음식점, 숙박업'〉,《한겨레》, 2018년 8월 24일.

11   한국노인인력개발원, 〈2019 노인 일자리 및 사회활동 통계동향〉, 한국노인인력개발원, 2020, 5쪽.

12   같은 곳.

13   출처: 〈연도별 조세지출예산서〉.

14   소득주도성장특별위원회,《소득주도성장, 3년의 성과와 2년의 과제》, 2020, 25쪽.

15   통계청, 2016년 기준.

16   윤희숙,《통합적 소득 보장체계의 설계》, KDI 연구보고서, 2012, 135쪽; 윤희숙, 〈'고용을 통한 복지실현'을 위한 공공부조 재편 방향〉,《KDI FOCUS》, 제18호, 2012.

17   윤희숙, 〈최저임금과 사회안전망: 빈곤 정책 수단으로서의 한계〉,《KDI FOCUS》, 제71호, 2016 재가공.

18   김종일, 〈산업구조와 소득분배〉,《한국의 소득분배=추세, 원인, 대책》, 한울아카데미, 2016, 112쪽.

19   고용노동부,《통계로 보는 우리나라 노동시장의 모습: 2019년 기준》, 2020, 260쪽.

20   한국노동연구원,《2020 KLI 노동통계》, 2020, 44쪽.

21   통계청, 〈2018년 일자리 행정통계 결과〉 보도자료.

22   통계청, 〈2021 1분기 가계동향조사 결과〉, 2021.

23   자영업자를 돕는 가족들을 흔히 '무급 가족종사자'라고 표현한다. 무급 가족종사자들

은, 급여를 받지 않는다는 의미에서 무급(無給)이지만 취업자로 간주한다.

24 통계청, 〈2021 1분기 가계동향조사 결과〉, 2021.

25 같은 글.

26 같은 글.

27 같은 글.

28 같은 글.

5부 적폐의 경제학과 환경 변화의 경제학

1   배리 아이켄그린 외, 《기적에서 성숙으로》, 서울셀렉션, 2014, 279~313쪽.

2   양재진, 《복지의 원리》, 한겨레출판, 2020, 80쪽.

3   노민선, 〈대-중소기업 간 임금 격차 현황 및 원인〉, 중소벤처기업연구원, 2021.

4   한국은행 기업경영분석 각 연도.

5   1997년 외환위기 이후 한국 자본주의 구조 변화를 탄식하는 입장은 이제민 교수의 《외환위기와 그 후의 한국경제》(한울, 2017)와 이영훈 교수의 《한국경제사 2》 등이 있다.

6   배리 아이켄그린·신관호, 앞의 책, 282~288쪽.

7   1997년 외환위기와 IMF 요구사항을 미국 금융자본의 음모로 보는 시각은 이찬근 교수의 《투기자본과 미국의 패권》(연구사, 1998), 이제민 교수의 《외환위기와 그 후의 한국경제》 등이 있다.

8   전병유, 〈일자리 양극화 경향과 빈곤 정책의 방향〉, 한국노동연구원, 2003.

9   〈'슈퍼사이클' 본격 진입… 세계 1분기 반도체 매출 역대 최대〉, 《아시아경제》, 2021년 5월 3일.

10 〈"메모리 반도체 슈퍼사이클… 2023년 정점 찍을 것"〉, 《서울경제》, 2021년 5월 21일.

11 남상호·안형석, 《기초연금 도입의 사회·경제적 영향》, 한국보건사회연구원, 2016, 86~87쪽.

12 통계청, 〈가계동향조사 결과 2016년 1분기〉 보도자료, 2016.

13 〈"삼성전자 직원은 좋겠네"… 작년 평균 연봉 1억 4,000만 원, 20년 중 최고〉, 《아이뉴스24》 온라인판, 2022년 2월 23일.

6부 글로벌 자본주의 변동, 지난 70년, 앞으로 30년

1   〈대세 상승의 서막〉, IBK 투자증권 보고서, 2017년 5월 24일.

2   안상훈, 〈생산의 국제화와 산업구조 및 생산성의 변화〉, KDI 연구보고서, 2006, 44쪽 [표 2-2] 재수정.

3   같은 글, 93쪽.

4   찰스 굿하트·마노즈 프라단, 《인구 대역전》, 백우진 옮김, 생각의힘, 2021, 51쪽.

5   김동원, 〈김동원의 이코노믹스, 역세계화의 거센 역풍 맞고 있는 한국경제〉, 《중앙일보》 온라인판, 2019년 10월 29일.

6   리처드 볼드윈, 《그레이트 컨버전스》, 엄창호 옮김, 세종연구원, 2019, 87쪽 재인용.

7   데이비드 굿하트, 《엘리트가 버린 사람들》, 김경락 옮김, 원더박스, 2019.

8   〈중국 코로나로 미국과 GDP 격차 줄혀… '2028년 추월' 관측도(종합)〉, 《연합뉴스》, 2011년 1월 18일.

9   김두식, 〈공급사슬 세계화 퇴조하고 지역 블록화 진행된다〉, 《혼돈의 시대, 명쾌한 이코노믹스》, 박영사, 2022, 37~44쪽.

10   〈트럼프, 재선하면 한·미 동맹 날려버리겠다고 해〉, 《뉴시스》, 2021년 7월 14일.

11   〈볼턴 前 안보보좌관 "트럼프 재선되었으면 나토 탈퇴했을 것"〉, 《뉴스1》, 2022년 3월 6일.

12   김바우 외, 〈한국 산업의 공급망 취약성 및 파급경로 분석〉, 《i-KIET 산업경제이슈》, 제123호, 2021년 11월 18일.

13   〈대학입학 동시에 입사보장… '취업깡패'〉, 《Business Watch》, 2020년 7월 2일.

14   이영훈, 앞의 책, 371쪽.

15   같은 책, 370~371쪽.

16   같은 책, 371쪽.

17   같은 책, 371~372쪽.

18   같은 책, 432~434쪽.

19   류석춘·김형아, 〈아산 정주영과 기능인 교육〉, 아산 정주영과 한국경제 발전 모델 학술 심포지엄, 아산사회복지재단, 2011, 126~127쪽; 이영훈, 앞의 책, 434쪽에서 재인용.

20   정택수, 《직업능력개발제도 변천사》, 한국직업능력개발원, 2008, 138쪽 [표 3-19] 활용.

21   대만과 한국은 kosis 국가통계포털을 활용했고, 나머지 국가들은 고용노동부, 《통계로 보는 우리나라 노동시장의 모습》, 2020, 197쪽을 활용했다.

22   〈부모 홀대·학대한 자녀, 받은 재산 다 써도 물어내게 한다〉, 《중앙일보》, 2015년 8월 31일.

23   〈국민 77.3퍼센트 "부모·자식 간 '효도계약' 필요하다"〉, 《법률신문》, 2015년 12월 29일.

24   노민선, 〈업종·지역별 등 구분 적용 방안〉, 《최저임금 제도개선 공개 토론회 자료집》, 2014, 한국노동연구원 주최, 최저임금위원회 주관, 2017년 12월 6일 개최.

25   국민연금공단, 《2020 국민연금 생생통계》, 2021.

26   같은 책.

좋은 불평등

글로벌 자본주의 변동으로 보는
한국 불평등 30년

최병천 지음
© 최병천, 2022

초판 1쇄 인쇄일   2022년 8월 19일
초판 1쇄 발행일   2022년 9월 1일

ISBN 979-11-5706-266-9 (03330)

만든 사람들
편집   임채혁
디자인   이혜진
홍보 마케팅   김성현 이혜옥 최재희 김예린
인쇄   아트인

펴낸이   김현종
펴낸곳   ㈜메디치미디어
경영지원   전선정 김유라
등록일   2008년 8월 20일 제300-2008-76호
주소   서울시 중구 중림로7길 4, 3층
전화   02-735-3308
팩스   02-735-3309
이메일   editor@medicimedia.co.kr
페이스북   facebook.com/medicimedia
인스타그램 @medicimedia
홈페이지   www.medicimedia.co.kr